Der Autor

Prof. Dr. Dr. h. c. Dr. h. c. Max Braubach (1899–1975) wurde 1924 in Bonn habilitiert und war von 1928 bis 1967 an der dortigen Universität Ordinarius für Mittelalterliche und Neuere Geschichte. Er war Mitglied der Rheinisch-Westfälischen Akademie, Korr. Mitglied der Bayerischen Akademie und Mitglied ihrer Historischen Kommission sowie Vorsitzender, Vorstandsmitglied oder Ehrenmitglied einer Reihe historischer Kommissionen und Vereine. Seine Hauptarbeitsgebiete waren das 17. und 18. Jahrhundert und die Zeitgeschichte. Wichtigste Veröffentlichungen: ›Kurköln. Ereignisse und Gestalten aus zwei Jahrhunderten rheinischer Geschichte‹ (1949); ›Versailles und Wien von Ludwig XIV. bis Kaunitz‹ (1952); ›Maria Theresias jüngster Sohn Max Franz, letzter Kurfürst von Köln und Fürstbischof von Münster‹ (1962); ›Prinz Eugen von Savoyen‹ (5 Bände, 1963–65); ›Bonner Professoren und Studenten in den Revolutionsjahren 1848/49‹ (1968). Im ›Historischen Jahrbuch‹ war er von 1951 bis 1972 der Berichterstatter für Zeitgeschichte.

Gebhardt
Handbuch der deutschen Geschichte

Neunte, neu bearbeitete Auflage,
herausgegeben von
Herbert Grundmann

Band 14

Max Braubach:
Von der Französischen Revolution
bis zum Wiener Kongreß

Deutscher
Taschenbuch
Verlag

Band 14 der Taschenbuchausgabe enthält den ungekürzten Text des Handbuchs der deutschen Geschichte, Band 3: Von der Französischen Revolution bis zum Ersten Weltkrieg, Teil I.
Unsere Zählung Kapitel 1–21 entspricht den §§ 1–21 im Band 3 des Originalwerkes.

1. Auflage November 1974
7. Auflage April 1985: 50. bis 55. Tausend
Deutscher Taschenbuch Verlag GmbH & Co. KG, München

Umschlaggestaltung: Celestino Piatti
Gesamtherstellung: C. H. Beck'sche Buchdruckerei, Nördlingen
Printed in Germany · ISBN 3-423-04214-1

Inhalt

Abkürzungsverzeichnis

Abh. Ak.	Abhandlung(en) der Akademie der Wissenschaften . . ., phil.-hist. Klasse (wenn nicht anders angegeben)
ADB	Allgemeine Deutsche Biographie (56 Bde. München 1875–1912)
AHR	The American Historical Review (New York 1895 ff.)
AKG	Archiv für Kulturgeschichte (1903 ff.)
AÖG	Archiv für österreichische Geschichte (Wien 1848 ff.)
APP	Die auswärtige Politik Preußens, hg. v. d. Histor. Reichskommission (1933 ff.)
B.	Bischof; Bt. = Bistum
DALVF	Deutsches Archiv für Landes- und Volksforschung (1937–1943)
Diss.	Dissertation; Diss. Ms. = ungedruckte Dissertation in Maschinenschrift
Dt., dt.	deutsch; Dtld. = Deutschland
DVLG	Deutsche Vierteljahrsschrift für Literaturwissenschaft und Geistesgeschichte (1923 ff.)
DW^{9}	Dahlmann-Waitz, Quellenkunde der deutschen Geschichte, 9. Aufl., hg. v. H. Haering (1931, Registerband 1932)
DW^{10}	dasselbe, 10. Aufl., hg. v. H. Heimpel u. H. Geuss (seit 1965 im Erscheinen)
Ehg.	Erzherzog
EHR	The English Historical Review (London 1886 ff.)
FBPG	Forschungen zur brandenburgischen und preußischen Geschichte (1888–1944)
FM	Feldmarschall
GV	Geschichtsverein
GWU	Geschichte in Wissenschaft und Unterricht, Zeitschrift des Verbandes der Geschichtslehrer Deutschlands (1950 ff.)
hg. v.	herausgegeben von; (Hg.) = Herausgeber
Hg.	Herzog; Hgt. = Herzogtum
HJb	Historisches Jahrbuch der Görresgesellschaft (1880 ff.)
HZ	Historische Zeitschrift (1859 ff.)
Jb.	Jahrbuch
Kf.	Kurfürst; Kft. = Kurfürstentum
Kg.	König; Kgr. = Königreich
MA	Mittelalter; mal. = mittelalterlich
MIÖG	Mitteilungen des Instituts für österreichische Geschichtsforschung (Wien 1880 ff.); Bd. 39–55 (1923–1944) als Mitteilungen d. österr. Inst. f. Geschichtsforschung (MÖIG)
MÖStA	Mitteilungen des Österreichischen Staatsarchivs (Wien 1948 ff.)
NA	Neues Archiv der Gesellschaft für ältere deutsche Geschichtskunde (50 Bde. 1876–1935; Zeitschrift der MGH, fortgesetzt im DA = Deutsches Archiv für Erforschung des Mittelalters)
Ndr.	Neudruck, Nachdruck
NF	Neue Folge
NZ	Neuzeit
RH	Revue historique (Paris 1876 ff.)
RH Dipl.	Revue d'histoire diplomatique (Paris 1887 ff.)
Rhein. Vjbll.	Rheinische Vierteljahrsblätter, Mitteilungen des Instituts für geschichtl. Landeskunde der Rheinlande (1931 ff.)

Abkürzungsverzeichnis

Sachsen u. Anh.	Sachsen und Anhalt, Jahrbuch der landesgeschichtlichen Forschungsstelle für die Provinz Sachsen und für Anhalt (1925–1943)
SB	Sitzungsberichte der Akad. d. Wiss. ..., phil.-hist. Klasse
Tb.	Taschenbuch
VSWG	Vierteljahrsschrift für Sozial- und Wirtschaftsgeschichte (1903 ff.)
V.u.G.	Vergangenheit und Gegenwart, Zeitschrift für den Geschichtsunterricht und für staatsbürgerliche Erziehung (Leipzig 1911 bis 1944)
WaG	Die Welt als Geschichte, Zeitschrift für universalgeschichtliche Forschung (1935–1963)
ZA	Zeitalter
ZGORh	Zeitschrift für die Geschichte des Oberrheins (1850 ff., NF seit 1886)
ZRG GA	Zeitschrift der Savigny-Stiftung für Rechtsgeschichte, Germanistische Abteilung (1880 ff.)
ZRG KA	dasselbe, Kanonistische Abteilung (bei Sonderzählung ihrer Bände entspricht Bd. 1 [1911] dem Jahrgang 32 der gesamten Zeitschrift)
Zs.	Zeitschrift

Quellen- und Literaturverweise innerhalb des Handbuchs wurden auf die neue Einteilung in Taschenbücher umgestellt. So entspricht z. B. Bd. 8, Kap. 4 dem § 4 im Band 2 der Originalausgabe.
Bei Verweisen innerhalb eines Bandes wurde auf die Angabe des Bandes verzichtet und nur das Kapitel angegeben.

Allgemeine Bibliographie

Weltgesch. u. europäische Gesch.: Propyl.weltgesch., hg. v. W. GOETZ, Bd. 7: Die Franz. Revolution. Napoleon und die Restauration 1789–1848 (1929). Die Neue Propyl.weltgesch., hg. v. W. ANDREAS, Bd. 5: Die Alte und die Neue Welt im Zeichen der Revolution u. Restauration (1943). Propyl.weltgesch., hg. v. G. MANN, Bd. 8: Das 19. Jh. (1960). Historia Mundi, hg. v. F. VALJAVEC, Bd. 9: Aufklärung u. Revolution (1960). H. HERZFELD, Die moderne Welt 1789–1945, Bd. 1: Die Epoche der bürgerl. Nationalstaaten 1789–1890 (1950, ^{4}1964). W. MOMMSEN, Gesch. des Abendlandes von der Franz. Revolution bis zur Gegenwart. 1789–1945 (1951). H. KRAMER, Die Großmächte und die Weltpolitik 1789–1945 (1952). W. ANDREAS, Das ZA Napoleons und die Erhebung der Völker (1955). Peuples et civilisations, hg. v. L. HALPHEN u. Ph. SAGNAC, Bd. 13: G. LEFÈBVRE, R. GUYOT u. Ph. SAGNAC, La Révolution Française (1930), neu bearb. v. G. LEFÈBVRE (1951, ^{6}1968), Bd. 14: G. LEFÈBVRE, Napoléon (1930, ^{6}1969). Histoire générale des Civilisations, hg. v. M. CROUZET, Bd. 5: R. MOUSNIER u. E. LABROUSSE, Le XVIIIe Siècle, Révolution intellectuelle, technique et politique. 1715–1815 (1954). Clio. Introduction aux Études historiques, Bd. 8: L. VILLAT, La Révolution et l'Empire 1789–1815 (2 Bde. 1936, ^{2}1953). Nouvelle Clio, Bd. 36: J. GODECHOT, Les Révolutions 1770–1799 (1965), Bd. 37: GODECHOT, L'Europe et l'Amérique à l'Époque Napoléonienne 1800–1815 (1967). A. SOREL, L'Europe et la Révolution Française (8 Bde. 1885–1911). The New Cambridge Modern History, Bd. 8: The American and French Revolutions 1763–1793 (1965), Bd. 9: War and Peace in an Age of Upheaval 1793–1830 (1965). C. BRINTON, A Decade of Revolution (1934), dt. u. d. T. Europa im ZA der Franz. Revolution (^{2}1948). – A. WAHL, Gesch. des europ. Staatensystems 1789–1815 (1912, Ndr. 1967). W. WINDELBAND, Die auswärtige Politik der Großmächte in der NZ von 1494 bis zur Gegenwart (^{6}1964). Histoire des relations internationales, hg. v. P. RENOUVIN, Bd. 4: A. FUGIER, La Révolution Française et l'Empire Napoléonien (1954). Repertorium der diplomatischen Vertreter aller Länder seit dem Westf. Frieden, Bd. 3: O. F. WINTER, 1764–1815 (1965). – L. DEHIO, Gleichgewicht oder Hegemonie (1948). U. SCHEUNER, Die großen Friedensschlüsse als Grundlage der europ. Staatenordnung zwischen 1648 und 1815, in: Spiegel d. Gesch. (Festschr. f. M. Braubach 1964). K. v. RAUMER, 1648–1815. Zum Problem internationaler Friedensordnung im älteren Europa, in: Forschungen u. Studien zur Gesch. des Westf. Friedens (1965). R. VIERHAUS, Überstaat u. Staatenbund im ZA d. Franz. Revolution u. Napoleons, AKG 43 (1961).

Deutsche Gesch.: L. HÄUSSER, Dt. Gesch. vom Tode Friedr. d. Gr. bis zur Gründung des dt. Bundes (4 Bde. ^{4}1869). K. Th. HEIGEL, Dt. Gesch. vom Tode Friedr. d. Gr. bis zur Auflösung des alten Reiches (2 Bde. 1899–1911). K. O. Frhr. v. ARETIN, Heiliges Römisches Reich 1776–1806. Reichsverfassung u. Staatssouveränität (2 Bde. 1967). F. MEINECKE, Das ZA der dt. Erhebung 1795–1815 (1906 u. ö.). H. v. TREITSCHKE, Dt. Gesch. im 19. Jh., Bd. 1 (1879 u. ö.). F. SCHNABEL, Dt. Gesch. im 19. Jh., Bd. 1 (1929 u. ö.). Hdb. d. Dt. Gesch., Bd. III 1: K. v. RAUMER, Dtld. um 1800. Krise u. Neugestaltung (bish. 4 Tle., 1959–1971). J. STREISAND, Dtld. 1789 bis 1815 (Ostberlin ^{2}1961), auch in: Dt. Gesch. in 3 Bänden, Bd. 2 (1965). H. v. SRBIK, Dt. Einheit. Idee u. Wirklichkeit vom Heiligen Reich bis Königgrätz, Bd. 1 (1935). E. MARCKS, Der Aufstieg des Reiches. Dt. Gesch. 1807–1871/78, Bd. 1 (1936). – H. E. FEINE, Das Werden des Dt. Staates seit dem Ausgang des Heiligen Römischen Reiches. 1800–1933 (1936). E. R. HUBER, Dt. Verfassungsgesch. seit 1789, Bd. 1 (1957). H. CONRAD, Dt. Rechtsgesch., Bd. 2: NZ bis 1806 (1966). – G. RITTER, Staatskunst u. Kriegshandwerk. Das Problem d. »Militarismus« in Dtld. Bd. 1: Die altpreuß. Tradition 1740–1890 (1954). R. WOHLFEIL, Vom Stehenden Heer d. Absolutismus z. Allg. Wehrpflicht 1789–1814, in: Hdb. z. dt. Militärgesch. 1648–1939, Bd. 2

(1964). – H. HANTSCH, Die Gesch. Österreichs 1648–1918 (1950, ²1953). Gesch. der führenden Völker, Bd. 15: H. HANTSCH, Die Entwicklung Österreich-Ungarns zur Großmacht. M. BRAUBACH, Der Aufstieg Brandenburg-Preußens 1640–1815 (1933). O. HINTZE, Die Hohenzollern und ihr Werk (1915). M. DOEBERL, Entwicklungsgesch. Bayerns, Bd. 2 (³1928). L. MAENNER, Bayern vor und in der Franz. Revolution (1927). E. HÖLZLE, Das Alte Recht und die Revolution. Eine politische Gesch. Württembergs in der Revolutionszeit 1789–1805 (1931). Ders., Württemberg im ZA Napoleons und der Dt. Erhebung (1937). Politische Korrespondenz Karl Friedrichs v. Baden 1783–1806, hg. v. B. ERDMANNSDÖRFFER u. K. OBSER (6 Bde. 1888–1915). Politischer Briefwechsel d. Hzgs. u. Großhzgs. Carl August von Weimar, hg. v. W. Andreas u. H. Tümmler (3 Bde., 1954–1973). J. HANSEN, Quellen zur Gesch. des Rheinlandes im ZA der Franz. Revolution 1790 bis 1801 (4 Bde. 1931–1938). – F. MEINECKE, Weltbürgertum und Nationalstaat (1908 u. ö.), auch in dess. Werke, Bd. 5, hg. v. H. HERZFELD (1962). H. GOLLWITZER, Europabild und Europagedanke, Beiträge zur dt. Geistesgesch. des 18. u. 19. Jh. (²1964). Ders., Geschichte des weltpolitischen Denkens, Bd. 1 (1972). R. ARIS, History of Political Thought in Germany 1789–1815 (²1965). F. KOCH, Dt. Kultur des Idealismus (1935). Fr. SCHULTZ, Klassik und Romantik der Deutschen (2 Bde. 1935–1940, ²1952). H. A. KORFF, Geist der Goethezeit (4 Bde. 1923–1953). W. H. BRUFORD, Dt. Kultur der Goethezeit (1965). P. KLUCKHOHN, Das Ideengut der dt. Romantik (1941, ³1953). R. BENZ, Die Zeit der dt. Klassik (1953). Ders., Die dt. Romantik (1937). J. DROZ, Le Romantisme allemand et l'État. Résistance et Collaboration dans l'Allemagne Napoléonienne (1966). F. MEINECKE, Die Entstehung des Historismus (1934), auch in dess. Werke, Bd. 3, hg. v. C. HINRICHS (1959). H. v. SRBIK, Geist u. Gesch. vom dt. Humanismus bis zur Gegenwart, Bd. 1 (1950, ³1964).

Kapitel 1
Deutschland und die Französische Revolution

Die dramatischen Ereignisse des Jahres 1789 in Frankreich, die von dem Zusammentritt der Generalstände über die Bildung einer verfassunggebenden Nationalversammlung durch den dritten, bürgerlichen Stand zu dem Sturm des Pariser Volkes auf die als Bollwerk des Despotismus geltende Bastille (14. Juli) und zu der Verkündigung der Freiheit und Gleichheit aller Menschen führten, hatten in weiten Kreisen des deutschen Volkes ein lebhaftes Echo gefunden. Der im Nachbarland sich vollziehenden Revolution, die sich anzuschicken schien, den Menschen in seine natürlichen politischen und sozialen Rechte einzusetzen, stand die geistige Elite Deutschlands meist mit *Sympathie* gegenüber, sie sah in dem Sturz des Absolutismus und des Feudalismus die unerwartete Verwirklichung der eigenen aufgeklärten Ideale. Der Grad der Zustimmung war freilich verschieden. Wenn nach Paris geeilte »Pilger der Freiheit«, wie Campe, Reichardt, Schlabrendorff, Oelsner, Reinhard, begeisterte Schilderungen nach Hause sandten, so fanden sich auch in Deutschland selbst Gruppen von Enthusiasten zu Kundgebungen für die Revolution zusammen, so in Hamburg, wo Dichter und Publizisten wie Klopstock, Reimarus, Sieveking und Hennings die Nachrichten aus dem Westen festlich feierten, in den in Braunschweig und Dessau begründeten aufgeklärten Erziehungsanstalten, an Universitäten wie Kiel, Göttingen, Jena und selbst der jungen kurkölnischen Hochschule Bonn, wo der zum Professor der schönen Wissenschaften gewordene frühere Franziskaner Eulogius Schneider ein Gedicht auf den Sturz der Bastille veröffentlichte, in der Stuttgarter Karlsschule und im Tübinger Stift, wo künftige geistige Führer wie Schelling, Hegel und Hölderlin sich an Freiheitsreden berauschten. Den Anbruch einer neuen Zeit haben zunächst auch Herder und Wieland begrüßt, aber bei ihnen und bei dem mit dem französischen Ehrenbürgerrecht bedachten Schiller, bis zu einem gewissen Grade auch bei dem die revolutionären Ideen und Forderungen weitgehend bejahenden Kant, kam bald eine skeptischere Stimmung auf. Vollends hielt sich Goethe zurück, der von dem Umsturz eine Beeinträchtigung des Strebens der Menschen zu innerer Bildung und harmonischer Kultur und von dem Zerstörungstrieb zur Tat schreitender Massen üble Folgen befürchtete. Es gab wohl auch Äußerungen entschiedener Ablehnung, aber im ganzen wird man doch von einem allgemeinen Chor der Zustimmung sprechen können[1].

Eine Nachahmung des französischen Beispiels fand indessen nicht statt. Wohl lassen sich hier und da krisenhafte Erscheinungen feststellen, und es ist auch nicht nur bei verwegenen Reden und Schriften einiger deutscher »Jakobiner« geblieben. Es gab erregte Auseinandersetzungen in einigen Landtagen um Vorschläge einer fortschrittlicheren Gestaltung der landständischen Verfassung, so in Hannover, so in Köln und Trier, wo die städtischen Vertreter die Heranziehung der Privilegierten zu den Steuern forderten. Darüber hinaus ist es in den westlichen Grenzgebieten des Reiches, in Städten und auf dem Land am Niederrhein, in der Pfalz, in Hessen und am Oberrhein, zu Bewegungen und Erhebungen, in Sachsen und in Schlesien zu Revolten von Handwerkern, von Bauern und Hausarbeitern gekommen, die zeitweise erhebliche Ausmaße annahmen[2]. Es blieben jedoch lokal begrenzte Unruhen, denen politisch-revolutionäre Kraft und Zielsetzung fehlten. Zu den Gründen des *Ausbleibens einer deutschen Revolution* gehörte die politische und konfessionelle Zersplitterung von Reich und Volk sowie die Tatsache, daß hier das Bürgertum noch nicht zu wirtschaftlicher Stärke und zu politischem Selbstbewußtsein emporgestiegen war wie in Frankreich. Zudem boten Staat und Gesellschaft in Deutschland infolge der Leistungen des aufgeklärten Absolutismus geringere Angriffsflächen als das »ancien régime« der Bourbonen[3]. Das diente nicht nur den Regierungen als Argument, sondern auch in weiten Kreisen des Bürgertums vertrat man die Meinung, daß man im wesentlichen schon das besaß, was die Franzosen sich jetzt erkämpften. Wenn man etwa in Württemberg in der durch das »alte Recht« bestimmten Landesordnung bereits den Geist der Freiheit verwirklicht sah, so galten das josephinische Österreich und vor allem das friderizianische Preußen vielen der mit der Revolution sympathisierenden Aufklärer als ausstrahlende Zentren von Fortschritt und vernünftiger Reform. Hier pries man das nunmehr zur Vollendung gebrachte preußische Allgemeine Landrecht als die gesetzliche Verankerung von Freiheit und Rechten des Einzelnen. Ja sogar in der Verfassung des Reiches wollte man Grundlage und Gewähr für die in Deutschland bereits bestehende Freiheit erkennen, da es hier unumschränkte Gewalt eines Monarchen und blinden Gehorsam von Untertanen nicht gab[4]. Diese Einstellung hat sich noch wesentlich gefestigt, als die Entwicklung in Frankreich radikaleren Lösungen zustrebte und zugleich von dort aus durch Propaganda und politische Ansprüche eine Revolutionierung der deutschen Lande angestrebt wurde.

Gerade die Radikalisierung der Revolution und der daraus erwachsende kriegerische Zusammenstoß zwischen dem alten Europa und dem neuen Frankreich haben dann in Deutschland Bewegungen, Maßnahmen und Auseinandersetzungen zur Folge gehabt, die für die künftige Entwicklung bedeutsam wurden. Auf der einen Seite ließ das Auftreten mancher aristokratischer Emigranten aus Frankreich, die man zunächst freundlich aufgenommen hatte, das Verständnis für den Umsturz steigen[5], und zugleich blieb jene vor allem über Straßburg nach Deutschland getragene Werbung der Revolutionsapostel nicht ohne Wirkung. Wenn trotzdem die Mehrheit der aufgeklärten deutschen Bürger empört über die in Frankreich erfolgenden Ausschreitungen und Gewalttaten von der ursprünglichen Sympathie zu einer *Mißbilligung dieser »Revolution ohne Vernunft«* (Wieland) gelangte, so gingen einige radikale Publizisten dazu über, die Übertragung der Grundsätze der Volkssouveränität und Demokratie auf Deutschland zu fordern[6]. Das veranlaßte auf der anderen Seite manche deutschen Höfe, an denen man Zahl und Bedeutung der Freiheitsschwärmer überschätzte, aus Besorgnis vor einem Überschlagen der Revolution den bisherigen aufgeklärten Kurs abzubrechen. Bedenken und Maßnahmen gegen das Vordringen des Rationalismus und gegen Versuche der von Anhängern der Aufklärung begründeten geheimen Gesellschaften, politischen Einfluß zu gewinnen, hatte es schon vor 1789 gegeben (Bd. 10, Kap. 26 und 27); nun lieferte der blutige Umsturz in Frankreich, der in der Hinrichtung des Königs und der Aufrichtung einer Schreckensherrschaft gipfelte, den bisher verspotteten »Obskuranten« wirksame Argumente für Warnungen und Repressivforderungen. Nicht nur auf die unbestreitbare Bedeutung der französischen Aufklärungsphilosophie für den Ausbruch der Revolution wies man hin, sondern man behauptete, deutsche Freimaurer und Illuminaten seien maßgebend an der großen Verschwörung, die in Paris ihren ersten Erfolg gehabt habe, beteiligt. Daß sich manche revolutionsbegeisterte Gelehrte und Literaten wie jener Bonner Professor Schneider schon vor Ausbruch des Krieges in das Elsaß begaben und von dort aus die Grundsätze der Revolution verkündeten, andere nach Beginn des Kampfes in dem zeitweise von den Franzosen besetzten Mainz einen Klub nach jakobinischem Muster bildeten und für den Anschluß an das Land der Freiheit agitierten, wurde als Beweis für den engen Zusammenhang zwischen der *deutschen Aufklärung und der Revolution* angeprangert[7]. In der aufgrund der französischen Umwälzung sich stark vermehrenden Publizistik kam in Blättern wie Schirachs ›Politischem Journal‹, dem ›Revolutionsalmanach‹, Leopold Aloys Hoffmanns ›Wiener Zeitschrift‹, später der ›Eudämonia‹, eine reaktionäre Richtung zu Wort, der freilich ihre Gegner, wie der mit rasch wechselnden radikalen Schriften aufwartende Rebmann, die Antwort nicht schuldig blieben[8]. Beide Seiten haben dann unter den Überwachungs- und Zensurmaßnahmen zu leiden gehabt, zu denen die Regierungen sich entschlossen[9]. Indessen ging dem in sehr grobem Ton geführten Kampf politischer Literaten eine *geistige Auseinandersetzung* um Sinn und Bedeutung von Revolution und Tradition, um Vorzüge und Gefahren der Ideen der Revolution parallel, die weit fruchtbarer war. Auch hierbei handelte es sich teilweise um eine Fortentwicklung von vorrevolutionären Erscheinungen, in denen sich bereits eine Erschütterung der

Vorherrschaft des Rationalismus angekündigt hatte. Mit den auch in Deutschland vielerorts gepriesenen Pariser Verfassungskonstruktionen vertrugen sich die Lehren Mösers und Herders von der Mannigfaltigkeit geschichtlichen Lebens nicht. Gegenüber dem von Frankreich gegebenen Beispiel wiesen zugleich warnende englische Stimmen auf die Notwendigkeit hin, zur Verhütung von Katastrophen Freiheit und Fortschritt dem historischen Recht anzupassen. Edmund Burkes ›Betrachtungen über die Französische Revolution‹, von dem preußischen Kantschüler Friedrich Gentz ins Deutsche übersetzt, wurden die Grundlage, von der aus vor allem zwei Hannoveraner, Rehberg und Brandes, dem französischen Vorbild entgegenwirkten. Zu dessen Ablehnung kamen andere durch die Besinnung auf die Werte des Gefühls und der Religion, so ein von dem Dichter Matthias Claudius beeinflußter Kreis holsteinischer Pietisten in dem Reventlowschen Schloß Emkendorf und die katholische »Familia sacra« um die Fürstin Gallitzin und den ehemaligen Minister Fürstenberg im westfälischen Münster, zu denen hier wie dort der hochgesinnte Graf Friedrich Leopold Stolberg gehörte[10]. Es machten sich da Elemente einer von der Aufklärung sich entschieden abwendenden Bewegung geltend, die man als Romantik bezeichnet hat. In dem jungen Novalis-Hardenberg sollte sie ihren ersten politischen Propheten finden.

Jedenfalls, während sich aus Werken und Wirken der geistigen Elite Deutschlands um Kant und Goethe ein sich auf unpolitischen Höhen bewegender Humanismus und Idealismus entwickelte, wurde durch die Französische Revolution und den durch sie entfachten Meinungsstreit in weiten Kreisen des deutschen Volkes das *politische Interesse geweckt* und die Grundlage für die politischen Strömungen und Parteiungen der Zukunft gelegt. Es hat, wie wir sahen, deutsche *Demokraten* gegeben, von denen einige, als im Verlauf des Krieges den Franzosen die Eroberung der deutschen Lande links des Rheines glückte, versuchten, die von ihnen begeistert bejahten Grundsätze der Revolution zu verwirklichen. Es war trotz der Unterstützung durch Generale und Kommissare der Republik ein schwieriges Unterfangen, denn die Mehrheit der Bevölkerung wollte von einem Umsturz nichts wissen. Auf deren Widerstand hat wohl auch die Erbitterung über das den ersten Ankündigungen der Führer der Revolutionsheere widersprechende brutale und eigennützige Vorgehen mancher französischen Beamten und Offiziere eingewirkt. Die Enttäuschung hierüber hat aber auch bei manchen jener deutschen Republikaner eine Wandlung hervorgebracht. Sie kamen allmählich zu der Überzeugung, daß die Franzosen nicht den moralischen Charakter besaßen, um die von ihnen verkündeten großen Ideen der Freiheit, Gleichheit und Menschheitsverbrüderung wirklich durchzusetzen, daß dazu vielmehr die Deutschen berufen seien, die vor allem in den Lehren Kants das geistige Rüstzeug dafür geschaffen hatten und besaßen. Hier begann man sich, besonders nach dem Übergang Frankreichs zu einer Eroberungspolitik, im Glauben an die eigene moralische Überlegenheit einer mystischen *Nationalidee* zuzuwenden, ohne dabei den Kosmopolitismus aufgeben zu wollen[11]. Noch waren freilich diese Anhänger demokratischer Grundsätze nicht sehr zahlreich. Stärker machte sich eine gemäßigtere Strömung geltend, die ihre Ideale weniger aus den Ideen der Französischen Revolution als aus den Lehren der deutschen Aufklärung nahm. In diesen bürgerlichen Kreisen dachte man nicht an einen Umsturz, sondern an Reformen, nicht an eine Republik, sondern an die Anerkennung der Gewaltenteilung und eine konstitutionelle Sicherung der Rechte und Freiheiten des Menschen. Der sich da bildende *politische Liberalismus* glaubte teilweise in England einen besseren Lehrmeister zu finden als in Frankreich. Er lehnte auch in wirtschaftlicher und sozialer Beziehung jeden Radikalismus ab, der in sozialistischen Forderungen einer Anzahl von Flugschriften, aber auch in Veröffentlichungen des seit 1794 als Professor in Jena wirkenden Philosophen Johann Gottlieb Fichte zum Ausdruck kam[12]. In entschiedener Verwerfung der Revolution und in Kampfstellung gegen die Aufklärung entstand zugleich eine *konservative Bewegung*, deren Träger nun nicht etwa für den friderizianischen oder josephinischen Absolutismus eintraten, sondern an eine Wiederbelebung der ständischen Ordnung und eine Erneuerung der Religiosität dachten[13].

Gewiß kann man diese Ansätze zu politischen Fronten innerhalb Deutschlands als wichtige Folge der Auseinandersetzung mit der Französischen Revolution bezeichnen. Entscheidenden unmittelbaren Einfluß auf das Geschick Deutschlands aber hat nicht die Revolution an sich, sondern der Zusammenstoß zwischen dem neuen Frankreich und den Mächten des alten Europa ausgeübt, dessen überraschender Verlauf zu einer völligen Umgestaltung der politischen und territorialen Lage in einem wahrhaft revolutionären Ausmaß führte.

1. Deutschland und die Französische Revolution

W. Wenck, Dtld. vor 100 Jahren (2 Bde. 1887–1890). G. P. Gooch, Germany and the French Revolution (1920, Ndr. 1966). A. Stern, Der Einfluß der Franz. Revolution auf das dt. Geistesleben (1928). R. Stadelmann, Dtld. u. die westeurop. Revolutionen, in dess. Dtld. u. Westeuropa (1948). J. Droz, L'Allemagne et la Révolution Française (1949). F. Valjavec, Die Entstehung der politischen Strömungen in Dtld. 1770–1815 (1951).

[1] Eindringende Gesamtdarstellung der Haltung der geist. Elite Deutschlands gegenüber der Franz. Revolution bei K. v. Raumer, Dtld. um 1800. Zum Einzelnen: M. Leube, Das Tübinger Stift in d. Weltbewegung zw. 1790 u. 1813, Württ. Vjh. 42 (1936). J. Ritter, Hegel u. die Franz. Revolution (1957). F. Sengle, Wieland (1949). G. Baumecker, Schiller u. die Franz. Revolution (1939). E. Beutler, Goethe u. die Franz. Revolution, Preuß. Jb. 235 (1934). W. Mommsen, Die polit. Anschauungen Goethes (1948).

[2] Zu den Vorgängen in Hannover um den »hannoverschen Mirabeau« Frhr. v. Berlepsch: J. Grolle, Landesgesch. in d. Zeit der dt. Spätaufklärung. Ludwig Theimotus Spittler. 1752–1810 (1963). C. Haase, Obrigkeit u. öffentl. Meinung in Kurhannover 1789–1803, Niedersächs. Jb. 39 (1967). Zu den landständischen Auseinandersetzungen und Unruhen im Westen außer der Quellensammlung von Hansen: K. Julku, Die revolutionäre Bewegung im Rheinland am Ende d. 18. Jh., Bd. 1 (1965). W. Lüdtke, Kurtrier u. die Unruhen 1789/1790, Trierer Zs. 5 (1930). Zu den Vorgängen in Sachsen: P. Stulz u. O. Opitz, Volksbewegungen in Kursachsen z. Z. der Franz. Revolution (1956).

[3] Zu den Ausführungen von Droz über die durch Luthertum und Absolutismus geprägte polit. Unreife der Deutschen die kritischen Bemerkungen von St. Skalweit, Rhein. Vjbll. 17 (1952). Dem badischen Minister Edelsheim gegenüber bestritt K. Leopold II. die Gefahr eines Umsturzes, »denn unsere Nation ist weder so verdorben, noch so gedrückt, noch so enthusiastisch«.

[4] Siehe die Rede des aufgeklärten kölnischen Ministers Spiegel vom 20. 11. 1789, in: Hansen, Bd. 1. Vgl. M. Braubach, Die Lebenschronik des Frhr. Franz Wilh. v. Spiegel zum Diesenberg (1952).

[5] P. de Vaissière, À Coblence, ou les émigrés français dans les pays rhénans 1789–1792 (1924). F. Hempelmann, Die Emigranten u. die Franz. Revolution (Diss. Hamburg 1935). W. Wühr, Die Emigranten der Franz. Revolution im bayer. u. fränk. Kreis (1938).

[6] Zur Überschätzung von Bedeutung und Wirkung dt. Jakobiner neigen materialreiche ostdt. Veröffentlichungen: H. Voegt, Die dt. jakobinische Literatur u. Publizistik 1789–1800 (1956). H. Scheel, Süddt. Jakobiner. Klassenkämpfe u. republikanische Bestrebungen im dt. Süden Ende d. 18. Jh. (1962). Jakobinische Flugschriften aus d. dt. Süden Ende d. 18. Jh., hg. v. H. Scheel (1965). Für Klubs und demokratische Publizisten in Hamburg und Schleswig-Holstein (Schütz, Würzer, Albrecht): W. Grab, Demokratische Strömungen in Hamburg u. Schleswig-Holstein z. Z. der ersten franz. Republik (1966). Ders., Norddt. Jakobiner. Demokratische Bestrebungen z. Z. der Franz. Revolution (1967). Über einen der radikalsten Publizisten, den Franken Rebmann, der 1796 nach Frankreich emigrierte, später als Beamter in der bayerischen Pfalz wirkte, außer der älteren Arbeit von N. v. Wrasky (1907): K.-G. Faber, Johann Andreas Georg Friedr. Rebmann. 1768 bis 1824, in: Pfälzer Lebensbilder, Bd. 1 (1964). W. Grab, Eroberung oder Befreiung? Dt. Jakobiner u. d. Franzosenherrschaft im Rheinland 1792–1799 (1971). Radikale Bestrebungen gab es auch in Österreich u. Ungarn, wo sie zu der Verschwörung des ehemaligen Franziskaners und Professors Martinovicz führten und nach deren Aufdeckung 1794 scharf geahndet wurden (Hinrichtung der Führer, darunter Martinovicz): W. C. Langsam, Emperor Francis II and the Austrian Jacobins 1792–1796, AHR 50 (1945). H. Fodor, Der Jakobinismus

in Ungarn, AKG 37 (1955). K. BENDA, Die ungar. Jakobiner, in: M. Robespierre, hg. v. W. MARKOV (1958), auch in: Ann. Hist. de la Rév. Franç. 31 (1959). E. WANGERMANN, From Joseph II to the Jacobin Trials (1959, ^{2}1968, dt. 1966). D. SILAGI, Jakobiner in d. Habsburger Monarchie (1962). A. KÖRNER, Andreas Riedel, Ein pol. Schicksal im ZA d. Franz. Revolution (1969). DERS., Die Wiener Jakobiner (1972).

7 Zum Verhalten ehemaliger Illuminaten: K. SPENGLER, Die publizist. Tätigkeit des Frhr. Adolf v. Knigge während d. Franz. Revolution (Diss. Bonn 1931). Zur Flucht Schneiders und anderer Professoren nach Frankreich: M. BRAUBACH, Die kath. Univ. Dtlds. u. die Franz. Revolution, HJb 49 (1929), auch in dess. Diplomatie u. geist. Leben im 17. u. 18. Jh., Ges. Abh. (1969). Ders., Die erste Bonner Hochschule, Maxische Akademie u. Kurfürstl. Univ. 1774/77 bis 1798 (1966). Über den Mainzer Klub s. u. Kap. 3, Anm. 2; ferner H. MATHY, Anton Jos. Dorsch. 1758–1819. Leben u. Werk eines rhein. Jakobiners, Mainzer Zs. 62 (1967).

8 Zur publizist. Gegenwirkung gegen die dt. Jakobiner: F. SOMMER, Die Wiener Zs. 1792/93 (1932). F. VALJAVEC, Die Anfänge des österreich. Konservativismus, Leopold Aloys Hoffmann, in: Festschr. Eder (1959). M. BRAUBACH, Die ›Eudämonia‹ 1795–1798, HJb 47 (1927), auch in dess. Diplomatie u. geist. Leben. G. KRÜGER, Die Eudämonisten, HZ 143 (1931).

9 In Preußen wurden seit Sommer 1790 Abwehrmaßnahmen geg. revolut. Propaganda getroffen: W. LÜDTKE, Friedr. Wilh. II. u. die revolut. Propaganda 1789–1791, FBPG 44 (1932). In Österreich entstand zur Überwachung 1793 die Wiener Polizeihofstelle. Zu d. Mitteln positiver Beeinflussung d. Bevölkerung gehörte die von Haydn vertonte Hymne Haschkas, ›Gott erhalte Franz den Kaiser‹, deren Melodie im 19. Jh. auf das Deutschlandlied Hoffmanns v. Fallersleben übertragen wurde.

10 F. BRAUNE, E. Burke in Dtld. (1917). H. CHRISTERN, Dt. Ständestaat u. engl. Parlamentarismus am Ende d. 18. Jh. (1939). Zu Rehberg u. Brandes: C. HAASE, Göttingen u. Hannover, Göttinger Jb. 1967; eine Biographie Ernst Brandes' ist von Haase zu erwarten. – O. BRANDT, Geistesleben u. Politik in Schleswig-Holstein um d. Wende des 18. Jh. (^{2}1925). – P. BRACHIN, Le cercle de Münster 1779–1806 et la pensée religieuse de F. L. Stolberg (1952). E. REINHARD, Die Münstersche »Familia sacra« (1953). E. TRUNZ, Fürstenberg, Fürstin Gallitzin u. ihr Kreis (1955). Der Kreis von Münster. Briefe u. Aufzeichnungen Fürstenbergs, der Fürstin Gallitzin u. ihrer Freunde, Bd. 1, hg. v. S. SUDHOF (1962–1964). E. TRUNZ, Goethe u. d. Kreis von Münster (1971).

11 DROZ hat nachzuweisen versucht, daß manche der dt. Anhänger der Revolution von ihr die Verwirklichung der philosoph. u. moral. Lehren Kants und Schillers erhofften, sie dann aber, enttäuscht über die Mißachtung der Menschenrechte und der Moral durch die Franzosen, zu der Überzeugung gelangten, daß nun dem dt. Volk die Aufgabe nicht nur der geistigen Grundlegung, sondern auch der polit. Ausführung der großen Ideen zufalle. Bei dem jungen Görres hat freilich wohl auch das während eines Aufenthalts in Paris lebendig werdende Gefühl der Fremdheit gegenüber den Franzosen die Hinwendung zum nationalen Gedanken befördert. S.a. die auf Oldenburg sich beschränkende Arbeit von W. v. GROOTE, Die Entstehung des Nationalbewußtseins in Nordwestdtld. 1790–1830 (1955).

12 M. GUÉROULT, Fichte et la révolution française (1940). Zu Fichte s. u. Kap. 15, Anm. 7.

13 F. VALJAVEC, Die Entstehung d. europ. Konservativismus, Ostdt. Wiss. 1 (1954). E. CRUSIUS, Konservative Kräfte in Oldenburg am Ende d. 18. Jh., Niedersächs. Jb. 34 (1962). – Zu den Wegbereitern des Konservativismus gehört der Schweizer Geschichtsschreiber Johannes v. Müller (1752–1809), einst publizistischer Verteidiger des Fürstenbundes, zeitweise im Dienst v. Kurmainz, dann von Öserr. K. SCHIB, Joh. v. Müller (1967).

Kapitel 2
Der Ausbruch der Revolutionskriege

Vielleicht war der kriegerische Zusammenstoß der in Frankreich siegreichen Revolution mit den in der fürstlich-feudalen Ordnung verharrenden Mächten des übrigen Europa unvermeidlich. Zunächst hatte es freilich nicht den Anschein, als ob sich aus der Umwälzung in Paris eine europäische Krise ergeben würde. In den Kabinetten der Staaten war man 1789 mit anderen Dingen beschäftigt: mit dem Krieg, den im Orient Rußland und Österreich gegen die Türkei führten, und mit der im Zusammenhang damit aufsteigenden Gefahr eines neuen Konflikts zwischen den beiden deutschen Mächten. Sie wurde zwar durch den überraschenden Abschluß der *Konvention von Reichenbach* im Sommer 1790 gebannt; aber nunmehr war Österreich unter seinem neuen Herrscher Leopold II. durch die Aufgaben in Anspruch genommen, die Gärung in Ungarn und die offene Rebellion in Belgien zu überwinden sowie die Kaiserkrone des Reiches für das Haus Habsburg-Lothringen zu sichern, während die preußische Politik weiter dem Osten zugewandt war (Bd. 10, Kap. 28). Frankreich selbst schien gerade durch die Revolution in seiner Kraft und Handlungsfreiheit erschüttert und damit aus den europäischen Auseinandersetzungen ausgeschaltet. Dies durch Intervention mit dem Ziel der Wiederherstellung der alten Ordnung zu nutzen, war zunächst nicht die Absicht der deutschen Mächte, während auf der anderen Seite die Pariser Nationalversammlung verkündet hatte, daß die französische Nation auf jeden Eroberungskrieg verzichte und niemals ihre Kräfte gegen die Freiheit eines anderen Volkes einsetzen werde.

Nun ist es jedoch schon bald nach Beginn der Revolution zu Verstimmungen und Reibungen zwischen dem sich neu ordnenden Frankreich und seinen deutschen Nachbarn gekommen. Durch die Beschlüsse der Nationalversammlung über Abschaffung aller Sonderrechte wurden deutsche Reichsstände getroffen, die im *Elsaß* noch landesherrliche und sonstige Befugnisse besaßen. Sie lehnten Vorschläge finanzieller Entschädigung ab und forderten unter Führung der auch in ihren Diözesanrechten gekränkten geistlichen Fürsten des Westens ein Einschreiten von Kaiser und Reich etwa durch Anwendung von Druckmitteln wie Annullierung der früheren Friedensverträge und Verhängung einer Handelssperre. Andererseits erregte man bei den Franzosen Anstoß durch freundliche Aufnahme der flüchtenden Anhänger des höfischen und feudalen Frankreichs. Suchten doch diese *Emigranten*, als deren Führer die Brüder König Ludwigs XVI. im Sommer 1791 bei Koblenz ihre Residenz aufschlugen, in den Gebieten von Trier, Mainz, Worms und Speyer Regimenter zu sammeln, die offenbar dazu bestimmt waren, von außen eine Gegenrevolution herbeizuführen[1]. Gefährlichere Verwicklungen konnten allerdings aus den Klagen, Forderungen und Vorbereitungen deutscher Fürsten und französischer Aristokraten erst entstehen, wenn sich die beiden deutschen Großmächte hinter sie stellten. Dazu war besonders Kaiser Leopold II. nicht geneigt, obwohl ihn auch seine Schwester, Ludwigs XVI. Gemahlin Marie Antoinette, um Hilfe bat. Der Revolution hat er anfänglich nicht ohne Sympathie gegenübergestanden, er sah in ihr eine Lehre für alle Souveräne, sich der Untertanen anzunehmen. Ebenso wie der alte Staatskanzler Kaunitz jedem kriegerischen Abenteuer abgeneigt, hat er die Emigranten nicht ermutigt, und in der elsässischen Frage ließ er sich, trotz eines scharfen Beschlusses des Regensburger Reichstags gegen die als rechtsungültig erklärten französischen Maßnahmen (6. 8. 1791), nur zu schriftlichen Vorstellungen bei seinem Schwager bewegen.

Auch in der Zustimmung, die er entgegen dem Rat von Kaunitz dem Fluchtplan des französischen Königspaares gab, und in den Schritten, zu denen er sich nach dessen Scheitern und der Suspendierung der königlichen Rechte durch die Nationalversammlung verstand, kann man nicht die Absicht zur Herbeiführung eines Konfliktes sehen. Durch ein am 6. 7. 1791 von *Padua* erlassenes *Rundschreiben* an die übrigen Höfe Europas, in dem er sie zu einer gemeinsamen Erklärung gegen Beeinträchtigungen der Handlungsfreiheit Ludwigs XVI. aufforderte, sollte in erster Linie ein Druck auf Paris ausgeübt werden, um die Radikalen zum Einlenken zu bestimmen. Für die weitere Entwicklung war es dann bedeutsam, daß in Preußen sich ein Richtungswechsel vollzog. Waren von Berlin aus zunächst geheime Verbindungen zu den Revolutionären in Paris angeknüpft worden, so wandte sich König Friedrich Wilhelm II. unter dem Eindruck der ihn erschütternden Nachrichten über die Not der königlichen Familie allmählich dem Gedanken der Herstellung fürstlicher Solidarität und damit einer über den Reichenbacher Ausgleich hinausgehenden Verständigung mit dem österreichischen Rivalen zu[2]. Bereits seit Anfang

1791 hatte er durch seinen Vertrauten Bischoffwerder Vorschläge über ein Zusammengehen in Wien unterbreiten lassen. Noch standen dabei die Angelegenheiten des Ostens im Vordergrund, die im Mai durch eine zur Festigung der monarchischen Gewalt erfolgende Verfassungsänderung in Polen in eine neue Krise geraten waren. Schon enthielt indessen ein am 25. 7. 1791 in Wien unterzeichnetes *preußisch-österreichisches Abkommen* neben einer offensichtlich von Mißtrauen gegen russische Absichten veranlaßten Vereinbarung über Bewahrung der polnischen Integrität die Verabredung gemeinsamen Auftretens gegenüber der Französischen Revolution. Einen Monat später trafen sich Kaiser und König im sächsischen Schloß Pillnitz. Der Unternehmungslust Friedrich Wilhelms, die nicht nur durch Sorge und Mitgefühl, sondern auch durch Hoffnung, zu territorialem Gewinn im Westen oder im Osten zu gelangen, bestimmt war, begegnete Leopold mit Zurückhaltung. Nach der inzwischen erfolgten Wiedereinsetzung Ludwigs XVI. lehnte er eine Aktionspolitik, wie sie die Emigranten forderten, ab. Immerhin hat die *Pillnitzer Erklärung* der beiden Monarchen vom 27. 8. 1791 nicht nur das gemeinsame Interesse aller Souveräne an der vollen Wiederherstellung der königlichen Regierung in Frankreich betont, sondern auch die Aufbietung der zur Erreichung dieses Zieles notwendigen Streitkräfte angekündigt, wobei jedoch das Einverständnis aller anderen europäischen Mächte zur Vorbedingung gemacht wurde. Diese Voraussetzung war indessen nicht gegeben, da zu jener Zeit England für eine Intervention sicher nicht zu gewinnen war. Als dann Ludwig XVI. seine Zustimmung zu der von der Nationalversammlung ausgearbeiteten Verfassung gab, konnte der Kaiser selbst in der Annahme, daß die Revolution damit beendet sei, ein Einschreiten der Mächte als nicht mehr nötig bezeichnen.

Und doch trat unmittelbar darauf eine erhebliche Verschärfung in den Beziehungen zwischen Frankreich und Deutschland ein. In Paris hatte schon das Manifest von Padua Empörung ausgelöst, erst recht sah man dann in der von den Emigranten in ihrem Sinn ausgelegten Pillnitzer Deklaration eine beleidigende Einmischung. In der aufgrund der Verfassung gewählten und an die Stelle der Nationalversammlung getretenen Legislative warf sich eine von dem Glauben an den Sieg der revolutionären Grundsätze in der ganzen Welt und zugleich von der Tradition französischer Größe beeinflußte

Gruppe, die man nach der Herkunft einiger ihrer Führer als *Girondisten* bezeichnete, zu Verteidigern der nationalen Ehre auf. Sie drängte die aus Gemäßigten gebildete Regierung zu energischem Vorgehen gegen die Emigranten und zu scharfer Sprache gegenüber den Drohungen der Despoten. Als auf die französische Aufforderung an den Kurfürsten von Trier zu sofortiger Auflösung der in seinen Landen versammelten Emigrantenscharen Leopold als Reichsoberhaupt dies seinerseits dem Kurfürsten zur Pflicht machte, führte doch die entsprechende Mitteilung in Paris nicht zu einer Beruhigung, da in der kaiserlichen Note zugleich erklärt war, daß jede Aktion gegen Reichsgebiet auf den entschlossenen Widerstand Deutschlands und Europas stoßen werde (21. 12. 1791). Weitere Hinweise auf das zur Aufrechterhaltung der Ruhe und der Sicherheit und Ehre der Kronen zu bildende europäische Konzert gaben den Anlaß zu heftigen Debatten in der Legislative, in deren Verlauf die Girondisten Versammlung und Regierung zum Erlaß einer kategorischen Aufforderung an den Kaiser, sich jeder Art von Intervention zu enthalten, mitrissen (25. 1. 1792). In Wien hat man darauf die Verbindung mit Berlin zwecks Aufrichtung einer gemeinsamen Front gegen den unruhigen Nachbarn im Westen enger geknüpft. Am 7. 2. 1792 kam ein österreichisch-preußischer Freundschafts- und Schutzvertrag zustande, in dem man sich für den Fall eines französischen Angriffs zu gegenseitiger Hilfeleistung mit je 20000 Mann und zu entschiedener Verfolgung der Konzertpläne verpflichtete. Vielleicht hat *Leopold II.* auch jetzt noch einen Zusammenstoß vermeiden wollen; doch mitten während der Krise ist er am 1. März plötzlich gestorben. Zwar suchte unter seinem die Nachfolge in den habsburgischen Erblanden antretenden ältesten Sohn *Franz II.*, der den Vater weder an politischer Begabung noch an Einsicht in die Zeiterfordernisse erreichte[3], Kaunitz die österreichische Politik im alten Kurs weiter zu steuern. Er war gegen einen Krieg und auch gegen das Bündnis mit Preußen, aber sein Glaube, durch Vorwürfe gegen die Radikalen in Paris Frankreich zum Einlenken bestimmen zu können, erwies sich als falsch. In Paris stürzten nun die Girondisten die Regierung und setzten nach Bildung eines Ministeriums aus den eigenen Reihen gegen den Widerstand der Gemäßigten und auch der von einem Krieg Niederlage und Sieg der Reaktion befürchtenden schärfsten Revolutionäre um Robespierre den *Kriegsentschluß* gegen das ihrer Meinung nach isolierte Österreich durch. In der Sitzung der Legislative vom 20. 4. 1792 kündigte Ludwig XVI. dem König von Ungarn und Böhmen den Krieg an, von dem er selbst wohl den Triumph der Gegner erhoffte. Auf beiden Seiten hat man raschen Sieg erwartet. Das Ringen, das damit begann, sollte fast ein Vierteljahrhundert dauern[4].

H. v. SYBEL, Gesch. der Revolutionszeit 1789–1800 (5 Bde. 1853–1879 u. ö.). L. v. RANKE, Ursprung u. Beginn d. Revolutionskriege (1875). H. GLAGAU, Die franz. Legislative u. d. Ursprung d. Revolutionskriege 1791/92 (1896). A. WANDRUSZKA, Leopold II. Erzhg. v. Österreich, Kg. v. Ungarn, Röm. Kaiser, Bd. 2 (1965). W. M. Frhr. v. BISSING, Friedr. Wilh. II. Kg. v. Preußen (1967); vgl. Bd. 10, Kap. 27, Anm. 12.

[1] Th. LUDWIG, Die dt. Reichsstände im Elsaß u. d. Ausbruch d. Revolutionskriege (1898). Zur Rolle der Emigranten s. Kap. 1, Anm. 5. Zur Politik d. rheinischen Fürsten außer HANSEN, Bd. 1: L. VEZIN, Die Politik d. Mainzer Kf. Friedrich Karl v. Erthal vom Beginn d. Franz. Revolution bis zum Falle von Mainz (Diss. Bonn 1932). M. BRAUBACH, Maria Theresias jüngster Sohn Max Franz, letzter Kf. v. Köln u. Fb. v. Münster (1961). E. RIEDENAUER, Gesandter des K. am Fränk. Kreis. Aus d. Korresp. d. Gf. Schlick zwischen Fürstenbund u. Reichskrieg, Zs. f. bayer. Landesgesch. 28 (1965).

[2] Zur preuß. Politik: W. LÜDTKE, Preußen u. Frankreich vom Bastillesturm bis Reichenbach 1789/90, FBPG 42 (1929); ders., Preußen u. d. elsäss. Frage in d. Jahren 1789–1791 (Diss. Berlin 1931); s. a. Kap. 1, Anm. 9.

[3] Über Franz (1768–1835): W. C. LANGSAM, Francis the Good. The Education of an Emperor (1949, dt. 1954). F. WALTER, K. Franz I., in: Gestalter d. Geschicke Österreichs (1962). In Florenz geboren, war Franz als künftiger Thronfolger seit 1784 in Wien ausgebildet worden. Eine nüchterne Persönlichkeit, fleißig und pflichtbewußt, aber ohne eigenes Konzept und Weitblick, verbarg er hinter einfachem und leutseligem Auftreten Gleichgültigkeit und Herzensträgheit. Während Leopold bis zuletzt an fortschrittlichen Verfassungsplänen festgehalten hatte, wollte sein Sohn, voll Besorgnis vor revolutionären Einflüssen, seine herrscherliche Autorität aufrechterhalten. Zum Vorgehen gegen ungarisch-österreichische Jakobiner, die übrigens teilweise an geheimen Bestrebungen Leopolds zur Umänderung der ungarischen Verfassung beteiligt gewesen, s. Kap. 1, Anm. 6. D. SILAGI, Ungarn u. der geheime Mitarbeiterkreis K. Leopolds II. (1961). Zur gesamten Innenpolitik: Die österreichische Zentralverwaltung. Die Zeit Franz' II. (I.) u. Ferdinands I. 1792–1848, bearb. v. F. WALTER (2 Bde. 1956). F. MAASS, Der Josephinismus, Bd. 4 (1957). Obwohl das staatskirchl. System des Josephinismus im wesentlichen aufrechterhalten wurde, gelangt MAASS zu einer günstigen Beurteilung von Franz, die kaum berechtigt ist.

[4] Während RANKE die Schicksalhaftigkeit des Zusammenstoßes zwischen der Revolution und dem alten Europa herausstellte, suchte v. SYBEL für den unmittelbaren Weg in den Krieg den maßgebenden Anteil der von Brissot geführten Girondisten nachzuweisen, die in dem Ministerium der gemäßigten Feuillants einen Helfer in dem Kriegsminister Narbonne besaßen, der jedoch im Gegensatz zu ihnen von einem erfolgreichen Krieg die Wiederaufrichtung der königlichen Macht erhoffte; nach dem Regierungswechsel im März 1792 arbeitete neben Brissot der ehrgeizige Außenminister Dumouriez auf den Krieg hin. Daß diese Kreise neben der Empörung

über die fremden Einmischungsabsichten und dem Wunsch auf Verbreitung revolutionären Gedankenguts zwecks Befreiung der Völker vom Despotismus auch ein nat. Machtwille erfüllte, zeigt F. MAIER, Frankreich u. d. Kriegsausbruch v. 1792, Schweiz. Beitr. z. allg. Gesch. 8 (1950). Zum Kampf Robespierres gegen den Krieg: G. MICHON, Robespierre et la guerre révolutionnaire 1791/92 (1937). Auf dt. Seite waren Leopold II. und Kaunitz sicher nicht kriegslustig, aber sie haben durch allzu lange Duldung des Treibens der Emigranten und durch den drohenden Ton ihrer Noten die Kriegsstimmung in Paris gefördert. In Berlin neigte man eher einer bewaffneten Intervention zu als in Wien, entscheidend aber hat Preußen auf den Ausbruch des Krieges nicht eingewirkt. v. RAUMER macht für den Bruch das Fehlen von wirklichen Führern auf beiden Seiten, ein Versagen der Menschen gegenüber der politischen Situation, verantwortlich.

Kapitel 3
Der Feldzug von 1792 und die zweite polnische Teilung

Mit großen Festen leitete man auf deutscher Seite den verhängnisvollen Kampf ein. Am 5. 7. 1792 wurde Franz II. ohne Schwierigkeiten einstimmig zum Kaiser gewählt. Der Krönung am Jahrestag des Sturms auf die Bastille – es sollte die letzte des alten Reiches sein – schloß sich eine Zusammenkunft des neuen Reichsoberhaupts mit seinem preußischen Bundesgenossen in Mainz an. Nach der französischen Kriegserklärung hatte sich Friedrich Wilhelm II. sofort mit Österreich solidarisch erklärt; nun wurde in Mainz über den Operationsplan verhandelt, zu dessen Durchführung rund 100000 Österreicher in den Niederlanden und am Oberrhein und 42000 Preußen an der Mosel aufmarschieren sollten. Während die übrigen zur Bildung des antirevolutionären Konzertes aufgeforderten Höfe sich zunächst nicht rührten, wollten die beiden deutschen Mächte zum erstenmal seit langer Zeit gemeinsam einen Krieg führen. Von vornherein war es freilich eine schwere Hypothek für das Unternehmen, daß man in Berlin ebenso wie in Wien nicht nur an die Bekämpfung der Revolution dachte, sondern entschlossen war, diese Gelegenheit zur Ausdehnung der eigenen Macht und zur Verwirklichung alter Erwerbspläne zu benutzen, daß aber eine Einigung darüber zwischen den beiden Partnern nicht erzielt wurde. In Preußen war wohl zeitweise die Erweiterung des rheinischen Besitzes durch Jülich-Berg erwogen worden, wofür der Kurfürst von der Pfalz etwa im Elsaß entschädigt werden sollte; nach Kriegsausbruch glaubte man dann als angemessene Belohnung für den über die Bundesverpflichtungen hinausgehenden Einsatz im Westen die Vervollständigung der Erwerbungen der ersten polnischen Teilung fordern zu können. Für den Wiener Hof, an dem nunmehr die Beratung des jungen Monarchen aus den Händen von Kaunitz (gest. 27. 6. 1794) in die des Grafen Philipp Cobenzl und des Staatsreferendars Spielmann übergegangen war, wurden Gewinne am Oberrhein und an der niederländischen Grenze vorgesehen; indessen rückte Spielmann in Mainz mit dem alten Projekt eines Tausches Bayerns gegen Belgien heraus (Bd. 10, Kap. 23), das aber bei den Preußen um so weniger Anklang fand, als die Österreicher zu Bayern auch noch die soeben dem preußischen König auf dem Erbweg zugefallenen Markgrafschaften Ansbach-Bayreuth beanspruchten. Das *Mißtrauen*, mit dem man sich gegenseitig beobachtete, wurde noch verstärkt durch die Besorgnis vor russischen Absichten und Umtrieben. In der Tat war es der Zarin Katharina II. bei ihren ständigen Predigten für einen Kreuzzug gegen die Revolution nicht zum wenigsten darum zu tun gewesen, die deutschen Mächte im Westen zu binden, um ihre eigenen Expansionspläne durchführen zu können. Sofort nach Kriegsbeginn griff sie in die in *Polen* ausgebrochenen Wirren ein und erzwang die Aufhebung der vor Jahresfrist von König Stanislaus Poniatowski erlassenen Verfassung. Wenn Leopold II. noch bei den ersten Abmachungen mit Preußen durch gemeinsame Garantie dieser Verfassung dem russischen Ausgreifen einen Riegel hatte vorschieben wollen, so fand sich nun sein Nachfolger zu einem Vertrag mit der Zarin bereit, in dem die unter russischem Druck erfolgte Reaktion in Polen anerkannt wurde (14. 7. 1792). Katharina hatte hier zwar die Aufrechterhaltung des territorialen Bestandes Polens in den Verhältnissen von 1773 gelobt, und die gleiche Bestimmung wurde auch in den fast gleichlautenden Vertrag aufgenommen, den sie kurze Zeit darauf mit Preußen vereinbarte (7. August). Sie nahm man aber weder in St. Petersburg noch in Berlin ernst. Von einer einheitlichen Front der getrennt mit der Zarin verhandelnden deutschen Mächte im Osten konnte jedenfalls keine Rede sein. Für beide aber war die Entwicklung in Polen nicht weniger wichtig als der Feldzug gegen Frankreich.

Man war indessen überzeugt, daß dieser Feldzug mit der mühelosen Niederwerfung der Revolutionäre ein rasches Ende finden werde. Das Scheitern eines in den ersten Kriegstagen unternommenen französischen Vorstoßes in die österreichischen Niederlande schien die Behauptungen der Emigranten von der völligen Zersetzung der französischen Armee zu bestätigen. Die hochmütige Unterschätzung des Gegners kam in dem auf Entwürfe von Emigranten zurückgehenden *Manifest* zum Ausdruck, das der zum Oberbefehlshaber der Invasionsarmee ernannte *Herzog* Karl Wilhelm Ferdinand *von Braunschweig*, einst als preußischer General unter Friedrich dem Großen bewährt, am 25. 7. 1792 von Koblenz aus erließ. Durch die maßlose Sprache, mit der hier für den Fall einer Beleidigung der königlichen Familie Paris der Untergang angedroht wurde, hat es die Revolutionäre nicht eingeschüchtert, sondern im Gegenteil ihnen neuen Auftrieb gegeben und so den nun tatsächlich erfolgenden Sturz des französischen Königtums (10. August) gefördert. Dabei hatten sich schon bei dem sehr langsamen Aufmarsch der Verbündeten bedenkliche Mängel in der militärischen Vorbereitung und Organisation gezeigt. Nachdem die Preußen, denen die Hauptaufgabe des Marsches auf Paris zugedacht war, endlich die Grenze überschritten hatten, konnten sie zwar Longwy und Verdun zur Übergabe nötigen, der Vormarsch geriet dann aber in der Champagne ins Stocken. Während der bei dem Heer weilende preußische König den Herzog von Braunschweig vergebens zu wagemutigem Handeln zu drängen suchte, gelang es dem auf der Gegenseite kommandierenden Dumouriez, sich in den Argonnen einer Umfassung zu entziehen und durch Vereinigung mit der Gruppe des Generals Kellermann Rücken und Flanke der Eindringlinge zu bedrohen. Als man bei *Valmy* am 20. September aufeinanderstieß, kam es eigentlich nur zu einer Kanonade, die aber, wie der im Gefolge des Herzogs von Weimar am Feldzug teilnehmende Goethe ahnte, historische Bedeutung hatte[1]. Der moralische Erfolg blieb den Franzosen, die zur Überraschung ihrer Gegner standhielten, während der preußische Feldherr den Angriff auf ihre Stellungen nicht wagte und sich schließlich aufgrund von Nachschubschwierigkeiten zur Umkehr entschloß. Nach einem bei schlechtem Wetter sich vollziehenden Rückmarsch langte die Armee, durch Entbehrungen und Krankheiten geschwächt und demoralisiert, wieder auf deutschem Boden an. Der erste Angriff auf die Revolution war gescheitert.

Die Bestürzung über den schmählichen Ausgang im deutschen Lager wuchs noch, als in den nächsten Wochen die verachteten »Sansculotten« ihrerseits in Reichslande eindrangen.

Vom Elsaß marschierte der französische General Custine in die Pfalz ein, bemächtigte sich der Städte Speyer und Worms und erschien vor *Mainz*. Da die Behörden, erschreckt auch durch das Auftreten von Anhängern der Revolutionsideen innerhalb der Bevölkerung, sich zu energischen Abwehrmaßnahmen nicht aufzuraffen vermochten, erfolgte am 21. Oktober die Kapitulation der den Mittelrhein beherrschenden Residenz des Reichserzkanzlers, in der unter französischem Schutz ein Klub deutscher Freiheitsfreunde sich in den Dienst der revolutionären Propaganda stellte, ohne freilich bei dem Versuch, das Land zwischen Landau und Bingen aus dem Verband des Reiches zu reißen, wirklichen Widerhall zu finden[2]. Inzwischen konnten sich französische Truppen auch noch rechts des Rheines in Frankfurt, der Krönungsstadt des Reiches, festsetzen. Der Anmarsch der über Luxemburg wieder nach Koblenz gelangten preußischen Armee sicherte zwar die niederrheinischen Gebiete vor dem französischen Zugriff, und nach der Wiedereroberung von Frankfurt durch preußische und hessische Abteilungen am 2. Dezember mußte sich Custine in dem von ihm besetzten linksrheinischen Landstrich auf Verteidigung einrichten. Doch unterdessen hatte die unter Dumouriez' Leitung getretene französische Nordarmee die Offensive gegen die Niederlande ergriffen. Die Österreicher waren von ihr am 6. November bei Jemappes geschlagen worden und zogen sich unter *Räumung Belgiens* und der westlichen Grenzlande des Reiches einschließlich der Stadt Aachen hinter Rur und Erft zurück. So standen am Ende des Jahres nicht etwa die Verbündeten in Paris, wo die Radikalen triumphierten und zur Vernichtung des Königs und seiner Anhänger schritten, sondern die Franzosen in Mainz, Brüssel und Aachen.

Die Mißerfolge haben die von Anfang an vorhandenen Differenzen in der Koalition der deutschen Mächte verstärkt; sie dachten mehr an die Sicherung einer Beute aus dem so unrühmlich verlaufenden Kampf als an dessen energische Fortsetzung. Den Österreichern bereitete eine noch während des Rückzugs aus der Champagne abgefaßte preußische Note vom 25. Oktober mit der Forderung, vor Beginn des neuen Feldzugs durch die Zuerkennung des Anfalls bisher polnischer Lande entschädigt zu werden, eine erste peinliche Überraschung. Da darüber eine Verständigung mit Wien nicht zu erreichen war, wandte sich Preußen Rußland zu und gab dem nunmehr von der Zarin ihm unterbreiteten Vorschlag einer *zweiten polnischen Teilung* seine Zustimmung. Durch einen in St. Petersburg am 23. 1. 1793 unterzeichneten preußisch-russischen Vertrag wurde Rußland der Besitz von Litauen, Podolien und Wolhynien zugesprochen, während Preußen die ja seit langem erstrebten Städte Danzig und Thorn sowie die zu einer neuen Provinz Südpreußen werdenden Palatinate Posen und Kalisch erhielt. Unter russischem Druck erkannte der polnische Reichstag die damit vollzogene Halbierung des Staates an[3]. Wenn Preußen sich nun auch Rußland gegenüber verpflichtet hatte, den Kampf im Westen bis zur Erreichung des gesetzten Zieles fortzuführen, so war an einen entschlossenen Einsatz von seiner Seite nach Erfüllung der Beuteforderungen ebensowenig zu denken wie an die Bereitschaft zu aufrichtiger Kooperation in Wien, wo die Erbitterung über die Ausschaltung aus dem polnischen Geschäft einem entschiedenen Gegner Preußens, dem energischen Emporkömmling Thugut, den Weg zur leitenden Stellung öffnete[4]. Das offensichtliche Zerwürfnis zwischen den beiden ursprünglichen Partnern im Kampf gegen die Revolution wog für dessen Aussichten schwerer als der auf kaiserliches Drängen erfolgende Beschluß des Regensburger Reichstags zur Reichskriegserklärung an Frankreich (22. 3. 1793)[5], ja auch als die nach der Hinrichtung Ludwigs XVI. sich bildende *europäische Koalition* zur Niederwerfung der Revolution, der nicht nur Spanien und Holland, sondern vor allem auch das infolge der Besetzung Belgiens durch die Franzosen beunruhigte England unter der Leitung des jüngeren Pitt beitraten.

A. Chuquet, Les guerres de la révolution (11 Bde. 1886–1895; bis 1793/94). Krieg gegen die Franz. Revolution, bearb. v. k. k. Kriegsarchiv (2 Bde. 1905; nur 1792). H. Lord, The Second Partition of Poland (1916). S. Seymour Biro, The German Policy of Revolutionary France. A Study in French Diplomacy During the War of the First Coalition 1792–1797 (2 Bde. 1957).

[1] »Von hier und heute«, so will Goethe am Abend des Tages zu seiner Umgebung gesagt haben, »geht eine neue Epoche der Weltgeschichte aus, und ihr könnt sagen, ihr seid dabei gewesen.« – Zu Valmy: H. Voges, Die Kanonade von Valmy am 20. 9. 1792, Jb. d. Braunschweig. Gesch.Ver., 2. Folge 3 (1930). J. Ziekursch, Zur Gesch. des Feldzugs in d. Champagne v. 1792, FBPG 47 (1935). Danach wären für das Scheitern des Feldzugs weniger die Langsamkeit und Energielosigkeit der Führung verantwortlich gewesen als die Unmöglichkeit, mit den vorhandenen Kräften und militärisch-wirtschaftlichen Einrichtungen Operationen auf so weitem Raum durchzuführen.

[2] Bedeutendstes Mitglied des Mainzer Klubs, auf dessen Betreiben ein »rheinischer Konvent« am 18. 3. 1793 die Errichtung eines Freistaates aus den von den Franzosen besetzten Landen, drei Tage später dann dessen Vereinigung mit der franz. Republik beschloß, war der seinerzeit als Bibliothekar in das kur-

fürstl. Mainz berufene Georg Forster (1754–1794), der sich als Forschungsreisender und Schriftsteller einen Namen gemacht hatte. An der Spitze der Deputation des Konvents nach Paris entsandt, ist er, der anscheinend an der Berufung der Franzosen zur Verwirklichung der Freiheitsideen zu zweifeln begann, dort am 10. 1. 1794 gestorben, während sein schwärmerischer Begleiter Adam Lux schon vorher wegen seines Eintretens für die Mörderin Marats hingerichtet worden war. K. G. BOCKENHEIMER, Die Mainzer Klubisten d. J. 1792 u. 1793 (1896). C. TRÄGER, Mainz zwischen Schwarz u. Rot. Die Mainzer Revolution in Schriften, Reden u. Briefen (1963). H. SCHEEL, Die Mainzer Republik im Spiegel d. dt. Geschichtsschreibung, Jb. f. Geschichte 4 (1969). W. GRAB, Eroberung oder Befreiung? (Kap. 1, Anm. 6). K. JULKU, Die revolutionäre Bewegung im Rheinland am Ende d. 18. Jhs., Bd. 2 (1969). T. C. W. BLANNING, The Nobility and Revolution in Mainz 1792/93, in: Studien z. Europ. Gesch. (Gedenkschr. f. M. Göhring 1968). P. ZINCKE, Georg Forsters Bildnis im Wandel d. Zeiten (1925). F. M. THOMA, Georg Forster. Weltreisender, Forscher, Revolutionär (1954). W. RÖDEL, Forster u. Lichtenberg (1960). L. UHLIG, Georg Forster. Einheit u. Mannigfaltigkeit s. geist. Welt (1965). P. WENDE, Vernunft u. Revolution bei G. Forster, Mainzer Zs. 66 (1971). MATHY, Dorsch (Kap. 1, Anm. 7). Ders., Georg Wedekind, Geschichtl. Landeskunde 5 (1968). Ferner HANSEN, Bd. 1, u. DROZ (Kap. 1).

[3] H. HOPF, Danzig in der Vorgesch. der 2. Teilung Polens, Zs. d. Westpreuß. Gesch.Ver. 76 (1941). H. HOFFMANN, Danzig u. Rußland bei der 2. Teilung Polens (1935).

[4] Über Thugut (1736–1818): A. v. VIVENOT, Vertrauliche Briefe des Frhr. v. Thugut (2 Bde. 1872). O. FOLKERT, Joh. Amadeus Franz de Paula Frhr. v. Thugut, in: Gestalter d. Geschicke Österreichs (1962). S. u. Kap. 8, Anm. 2.

[5] J. SCHICK, Der Reichstag zu Regensburg im ZA des Baseler Friedens 1742–1795 (Diss. Bonn 1931). Zur Politik dt. Reichsstände: Pol. Briefwechsel des Hg. u. Großhg. Carl August v. Weimar, hg. v. W. ANDREAS, bearb. v. H. TÜMMLER, Bd. 2: 1791–1807 (1958); W. ANDREAS, Carl August v. Weimar in u. nach der Kampagne gegen Frankreich, SB Bayer. Ak. (1954). J. FRANKENSTEIN, Die auswärtige Politik Sachsen-Gotha-Altenburgs u. der Reichskrieg gegen Frankreich bis zum Ausscheiden des Hgt. 1792–1795 (1935). H. WIEDEMANN, Die Außenpol. Bremens im ZA d. Franz. Revolution 1794–1803 (1960). H.-G. BORCK, Der Schwäbische Reichskreis im ZA d. franz. Revolutionskriege 1792 bis 1806 (1970).

Kapitel 4
Kriegführung und Politik in den Jahren 1793 und 1794

Wenn die Mächte der Koalition, die seit Englands Kriegseintritt Pitt zusammenzuschließen suchte, neben der Verteidigung oder Wiederherstellung der Grundsätze des Ancien régime eigenen Machtgewinn erstrebten, so verbanden auf der anderen Seite die Führer der neuen revolutionären Versammlung des Konvents in Paris mit dem Versprechen brüderlicher Hilfe für alle ihre Freiheit ersehnenden Völker die Proklamation des Rechts zur Ausdehnung der französischen Republik bis zu ihren

»natürlichen Grenzen«, die durch Pyrenäen, Alpen und Rhein bestimmt seien. Indessen schien das Jahr 1793, das in Frankreich selbst zu heftigen Parteikämpfen, inneren Erhebungen und der Aufrichtung eines Schreckensregiments führte und in weiten Kreisen des übrigen Europa eine Welle der Abneigung gegen den Jakobinismus hervorbrachte, doch das Übergewicht der Koalition zu erweisen. Noch im Winter waren die an der Rur stehenden österreichischen Streitkräfte unter dem Prinzen von Coburg zur Offensive geschritten; sie hatten nach einem z. T. dem Eingreifen des jungen Erzherzogs Karl zu verdankenden Sieg bei Aldenhoven (1. 3. 1793) Aachen befreit und waren in Belgien eingedrungen. Als sich ihnen Dumouriez nach Abbruch eines Vorstoßes gegen Holland entgegenstellte, wurde er am 18. März bei *Neerwinden* geschlagen; der mit der Entwicklung in Paris unzufriedene Abenteurer hatte unmittelbar danach mit dem Feind gemeinsames Handeln zum Sturz der Jakobiner verabredet, sah sich aber, da seine Truppen ihm den Gehorsam verweigerten, zur Flucht in die österreichische Gefangenschaft genötigt. Ganz Belgien wurde nun wieder von den Kaiserlichen besetzt, die sich auch der französischen Grenzfestungen Condé und Valenciennes bemächtigten. Inzwischen hatte am Mittelrhein die preußische Armee *Mainz* umschlossen, dessen französische Garnison nach wechselvollen Kämpfen am 23. Juli zur Kapitulation gezwungen wurde. Der größte Teil der linksrheinischen Pfalz war schon vorher von österreichischen Truppen befreit worden, die nunmehr Anstalten zum Vormarsch in das Elsaß trafen[1].

Dem für die Verbündeten glücklichen Beginn des Feldzugs entsprach der weitere Verlauf indessen nicht. In Frankreich weckte die erneut aufsteigende Gefahr die Kräfte des Widerstands. Der an die Spitze des aus dem Konvent gebildeten Wohlfahrtsausschusses gelangende Robespierre wußte die Autorität der revolutionären Regierung fest zu begründen und alle Sonderungs- und Friedensbestrebungen zu unterdrücken. Zugleich organisierte der ehemalige Ingenieuroffizier Carnot zur Abwehr der Feinde die *levée en masse*, womit das gesamte Wehrwesen auf eine neue, nationale Grundlage gestellt wurde. An der Spitze der zahlenmäßig anschwellenden, dabei von Enthusiasmus und Angriffsgeist erfüllten französischen Armeen begannen junge Generale wie Jourdan, Hoche und Pichegru eine neue, bewegliche Taktik und Strategie zu entwickeln, der gegenüber die alten Feldherrn der Alliierten mit ihrer Rücksicht auf das kostspielige Söldnermaterial und ihrer Gewöhnung an Lineartaktik und Magazinverpflegung, an Stellungs- und Festungskämpfe in Verwirrung gerieten[2]. Daß es den Franzosen gelang, die nicht geringen Schwierigkeiten der Umstellung und die aus der Unerfahrenheit von Offizieren und Soldaten erwachsenden Krisen zu meistern, hatten sie aber auch der fehlenden Übereinstimmung der Operationspläne und dem ständigen Zwist der Generale und Staatsmänner der Koalition zu danken. Im Nordwesten führte die Divergenz der englischen und österreichischen Absichten zu einer Zersplitterung der Streitkräfte mit dem Ergebnis, daß man sich nach unglücklichen Gefechten bei Hondschoote (6.–8. September) und Wattignies (15./16. Oktober) zur Räumung des französischen Bodens genötigt sah. In der Pfalz konnte zwar ein französischer Ansturm bei Pirmasens erfolgreich abgewehrt werden (14. September), doch unmittelbar darauf offenbarte der Entschluß Friedrich Wilhelms II., seine Armee zu verlassen und sich in die neue Provinz Südpreußen zu begeben, die *preußische Unlust* an dem Krieg im Westen. Wenn der kaiserliche General Wurmser noch die Weißenburger Linien im nördlichen Elsaß zu erstürmen vermochte, so sahen sich die Verbündeten doch auch hier mehr und mehr in die Verteidigung gedrängt. Die Preußen blieben zwar neuerdings Sieger über die bei Kaiserslautern anrennenden Gegner (28.–30. November), in den letzten Tagen des Jahres 1793 führten dann aber verlustreiche Kämpfe bei Weißenburg nicht nur zur Aufhebung der begonnenen Belagerung von Landau, sondern sogar zum Rückzug an und über den Rhein unter neuerlicher Aufgabe der pfälzischen Lande links des Stroms.

Trotz dieser enttäuschenden Wendung war man in Wien, schon um ein Äquivalent für die polnischen Gebietserwerbungen Preußens zu erlangen, zu energischer Fortführung des Krieges entschlossen, für die man mit den eigenen die Kräfte des übrigen Deutschland einzusetzen suchte. Am Reichstag fanden freilich Vorschläge einer allgemeinen Volksbewaffnung keine günstige Aufnahme: Wie konnte man auch von dem »teutschen ruhigen Landmann« Gleiches erwarten wie von dem freiheitsberauschten »Neufranken«[3]! Und wenn wirklich die Versammlung einer selbständigen Reichsarmee unter dem Herzog von Sachsen-Teschen am Oberrhein beschlossen wurde, so war sie doch kaum als bedeutender Kampffaktor anzusehen oder gar als ausreichender Ersatz für das preußische Heer. Von Berlin aus wurde nämlich bekanntgegeben, daß man auf eigene Kosten nur noch die vertragsmäßig zugesagten 20000 Mann im Westen unterhalten könne. Als dann Forderungen auf Übernahme der Kosten für die übrigen preußischen Kontingente durch Österreich oder das Reich auf entrüstete Ablehnung stießen, erging bereits der Befehl an den anstelle des Herzogs von Braunschweig getretenen Feldmarschall Moellendorff, den größeren Teil seiner Armee nach Westfalen zurückzuführen (11. 3. 1794). Doch da griff England ein, das seine Ziele nur bei wirksamer Bekämpfung Frankreichs durch die Festlandsmächte erreichen zu können glaubte[4]. Am 19. 4. 1794 wurde im Haag zwischen Preußen und den Seemächten vereinbart, daß der König weiterhin gegen hohe englische und holländische Subsidienzahlungen über 60000 Mann im Westen einsetzen sollte – ein für Staat und Heer Friedrichs des Großen wenig rühmlicher Vertrag, zumal die Geldgeber die Entscheidung über Art und Ort der Verwendung der Streitmacht beanspruchten.

Immerhin erwartete man von dem *Feldzug von 1794* die Niederwerfung des Gegners. Wieder kam es jedoch anders. Anfangserfolge der Österreicher an der belgischen Grenze und der Preußen bei Kaiserslautern wurden nicht ausgenutzt, wieder fehlte es an der Abstimmung der militärischen Operationen zwischen den Alliierten. Zugleich lenkte erneut Polen die Aufmerksamkeit und auch Kräfte der deutschen Mächte nach Osten. Die erfolgreiche Erhebung polnischer Patrioten gegen die im Land stehenden Russen, die Warschau und Krakau räumen mußten, veranlaßten Friedrich Wilhelm II., den der Polenführer Kosciuszko vergebens für die Wiederaufrichtung seines Vaterlands zu interessieren suchte, mit 50000 Mann in Restpolen einzurücken[5]. Inzwischen gab es im Westen zwischen Moellendorff und den Vertretern der Seemächte so heftige Meinungsverschiedenheiten, daß der Haager Vertrag faktisch als aufgehoben gelten konnte. Die daraus folgende Unsicherheit in der Kriegführung der Verbündeten hat dazu beigetragen, daß es den immer wieder zur Offensive antretenden Revolutionstruppen im Sommer gelang, entscheidende Erfolge zu erzielen. Während die Preußen durch einen französischen Angriff am Abhang der Vogesen in schwierige Lage gerieten, erlitten die Österreicher des Prinzen von Coburg in Belgien nach einer ersten Schlappe bei Tourcoing (18. Mai) am 26. Juni bei *Fleurus* eine schwere Niederlage, die sie zur Räumung der südlichen Niederlande veranlaßte. Noch konnte eine durch das plötzliche Erscheinen französischer Abteilungen in Trier für die deutschen Gebiete am Rhein aufsteigende Gefahr beschworen werden, ja weiter südlich errangen Preußen, Österreicher und Reichstruppen bei Kaiserslautern einen neuen Abwehrsieg (18.–20. September). Doch im Norden vermochten sich die Kaiserlichen gegen umfassende Angriffe weder an der Maas noch an der Rur zu halten und wichen über den Rhein zurück. Anfang Oktober zogen französische Truppen in die freie Reichsstadt Köln und in die kurkölnische Residenz Bonn ein, bald erschienen sie auch in Koblenz und in Kleve. Es sollte für diese *linksrheinischen Lande* der Beginn einer zwanzigjährigen *französischen Herrschaft* sein. Am Mittelrhein wurde, während Moellendorff die preußische Armee über den Strom und dann nach Hause führte, das von kaiserlichen und Reichstruppen besetzte Mainz zum letzten deutschen Bollwerk auf dem linken Rheinufer. Während hier der Feldzug mit dem Fall der Rheinschanze gegenüber Mannheim sein Ende fand (24. Dezember), konnten die Franzosen im Norden zu Beginn des neuen Jahres ihre Eroberungen auf Holland ausdehnen, das sie in eine von ihnen abhängige batavische Republik verwandelten[6].

A. v. VIVENOT, Hg. Albrecht v. Sachsen-Teschen als Reichsfeldmarschall (2 Bde. 1864 bis 1866). H. v. ZEISSBERG, Erzhg. Carl v. Österreich, Bd. 1 (2 Bde. 1895; bis 1794). H. HÜFFER, Diplom. Verhandlungen a. d. Z. d. Franz. Revolution, Bd. 1: Österreich u. Preußen gegenüber d. Franz. Revolution bis z. Abschluß d. Friedens v. Campo Formio, Erg.Bd.: Die Pol. d. dt. Mächte im Revolutionskrieg b. z. Frieden v. Campo Formio (1868/69).

1 W. ANDREAS, Goethe u. Carl August während der Belagerung von Mainz 1793, SB Bayer. Ak. 1953. Weitere Arbeiten von ANDREAS über Beteiligung Carl Augusts am Feldzug 1793: ZGORh 105 (1957) u. Pfälzer Heimat 7 (1958).

2 R. HÖHN, Revolution, Heer, Kriegsbild (1944). E. KESSEL, Die Wandlung der Kriegskunst im ZA d. Franz. Revolution, HZ 148 (1933).

3 Zu der zuerst in den vorderösterreich. und badischen Landen auftauchenden Idee einer dt. Volksbewaffnung und den Versuchen zur Verstärkung der Reichsarmatur: W. WENDLAND, Versuche einer allg. Volksbewaffnung in Süddtld. 1791–1794 (1901). R. LORENZ, Volksbewaffnung u. Staatsidee in Österreich 1792–1797 (1926). A. ERNSTBERGER, Reichsheer u. Reich. Ein Reformvorschlag 1794/95, in: Gesamtdt. Vergangenheit (Festg. f. v. Srbik 1938). S. a. SCHICK u. FRANKENSTEIN (Kap. 3, Anm. 5). Daß die militärischen Leistungen des Reiches beachtlich waren und in dem Versuch der Volksbewaffnung der Wille zur Selbstbehauptung deutlich wird, betont Frhr. v. ARETIN, Hlg. Röm. Reich 1776–1806 (1967).

4 Zur finanziellen Unterstützung Österreichs: K. HELLEINER, Ein unbekanntes Kap. a. d. anglo-österreich. Finanzgesch. Die Anleiheverhandlungen d. J. 1794, MIÖG 81 (1963). Ders., The Imperial Loans. A Study in Financial and Diplomatic History (1965). G. OTRUBA,

Englands Finanzhilfe für Österr. in d. Koalitionskriegen u. im Kampf gegen Napoleon, Österr. in Gesch. u. Lit. 9 (1965).

[5] Das in Ostdtld. erschienene Werk v. E. MORITZ, Preußen u. d. Kościuszko-Aufstand 1794 (1968), gibt aufgrund umfassenden Quellenmaterials eine genaue Darstellung der preußischen polit. Absichten und militär. Aktionen in Polen.

[6] Die militär. Vorgänge 1793/94 auf dt. Seite waren einst Gegenstand einer heftigen Kontroverse, in der v. SYBEL u. HÄUSSER gegen v. VIVENOT, v. ZEISSBERG u. HÜFFER standen. S. als Dokumentensamml. noch: Quellen z. Gesch. d. dt. Kaiserpol. Österreichs während d. franz. Revolutionskriege 1790–1801, hg. v. A. v. VIVENOT u. H. v. ZEISSBERG (5 Bde. 1873–1890; bis 1795). Während die kleindt. Historiker die Schuld für die katastrophale Entwicklung des Krieges bei Österreich suchten, das unter Thuguts Leitung sich nur von Preußenfeindschaft habe leiten lassen und angeblich Belgien 1794 mit Absicht preisgab, verteidigten die Österreicher v. VIVENOT u. v. ZEISSBERG die »Kaiserpolitik« des Wiener Hofes und erhoben scharfe Vorwürfe gegen die preuß. Politik und Heerführung, die in gemäßigterer Form von HÜFFER wiederholt wurden. Im Grunde haben beide Kabinette sich von staatl. Egoismus leiten lassen. Thugut, der in der Auseinandersetzung mit Frankreich die österr. Großmacht behaupten und stärken wollte, war gewiß kein Träger einer reichsfreundl. Kaiserpolitik. Daß die Untätigkeit Moellendorffs entscheidende Erfolge des Hg. v. Sachsen-Teschen am Oberrhein verhindert hat, ist unwahrscheinlich, doch dürfte sie dem Feind die rechtzeitige Verschiebung seiner Streitkräfte ermöglicht haben. Von absichtl. Räumung Belgiens kann keine Rede sein, sicher aber war der übereilte Rückzug Coburgs nach Fleurus nicht zu rechtfertigen, wie denn überhaupt militär. Fehler der einander mißtrauenden dt. Generale den Franzosen den freilich in erster Linie aus eigener Kraft erfochtenen Sieg erleichtert haben.

Kapitel 5
Der Friede von Basel und die dritte polnische Teilung

Der unglückliche Verlauf des Krieges hatte die antijakobinische Stimmung in Deutschland abklingen lassen. An ihre Stelle war, vorbereitet durch Schriften wie Herders ›Briefe zur Beförderung der Humanität‹ und Fichtes ›Beiträge zur Berichtigung der Urteile des Publikums über die französische Revolution‹ (1793), eine *Friedenssehnsucht* getreten, die in Kants Schrift ›Zum ewigen Frieden‹ (1795) ihren vollendeten Ausdruck fand[1]. Daß das siegreiche Frankreich sich mit dem Sturz Robespierres (27. 7. 1794) des Regiments des Schreckens entledigte, mußte den Kreis der Kriegsgegner erweitern, da man daraus Hoffnungen auf eine Wendung der Revolution zu Mäßigung und Menschlichkeit schöpfte.

Wenn *Preußen* nun in der Tat Schritte zur Beendigung des Kampfes einleitete, so waren dafür freilich nicht geistige oder humanitäre, sondern politische Gründe maßgebend. Der Krieg gegen Frankreich war von Anfang an nicht nur bei der von der Aufklärung beeinflußten gebildeten Gesellschaft von Berlin, sondern vor allem auch im Heer unbeliebt gewesen, und das Mißvergnügen war natürlich infolge der Fehlschläge auf dem Kriegsschauplatz ständig gewachsen[2]. Auch am Hof gab es eine Friedenspartei; zu ihr gehörten neben Friedrichs des Großen Bruder Heinrich Mitglieder des Kabinettsministeriums und des Generaldirektoriums wie Alvensleben und Struensee, und in dem von dem König als diplomatischer Berater geschätzten Lucchesini fand sie einen eifrigen Anwalt. Gegenüber den Vorstellungen dieser Männer, die auf die Stimmung gegen den Krieg in breiten Kreisen des Volkes, auf die gefährliche Erschöpfung der Finanzen, auf die Perfidie Österreichs und die Anmaßung Englands und auf die Unmöglichkeit, gleichzeitig im Westen und im Osten mit der nötigen Kraft aufzutreten, hinwiesen, hatte allerdings Friedrich Wilhelm II. zunächst den Gedanken, mit den »Königsmördern« zu verhandeln, abgelehnt. Im Herbst 1794 begann jedoch sein Widerstand aus verschiedenen Gründen nachzulassen. Einmal schien sich ihm die Möglichkeit zu bieten, durch eine Friedenspolitik die gleichfalls kriegsmüde Mehrheit der Reichsstände hinter Preußen zu sammeln. Bei Konferenzen südwestdeutscher Fürsten in Wilhelmsbad, die auf badische Anregungen zurückgingen, war bereits von einem neuen Fürstenbund gesprochen worden, und auf kurmainzischen Antrag wurde dann am Reichstag trotz österreichischer Gegenwirkung eine Aufforderung an den Kaiser beschlossen, in Übereinstimmung mit dem preußischen König Vorbereitungen zur Herbeiführung eines Friedens zu treffen (22. 12. 1794)[3]. Wichtiger für die Entschlüsse des Königs war die für Preußen ungünstige *Entwicklung im Osten.* Tief erschüttert war er aus dem im Frühsommer begonnenen Feldzug zur Niederwerfung des polnischen Aufstands zurückgekehrt. Seine Armee hatte es nicht vermocht, nach Krakau auch Warschau zu nehmen; wie einst bei Valmy hatte sie zurückweichen müssen, ja die Herrschaft in den eigenen polnischen Erwerbungen schien zeitweise bedroht. Da nun aber starke russische Kräfte sich anschickten, der polnischen Erhebung ein Ende zu bereiten, bestand die Gefahr, daß Preußen bei der zu erwartenden endgültigen Aufteilung Polens nicht mit Nachdruck auftreten konnte, falls man noch im Westen gebunden war. Während eine auf Veranlassung des Ministers Struensee zusammengetretene Finanzkommission den Abbruch des Krieges für unerläßlich erklärte und Prinz Heinrich in einer Unterredung am 25. 10. 1794 den Neffen beschwor, seinen Widerspruch gegen die Anknüpfung mit Frankreich aufzugeben, erfuhr der König, daß eine Verbindung ohne sein Wissen bereits hergestellt war: Seit August verhandelte im Auftrag Moellendorffs der Kreuznacher Weinhändler Schmerz in dem neutralen *Basel* mit den französischen Diplomaten Barthélemy und Bacher, und der aus dem preußischen Hauptquartier nach Berlin entsandte Major Meyerinck wußte als Ergebnis der bisherigen Besprechungen zu berichten, daß man französischerseits nicht nur zu einem Austausch der Gefangenen und schonender Behandlung der besetzten linksrheinischen Besitzungen Preußens, sondern auch zum Abschluß eines billigen Friedens bereit sei. Auch von der Besorgnis erfüllt, daß Österreich gleiche Wege gehe und ihm zuvorkommen könnte, hat sich Friedrich Wilhelm darauf zur Aufnahme des Fadens entschlossen. Zunächst machte sich Meyerinck auf den Weg nach Basel, und nachdem neuerliche Bedenken des Königs durch Einwirkung der Minister überwunden worden waren, erhielt Graf Goltz, früherer Botschafter in Paris, die Vollmacht, Verhandlungen über einen Friedensschluß zu führen (8. 12. 1794). Noch ging man dabei von der Erwartung aus, daß gegen Anerkennung der Republik die Rückgabe der deutschen Gebiete links des Rheines und ein allgemeiner Reichsfriede zu erreichen seien.

In Paris war man wohl zu einem Sonderfrieden mit Preußen bereit, nicht aber zu dem Verzicht auf eine Ausdehnung Frankreichs bis an seine »natürlichen Grenzen«, die man am Rhein faktisch soeben erreicht hatte. In Berlin hat man sich jedoch durch darauf hindeutende französische Äußerungen gegenüber dem in Paris sondierenden Legationssekretär Harnier zunächst die Illusionen nicht zerstören lassen. Als Goltz bald nach seinem Eintreffen in Basel starb, wurde der damals 45jährige Karl August von *Hardenberg*, der seit 1790 als Minister für Ansbach-Bayreuth die Überleitung der fränkischen Markgrafschaften unter preußische Herrschaft durchführte und in letzter Zeit zugleich die preußischen Finanzforderungen gegenüber dem Reich vertreten hatte, zu seinem Nachfolger ernannt. Er galt als entschiedener Verfechter der Meinung, daß ein Friede nur in Verbindung mit dem gesamten Reich und dementsprechend unter voller Anerkennung von dessen Integrität geschlossen werden dürfe. In Basel hat er indessen diese Auffassung nicht aufrechterhalten können[4]. Das lag weniger an ihm als an den Weisungen aus Berlin, die den Willen erkennen ließen, auch unter erheblichem Zurückweichen von dem ursprünglichen Programm zum Abschluß zu gelangen. Dabei hat einmal wieder die Sorge um die Lösung der Ostprobleme eine Rolle gespielt. Seit die Russen mit der Eroberung Warschaus (6. 11. 1794) den polnischen Aufstand beendet hatten, war die Haltung der zur endgültigen Liquidation des Nachbarstaats entschlossenen Zarin Preußen gegenüber undurchsichtig geworden. In der Tat schien ihr nunmehr eine Verständigung mit Österreich zur Ermöglichung des gleichfalls von ihr geplanten Ausgreifens nach Süden in Richtung Konstantinopel geboten, und so haben die Werbungen Thuguts, der schon seit einiger Zeit eifrig bemüht war, dem preußischen Rivalen in St. Petersburg den Rang abzulaufen, bei ihr günstige Aufnahme gefunden. In Berlin hat man freilich nichts davon gewußt, daß am 3. 1. 1795 zwischen den Russen und dem von Wien entsandten Grafen Ludwig Cobenzl ein Geheimvertrag vereinbart worden war, in dem neben Abmachungen für den Fall eines russisch-türkischen Konflikts für die festgelegte *völlige Aufteilung Polens* zwar die Mitwirkung Preußens vorgesehen, zugleich aber gemeinsame Abwehr eines preußischen Angriffs ausgemacht war. Immerhin konnte man in Berlin die russisch-österreichische Annäherung nicht verkennen, die eine Beschleunigung der eigenen Verständigung mit Frankreich nahelegte. Entscheidend für das Zurückweichen vor den französischen Forderungen war jedoch die Überzeugung der preußischen Minister, daß sich eine Weiterführung des Krieges finanziell und moralisch nicht mehr verantworten lasse und daher bei dem Abschluß nur auf die Wahrung wirklich lebenswichtiger Staatsinteressen geachtet werden müsse. So fand man sich grundsätzlich bereit, die Abtretung linksrheinischer Gebiete in Aussicht zu nehmen, wogegen man großen Wert darauf legte, für den Fall des Fortgangs des Reichskriegs die französische Zustimmung zu der Neutralisierung des somit unter Preußens Leitung gestellten Norddeutschland hinter einer zu vereinbarenden Demarkationslinie zu erhalten[5].

Am 5. 4. 1795 haben Hardenberg und Barthélemy den *Friedensvertrag* in Basel unterzeichnet. Wenn in dem der Öffentlichkeit mitgeteilten Instrument nur von dem vorläufigen Verbleib der französischen Truppen in den linksrheinischen Besitzungen Preußens bis zu einem Reichsfrieden die Rede war, so sah ein

Geheimartikel bereits für den Fall ihrer Abtretung eine ausreichende Entschädigung für Preußen vor. Die Absicht, dem ganzen Reich den Frieden zu verschaffen, fand nur insofern Erwähnung, als Frankreich eine Vermittlung des Königs für die übrigen Reichsstände annehmen wollte. Sofort aber sollte der Krieg nicht nur für Preußen zu Ende sein, sondern für ganz Norddeutschland, soweit es hinter jener *Demarkationslinie* lag, die gemäß einer am 17. Mai vereinbarten Zusatzkonvention den größten Teil Westfalens, Hessens und auch Frankens einschloß. Noch hat Hardenberg gehofft, dem Reich in seiner Gesamtheit Neutralität und Frieden verschaffen und dabei wohl gar den Franzosen den Verzicht auf die deutschen Lande links des Rheines abringen zu können. Aber schon die Erwartung, daß der Reichstag, an dem der Österreicher Lehrbach mit Geschick den preußischen Anträgen entgegentrat, den König allein zum Vermittler bestellen würde, erfüllte sich nicht. Wohl sprach sich ein Reichsgutachten für die Einleitung von Friedensverhandlungen aus, deren Führung aber dem Kaiser unter Mitwirkung Preußens anheimgestellt wurde (3. Juli). Und während man sich in Regensburg mit Bestellung und Instruktion einer Reichsfriedensdeputation beschäftigte, die sich bei Zustandekommen der Verhandlungen für einen billigen Frieden auf der Grundlage der Reichsintegrität einsetzen sollte, war der von Hardenberg unter Berufung auf das Gutachten nachgesuchte allgemeine Waffenstillstand von den Franzosen schroff abgelehnt worden. So blieb es bei dem Sonderfrieden Preußens, dessen Beispiel von den Reichsständen zunächst nur der Landgraf Wilhelm von Hessen-Kassel folgte (28. August)[6].

Inzwischen offenbarten Rußland und Österreich in Berlin ihre Januarabmachungen über Polen und forderten Preußen zum Beitritt auf. Trotz der jetzt gewonnenen Ruhe im Westen schien dem persönlich immer schwerfälliger werdenden König, von dessen Beratern außenpolitisch der geschmeidige Minister Haugwitz erheblichen Einfluß gewann, ein Aufbegehren gegen die beiden Mächte nicht möglich. Nach Verhandlungen, die keine grundlegenden Änderungen an deren Vorschlägen brachten, wurde am 24. 10. 1795 in St. Petersburg von allen drei Partnern der Vertrag über die *dritte*, endgültige *Teilung Polens* unterzeichnet, der an Rußland den Löwenanteil bis zur Buglinie, an Österreich Westgalizien mit Lublin und dem vergebens von Preußen beanspruchten Krakau, an Preußen Teile Litauens, Masovien und Warschau brachte. So bereiteten die

Mächte des alten Europa in derselben Zeit, in der die Niederwerfung der Revolution in Frankreich für sie aussichtslos geworden war, dem achthundertjährigen Bestand des polnischen Staates mit revolutionären Mitteln ein Ende und unterwarfen ein ganzes Volk fremder Herrschaft. Weder für Österreich noch auch für Preußen, das sich mit einer neuen Provinz Neuostpreußen jetzt weit nach Osten bis zur Linie Bialystok–Warschau vorschob, konnte dabei der Erwerb weiter, von Slaven bewohnter Gebiete vorteilhaft sein, zumal er beide Mächte in unmittelbare territoriale Berührung mit dem an Macht immer mehr angewachsenen Rußland führte.

So wenig rühmlich für den Staat Friedrichs des Großen diese Vorgänge waren, so ist doch der Frieden von Basel fast in allen Schichten Preußens mit Befriedigung aufgenommen worden. Es gab dafür gute Gründe. Ein unwillig und ohne Erfolg geführter Krieg, eine Periode politischer Zerfahrenheit und eines komplizierten Spieles nach zwei Seiten war beendet worden; man konnte zudem von dem Frieden eine Besserung der finanziellen Lage und eine Erholung der Wirtschaft erhoffen. Die Ruhe mochte auch dem kulturellen Leben zugute kommen – und sie hat in der Tat zu der im nächsten Jahrzehnt sich vollziehenden großartigen Entwicklung des deutschen Geistes beigetragen (s. u. Kap. 10). Dazu kam die Tatsache, daß eigentlich zum erstenmal ganz Norddeutschland unter den Schutz Preußens gestellt wurde, dessen Macht ein Übergreifen des im Süden fortdauernden Kampfes über die Demarkationslinie verhinderte. Aber die in dieser scharfen Form bisher nicht hervorgetretene *Spaltung des Reiches* verstärkte die deutsche Zwietracht, die auch für die aus dem Reich empor- und herausgewachsenen Mächte gefährlich werden konnte. Das Ausmaß der Gegensätze, die Deutschland politisch zerklüfteten, besonders bedenklich angesichts der Machtsteigerung und Expansionsneigungen der europäischen Flügelmächte, läßt der an den Baseler Frieden sich anschließende erbitterte Flugschriftenkampf deutlich erkennen[7]. Nicht nur eine von Wien wirksam dirigierte Publizistik, sondern auch von echter Sorge erfüllte deutsche Patrioten klagten Preußen des Reichsverrats und des nackten Eigennutzes an. Gewiß hat man sich in Österreich kaum weniger vom Eigeninteresse leiten lassen, war man auch hier schuldig an dem üblen Ergebnis des Krieges und an dem Bruch des Bündnisses, aber Preußen hatte doch mit der zweiten polnischen Teilung und dem Sonderfrieden früher und entschiedener seine Verpflichtungen gegenüber den Bundesgenossen und dem Reich verletzt. Wenn man in Berlin die dadurch verursachte Einbuße an moralischem Ansehen zu wenig in Rechnung stellte, so verkannte man auch die Gefahren, die sich aus dem eingeschlagenen Weg für die eigene Macht ergaben. Man hatte sich den Haß Österreichs, die Abneigung Englands und die Verachtung Rußlands zugezogen und an Frankreich keinen Freund gewonnen; man war isoliert, zumal auch die Vermittlungspolitik im Reich gescheitert war. Und dabei waren bedenkliche Erscheinungen im inneren Gefüge, die Neigung zu resignierender Tatenlosigkeit und zersetzendem Räsonnieren am Hof, in der Gesellschaft und vor allem auch im Heer durch Basel gewissermaßen sanktioniert worden. Daß inmitten gewaltiger europäischer Unruhen weiterhin Selbstgenügsamkeit und Ruhebedürfnis die Politik bestimmten, konnte den Staat, mochte er sich noch so sehr ausgedehnt haben, nicht mit der Kraft erfüllen, die er unter Friedrich dem Großen besessen hatte[8].

Papiers de Barthélemy. Ambassadeur de France en Suisse 1792–1797, hg. v. J. KAULEK (5 Bde. 1886–1890, Bd. 6 hg. v. TAUSSERAT-RADEL 1910). Korrespondenz des Peter Ochs, 1752–1821, hg. v. G. STEINER (3 Bde. 1927–1935). – P. BAILLEU, Friedr. Wilh. II. u. d. Genesis des Friedens v. Basel, HZ 75 (1895); auch in dess. Preußischer Wille, Ges. Aufsätze (1924). E. DE MARCÈRE, La Prusse et la rive gauche du Rhin. Le traité de Bâle 1794/95 (1918). W. REAL, Von Potsdam nach Basel, Basler Beitr. z. Gesch.wiss. 70 (1958). Ders., Der Friede von Basel, Basler Zs. f. Gesch. u. Altkde. 50/51). Frhr. v. BISSING (Kap. 2). A. ERNSTBERGER, Österreich u. Preußen von Basel bis Campo Formio 1795–1797, Bd. 1: Der Westen. Krieg u. Frieden mit Frankreich (1932). SCHICK (Kap. 3, Anm. 5). U. M. DORDA, Joh. Aloys Jos. Reichsfrhr. v. Hügel. 1754 bis 1825, Ein Leben zwischen Kaiser u. Reich im napoleon. Dtld. (1969). W. TRUMMEL, Der preuß. Schutz d. Demarkationslinie nach d. Frieden v. Basel (1913).

[1] K. v. RAUMER, Ewiger Friede, Friedensrufe u. Friedenspläne seit d. Renaissance (1953).

[2] Zur Stimmung in Preußen: O. TSCHIRCH, Gesch. d. öffentl. Meinung in Preußen vom Baseler Frieden bis zum Zusammenbruch des Staates. 1795–1806 (2 Bde. 1933/34). E. ENGELS, Friedr. Nicolais ›Allgemeine Dt. Bibliothek‹ u. d. Baseler Friede (Diss. Bonn 1936).

[3] Nach Frhr. v. ARETIN, Hlg. Röm. Reich 1776–1806 (1967), hätten der von der Wilhelmsbader Konferenz ausgehende Anstoß zur Bildung eines neuen Fürstenbundes und der Mainzer Friedensantrag Chancen für die Herstellung eines ehrenvollen Friedens geboten, die von Wien und Berlin mißachtet wurden.

[4] L. v. RANKE, Denkwürdigkeiten des Staatskanzlers Fürst v. Hardenberg (5 Bde. 1877). F. ZIERKE, Die dt. Politik Hardenbergs in der 1. Periode seines staatsmänn. Wirkens 1770–1807 (Diss. Frankfurt 1933). H. HAUSSHERR, Hardenberg u. d. Friede v. Basel, HZ 184 (1957). Ders., Hardenberg. Eine pol. Biographie, Bd. 1 (1963). P. G. THIELEN, Karl August v. Hardenberg. 1750–1822 (1967). ZIERKE meint, daß Hardenberg in seinen Anfängen nacheinander hanno-

versche, braunschweigische u. preuß. Politik betrieben habe und das Reich für ihn nur Gegenstand polit. Berechnung gewesen sei. Nach ERNSTBERGER sah er zwar die wichtigeren Aufgaben Preußens im Reich und am Rhein, nicht an der Weichsel, wobei er aber nicht von dt., sondern preuß. Erwägungen ausgegangen sei. Nach HAUSSHERR hat er, nachdem er lange auf englische Angebote gehofft hatte, auf einen Gesamtfrieden hingearbeitet und ist nur widerstrebend den Berliner Weisungen gefolgt. Auch THIELEN sieht in ihm nur ausführendes Organ, Vollstrecker einer bereits irregulierbaren Vorentscheidung, und betont, daß er bei rückhaltloser Vertretung der preuß. Staatsräson die dt. Lebensfragen bedacht und die Ausdehnung des Sonderfriedens auf das Reich erstrebt habe.

[5] Die These v. SYBELS, daß der Baseler Frieden mit den österr.-russ. Verhandlungen und dem Petersburger Vertrag vom 3. 1. 1795 in ursächl. Zusammenhang stand, ist von HÜFFER widerlegt worden. Auch die Versuche, die preuß. Politik damit zu rechtfertigen, daß des Kaisers Bruder in Toskana schon im Februar 1795 mit Frankreich Frieden schloß und Österreich durch dessen Pariser Vertreter Carletti sich um Verständigung mit der Republik bemüht habe, sind abwegig; Thugut hat wohl seine auf Bayern und Venezien gerichteten Absichten und seinen Wunsch auf Zurückdrängung und Demütigung Preußens durch Zusammenschluß mit Rußland und England zu verwirklichen getrachtet, von Anknüpfung an Frankreich aber nichts gehalten, dessen energische Bekämpfung ihm vielmehr als wichtiges Mittel zur Erreichung jener Ziele erschien. Immerhin haben Nachrichten und Gerüchte über die russ.-österr. Annäherung und österr. Friedensfühler auf die preuß. Minister und den Kg. eingewirkt.

[6] Zu den zunächst an dem Widerstreben Kursachsens scheiternden Versuchen Carl Augusts v. Weimar, für Thüringen und Sachsen einen Frieden zustande zu bringen, die erst 1796 zu vertraglichen Abmachungen führten: H. TÜMMLER, Der Friede des klassischen Weimar. Wege u. Erfolge weimar. Friedensbemühens am Beginn der hohen Klassik 1795/96, Jb. d. Goethe-Gesellsch., NF 10 (1947), auch in dess. Goethe in Staat u. Politik (1964).

[7] Als Wortführer der österr. Propaganda gegen Preußen erscheinen der aus Mainz in österreichische Dienste gelangte Schweizer Johannes v. Müller, einst Vorkämpfer des Fürstenbundes, und der unter dem Pseudonym Gf. v. Strengschwerdt schreibende ehemalige preuß. Gerichtsbeamte Glave-Kolbielski: K. SCHIB, Joh. v. Müller. 1752 bis 1809 (1967); A. F. PRIBRAM u. R. FISCHER, Ein polit. Abenteurer. Karl Glave-Kolbielski. 1752–1831, SB Ak. Wien 216 (1937).

[8] Wenn die im 19. Jh. im Vordergrund stehende Frage nach der nationalen Schuld dahin zu beantworten ist, daß sowohl Österreich als auch Preußen sich in der zum Baseler Frieden führenden Politik vom eigenen Interesse leiten ließen und den führenden Staatsmännern hier wie dort das Reich nur ein Kampffeld für die eigene Machtpolitik war, so kann die auch von Bismarck in seinen Gedanken und Erinnerungen vertretene Auffassung, daß Basel vom preuß. Standpunkt ein Akt berechtigter Realpolitik war, noch heute als umstritten gelten. Es dürfte indessen sicher sein, daß Preußens Verhalten ihm nicht nur moralisch, sondern auch politisch mehr Schaden als Vorteil gebracht hat. Es wurde damit eine Politik der Passivität eingeleitet, die, schon von Zeitgenossen als System der »Nullität« kritisiert, in dem Zusammenbruch von 1806 enden sollte.

Kapitel 6
Von Basel bis Campo Formio
Abschluß des ersten Revolutionskriegs (1795–1797)

Noch war trotz der preußisch-französischen Verständigung, der ein Vierteljahr später der Abschluß des Friedens der Republik mit Spanien folgte, der Krieg nicht beendet. Ihn weiterzuführen, war man in Wien und in London entschlossen, wobei man sich durch einen Dreibundvertrag mit Rußland auch dessen Unterstützung zu sichern suchte (28. 9. 1795). Wenn hier von der Garantie des früheren Besitzstandes die Rede war, so hatten auf der anderen Seite Wohlfahrtsausschuß und Konvent, bevor sie aufgrund einer neu ausgearbeiteten Verfassung der Regierung des Direktoriums Platz machten, die Einverleibung Belgiens mitsamt dem früheren Fürstbistum Lüttich in Frankreich beschlossen (1. 10. 1795). Einer von Carnot und Barthélemy geführten Friedenspartei, die bereit war, sich mit diesen »konstitutionellen« oder gar mit den alten Grenzen zu begnügen, stand eine mächtige, im Direktorium vor allem durch den Elsässer Reubell vertretene Partei der »natürlichen Grenzen« gegenüber, die gegen eine Niederlegung der Waffen war, bevor nicht die Feinde sich zur Abtretung des ganzen linken Rheinufers verstanden[1].

Die Unsicherheit über die politische Entwicklung nach dem Baseler Frieden hat es *1795* erst spät zu größeren *Kampfhandlungen* kommen lassen. Schließlich ergriffen die Franzosen die Initiative, indem die Armee Jourdans, übrigens unter Verletzung der Demarkationslinie, über den Niederrhein ging (5./6. September), Düsseldorf nahm und die Kaiserlichen bis hinter die Lahn zurückwarf. Während die französischen Kräfte nun auch von der rechten Rheinseite gegen Mainz anrückten, schickte sich weiter südlich Pichegru zur Offensive über den Rhein an; die Kapitulation der kurpfälzischen Residenzstadt Mannheim schien auch hier den Feldzug für die Franzosen günstig zu eröffnen. Schon dachte man in Baden und Württemberg an die Aufnahme von Friedensverhandlungen, als ausgehend von einem Erfolg der Österreicher über die auf Heidelberg vorstoßenden Gegner bei Handschuhsheim (24. September) ein Umschwung eintrat. Der auch mit der Führung der Reichsarmee betraute österreichische General Clerfait zwang zunächst Jourdan zum Rückzug auf das linke Rheinufer und entsetzte dann durch einen Sieg über die Belagerungstruppen

Mainz (29. Oktober), während einen Monat später Wurmser Mannheim wieder in deutschen Besitz brachte. Zu weiteren Taten vermochte man sich jedoch nicht aufzuraffen, vielmehr kam es um die Jahreswende überraschend zur Vereinbarung eines militärischen Waffenstillstands[2].

Die Erwartung, daß er der Vorläufer des Friedens sei, erfüllte sich indessen nicht. Nur aus taktischen Gründen hat Thugut Besprechungen mit französischen Emissären zugelassen, in Wirklichkeit dachte er nicht an einen Abbruch des Kampfes. Trotz der Empörung, die sein Vorgehen gegen die für die Kapitulation Mannheims verantwortlich gemachten pfälzischen Minister Oberndorff und Salabert und andere »despotische« Maßnahmen hervorriefen, vermochte er das außerhalb der Demarkationslinie liegende Reich im Krieg zu halten. Neue militärische Aufgebote konnte er freilich nicht von ihm erwarten, und den Versuchen von englischer und russischer Seite, Preußen wieder in die Koalition zurückzuführen, hat er selbst heimlich entgegengearbeitet. Es bestand aber auch keine Aussicht, Preußen von dem in Basel festgelegten Kurs abzubringen, sosehr auch Männer wie Hardenberg sich von dessen bisherigem Ergebnis enttäuscht fühlten. Ja, man hat von Berlin aus nicht nur die bewaffnete Neutralität Norddeutschlands durch Begründung eines Neutralitätsverbandes der beteiligten Staaten und Aufstellung und Verpflegungssicherung eines Observationskorps fest organisiert, sondern man fand sich auch bereit, die Respektierung der Demarkationslinie von den Franzosen durch eine Konkretisierung der in Basel erst vorsichtig angedeuteten Abtretungs- und Entschädigungspläne zu erkaufen. Von den am 5. 8. 1796 abgeschlossenen *Berliner Verträgen* enthielt der offene die französische Anerkennung der norddeutschen Neutralität, während in dem geheimen Preußen sich bei Anfall des linken Rheinufers an Frankreich als Entschädigung Teile des Fürstbistums Münster und das kölnische Recklinghausen sowie eine Ausstattung des aus Holland vertriebenen Oraniers in Franken zusagen ließ. Wenn Friedrich Wilhelm II. darin auch nur eine von künftigen Reichsbeschlüssen abhängige Eventualabmachung sah, so trat doch die Tendenz, deutsche Interessen für eigene Vorteile zu opfern, deutlich hervor[3]. Thugut konnte indessen die preußische Haltung um so weniger entmutigen, als die Zarin nunmehr Anstalten traf, mit eigenen Kräften im Westen Front gegen Frankreich und möglicherweise auch gegen Preußen zu nehmen. Andererseits mußte natürlich aufgrund der engeren Verbindung mit Berlin der Kriegs- und Expansionswille in Paris sich verstärken, zumal man nun sogar in Spanien einen Bundesgenossen fand.

Auf diese politischen Vorgänge hatten die *kriegerischen Ereignisse von 1796* eingewirkt, die anfangs eine rasche Entscheidung für Frankreich anzukündigen schienen. Carnot hatte für die am Rhein und an den Alpen stehenden französischen Armeen einen großzügigen Feldzugsplan aufgestellt, nach dem sie sich schließlich vor Wien vereinigen sollten. Die ersten wuchtigen Schläge fielen in Oberitalien, das bisher nur Nebenkriegsschauplatz gewesen war. Hier hat in diesem Jahr ein junger genialer General, der aus Korsika stammende Napoleon Bonaparte, die neue revolutionäre Kriegskunst zu klassischer Ausbildung und Vollendung gebracht. In kurzer Zeit gelang es ihm, Sardinien-Piemont zu Waffenstillstand und Frieden zu zwingen und sich durch den Sieg bei Lodi (10. Mai) in den Besitz der Lombardei zu setzen, schließlich das feste Mantua nach glänzender Abwehr österreichischer Entsatzversuche in vier Schlachten bei Castiglione (5. August), Bassano (8. September), Arcole (15.–17. September) und Rivoli (14./15. 1. 1797) mitsamt den Resten mehrerer kaiserlicher Armeen zur Kapitulation zu nötigen. Auch in Deutschland, wo der Waffenstillstand am 21. Mai von österreichischer Seite gekündigt worden war, hatte die von Jourdan und von Pichegrus Nachfolger Moreau eröffnete Offensive anfangs große Erfolge gehabt. Zwar war es dem an Clerfaits Stelle getretenen Erzherzog Karl gelungen, einen französischen Vorstoß bei Wetzlar abzuwehren, aber als er dann von dem bei Kehl über den Rhein gegangenen Moreau bei Malsch geschlagen wurde, ergriff Jourdan von neuem die Offensive und trieb die Kaiserlichen nach Franken zurück. Carnots Plan schien der Verwirklichung nahe, als die Franzosen nun von zwei Seiten in Bayern vordrangen, von wo aus sie über Tirol die Verbindung mit Bonaparte herstellen sollten. Schon schlossen Baden und Württemberg mit den Siegern Waffenstillstand und bald auch Friedensverträge auf der Grundlage der Preisgabe der linksrheinischen Lande gegen Zusage von Entschädigungen, und am 7. September verständigte sich auch die bayerische Regierung in Pfaffenhofen mit Moreau über Einstellung der Feindseligkeiten. Doch ähnlich wie 1795 kam es dann zu einem Rückschlag für den Angreifer. Der Erzherzog, der die beiden Teile seines Heeres auf ihren

Rückzügen zusammengeführt hatte, warf sich mit ganzer Macht auf Jourdan, den er nach einem ersten erfolgreichen Zusammenstoß bei Amberg bei *Würzburg* am 3. September entscheidend schlug. Neuerdings bei Altenkirchen besiegt, flutete diese französische Armee über Sieg und Rhein zurück. Damit war auch Moreaus Stellung in Bayern unhaltbar geworden. Zwar wußte er in einem meisterhaften Rückzug durch den Schwarzwald der ihm zugedachten Vernichtung zu entgehen, doch räumten die Franzosen auch hier das Land rechts des Rheines, an dem die Österreicher während des Winters noch die Brückenköpfe Kehl und Hüningen bezwangen. Die von Thugut bedrohten süddeutschen Fürsten widerriefen schleunigst die mit dem Gegner eingegangenen Verträge[4].

Die Wendung in Deutschland war indessen kein Ausgleich für die Niederlagen in Italien. Allmählich machte sich auch in Wien eine für Frieden eintretende Opposition gegen Thugut, den »Kriegsbaron«, geltend. Für Österreich war es ein schwerer Schlag, daß Katharina II. in dem Augenblick, da sie entschlossen schien, ihre Macht im Westen einzusetzen, starb (17. 9. 1796) und ihr Nachfolger Paul I. von den letzten Plänen seiner Mutter nichts wissen wollte. Zugleich schien auch England in seiner Unterstützung des Festlandskampfes lässiger und in seinem Kriegswillen unsicherer zu werden. Wenn so im alliierten Lager Friedensströmungen sich ausbreiteten, so hatten zugleich in dem durch den langen Krieg erschöpften Frankreich die zum Frieden drängenden gemäßigten Kreise an Terrain gewonnen; sie setzten Ende 1796 die Entsendung des Generals Clarke in das Hauptquartier Bonapartes zwecks Einleitung von Verhandlungen durch. Und doch entschloß man sich auf beiden Seiten nochmals im Frühjahr 1797 zur Aufnahme des Kampfes, der dann freilich rasch zum Abschluß des Krieges führte. Die Hoffnung des Kaisers, daß sein Bruder Karl wie in Deutschland, so auch in Italien das Verlorene wiedereinbringen werde, erfüllte sich nicht. Vielmehr stieß Bonaparte mit seinem Heer weit in die österreichischen Erblande vor. Von dem Ehrgeiz erfüllt, zu dem Lorbeer des Schlachtensiegers die Palme des Friedensbringers zu gewinnen, zugleich besorgt, daß seine rückwärtigen Verbindungen von Tirol und dem durch ihn selbst revolutionierten Venezien aus bedroht würden, beschwor er den ihm gegenüberstehenden Erzherzog, dem Blutvergießen ein Ende zu bereiten. Die in Wien ausgebrochene Panik und Revolutionsfurcht zwangen Thugut, Verhandlungen zuzustimmen, die schon am 18. 4. 1797 zur Unterzeichnung eines Präliminarfriedens im steierischen *Leoben* führten. Damit fanden auch die Kriegshandlungen am Rhein ein Ende, wo General Hoche die Kaiserlichen bis Frankfurt zurückgedrängt und Moreau sich Kehls bemächtigt hatte. Nach den Bestimmungen von Leoben sollte der Definitivfriede auf der Grundlage des Verzichts Österreichs auf Belgien und die in eine Cisalpinische Republik umgewandelte Lombardei gegen Entschädigung durch venezianisches Gebiet geschlossen werden; für Deutschland war von der Bewahrung der Reichsintegrität die Rede. Es mochte so scheinen, als wenn man in Frankreich zugunsten der von Bonaparte geforderten Beherrschung Italiens die Politik der Ausdehnung bis zum Rhein aufgegeben hätte.

Bei den Verhandlungen über den endgültigen Frieden, die Bonaparte zunächst in einem Schloß bei Mailand, dann in Udine mit Ludwig Cobenzl führte, suchten beide Mächte, die Präliminarien in ihrem Sinne auszulegen und zu verändern. In Wien hatte man auf den vollen Sieg der gemäßigten Partei in Frankreich gehofft, doch in Paris brachte der Staatsstreich des Fructidor (4. 9. 1797) gerade die auf die »natürlichen Grenzen« eingeschworenen Radikalen ans Ruder. In Udine wußte Bonaparte in stürmischen Auseinandersetzungen den Österreichern so zuzusetzen, daß sie eine erhebliche Verschlechterung gegenüber Leoben hinnahmen. In dem in der Nacht vom 17./18. Oktober 1797 unterzeichneten Frieden, den man nach dem Dorf *Campo Formio* nannte, wurde zwar eines der Kriegsziele Thuguts erreicht, indem Österreich das gesamte Gebiet der inzwischen von französischen Truppen besetzten Republik Venedig zugesprochen wurde – nach Polen war so hier ein zweiter am Krieg gar nicht beteiligter Staat ein Opfer der Machtkämpfe der großen Mächte geworden. Dafür verlor der Kaiser nicht nur durch den Verzicht auf Oberitalien bis zur Etsch den bestimmenden Einfluß südlich der Alpen, sondern er untergrub auch sein Ansehen in Deutschland, indem er in einem geheimen Artikel zusagte, bei einem nach Rastatt einzuberufenden Friedenskongreß der Abtretung der linksrheinischen Lande vom Elsaß bis zu einer durch Nette und Rur begrenzten Linie zuzustimmen, also einschließlich des noch von deutschen Truppen gehaltenen Mainz, dagegen mit der von den Franzosen von vornherein nicht ernst genommenen Ausnahme des Kurfürstentums Köln und der preußischen Besitzungen am Niederrhein. Wollte man Preußen dadurch jeden Anspruch auf Entschädigung nehmen, so ließ man sich selbst den Gewinn von Teilen Bayerns und des Erzstifts Salzburg in Aussicht stellen. Damit gab das Reichsoberhaupt selbst den Grundsatz der Reichsintegrität auf und machte sich die seit 1794/95 von protestantischer Seite erhobene Forderung von Säkularisationen zu eigen[5]. Der revolutionsbegeisterte junge Görres in Koblenz hatte nicht unrecht, wenn er den aufgrund der Geheimabmachung von Campo Formio erfolgenden Einzug der Franzosen in Mainz als die Ankündigung des Untergangs des Reiches feierte[6].

Preußen u. Frankreich 1795–1807. Diplomat. Correspondenzen, hg. v. P. Bailleu (2 Bde. 1881–1887). Quellen z. Gesch. des ZA d. Französ. Revolution. Der Frieden von Campo Formio, hg. v. H. Hüffer u. F. Luckwaldt (1907). Ernstberger (Kap. 5).

[1] Zur franz. Rheinpolitik: L. Rhenius, Die Idee der natürl. Grenzen u. die Franz. Revolution 1789–1815 (1918). M. Braubach, Frankreichs Rheinlandpol. im ZA d. Franz. Revolution, Arch. f. Pol. u. Gesch. 5 (1927). Hansen, Quellen. Seymour Biro (Kap. 3).

[2] Thugut, Clerfait u. Wurmser Juli 1794 bis Februar 1797. Orig.-Dokumente, hg. v. A. v. Vivenot (1869).

[3] Hier zuerst vertragl. Festlegung d. Grundsatzes einer Entschädigung durch Säkularisationen. Für die links der Ems liegenden Teile von Münster war Vereinigung mit der Batavischen Republik vorgesehen; auch sollte für die hessischen Landgf. angemessen gesorgt werden. Zur Entwicklung d. preuß. Entschädigungspläne: M. Braubach u. E. Schulte, Die polit. Neugestaltung Westfalens 1795–1815, in: Der Raum Westfalen, Bd. II 2 (1934). W. Steffens, Rheingrenze u. territoriale Entschädigungsfrage in d. preuß. Politik d. J. 1795–1798. Zugleich ein Beitrag zur Stein-Forschung, Westfäl. Forsch. 6 (1953).

[4] Zu den militär. Vorgängen: H. v. Zeissberg, Der letzte Reichs-Generalfeldmarschall Erzhg. Carl 1796, SB Ak. Wien (1898). M. Rauchensteiner, K. Franz u. Ehg. Carl, Dynastie u. Heerwesen in Österr. (1972). R. Jud, Das linksrheinische Korps des k. k. Feldzeugmeisters Hotze im Herbst u. Winter 1796 (1958). – Über Bewegungen und Publizistik dt. Demokraten in Baden, Schwaben und Bayern aufgrund der franz. Erfolge und die abweisende Haltung der franz. Generale ihnen gegenüber s. die Veröffentlichungen v. Scheel (Kap. 1, Anm. 6).

[5] Die von Cobenzl durchgesetzte Ausnahme der niederrhein. Gebiete erfolgte weniger um der Erhaltung des von des K. Onkel Max Franz regierten Kurfürstentums Köln willen, als um Preußen jeden Vorwand für Ausdehnung seiner Macht rechts des Rheines zu nehmen. Vom Standpunkt des Reiches und der dt. Interessen kann Campo Formio ebensowenig gerechtfertigt werden wie Basel und die Berliner Verträge; auch Österreich ließ damit das Reich im Stich. In Wien sah man den Vorteil des Vertrags in der mit Venedig, Istrien, Dalmatien und Cattaro gewonnenen Stellung an der Adria und in der Sprengung der franz.-preuß. Verbindung, doch stellte sich die zweite Annahme rasch als Illusion heraus.

[6] J. Görres, Ges. Schriften, Bd. 1: Polit. Schriften der Frühzeit 1795–1800, hg. v. M. Braubach (1928). – Zu den Versuchen im Reich, dem drohenden Schicksal durch ein allg. Volksaufgebot,

eine russ. Verfassungsgarantie, einen geistl. Fürstenbund und einen Kurverein, auch durch einen Reichssonderfrieden auf der Grundlage der Integrität entgegenzuwirken, s. ERNSTBERGER. Das Reich war, wie Polen und Venedig, »nur mehr Korn zwischen den Mühlsteinen der europäischen Politik«.

Kapitel 7
Der Rastatter Kongreß und der Wiederausbruch des Krieges (1797–1799)

Voll Freude hat man vor allem in den seit 1794 von den Franzosen besetzten deutschen Landen links des Rheines das kaiserliche Hofdekret vom 1. 11. 1797 begrüßt, das die Einladung zu dem Reichsfriedenskongreß nach Rastatt mit der Versicherung verband, daß dort auf der Basis der Reichsintegrität verhandelt werden sollte. Wenn die Grundsätze der Revolution die Elsässer erst eigentlich für Frankreich gewannen[1], so haben die Versprechungen der Eroberer auf den größeren Teil der Bevölkerung an Saar, Mosel und Niederrhein um so weniger Eindruck gemacht, als sie sich rücksichtslosen Kontributionsforderungen ausgesetzt sah. Nur einige Gruppen, geführt wie vordem die Mainzer Klubisten von 1792/93 (Kap. 3, Anm. 2) von für Aufklärung und Menschenrechte begeisterten Professoren und Studenten, hatten sich für die Revolution erklärt; sie galten nicht nur den geflüchteten Fürsten und Behörden, sondern auch vielen ihrer Mitbürger als Verräter oder Narren. Schon die Nachricht von Leoben, die mit der Wiedereinsetzung der alten Beamten zwecks besserer finanzieller Ausschöpfung des Landes durch den General Hoche zusammentraf, war als Ankündigung der Rückkehr der früheren Zustände ausgelegt worden. Sie zu verhindern, haben jene rheinischen Republikaner, zu denen in Koblenz der junge Joseph Görres gehörte, ermuntert und unterstützt durch Hoche, im Sommer 1797 in einer Anzahl von Orten eine *Cisrhenanische Republik* ausgerufen. Den meisten von ihnen machte es nicht viel aus, als die Franzosen nach dem Staatsstreich des Fructidor, der mit Hoches frühem Tod zusammenfiel, die Umstellung auf die Forderung der Vereinigung mit Frankreich befahlen und entsprechende organisatorische Vorbereitungen trafen. Ihre Gegner, die noch dem Cisrhenanenprojekt mit spöttischer Ablehnung begegnet waren, sahen sich durch den Verlauf der Friedensverhandlungen bitter enttäuscht[2].

7. Der Rastatter Kongreß (1797–1799)

Zunächst hatte es geschienen, als ob Bonaparte die Republik auch in *Rastatt* vertreten sollte. Doch er gab nur ein kurzes Gastspiel, um mit Cobenzl in einer Geheimkonvention gegen Übergabe der Stadt Venedig an die Österreicher die Räumung von Mainz durch die kaiserlichen Truppen zu vereinbaren (1. 12. 1797). Die inzwischen in der badischen Stadt eintreffenden Mitglieder der bereits 1795 für Friedensverhandlungen bestimmten Reichsfriedensdeputation mußten schon durch die am 30. 12. 1797 erfolgende französische Besetzung von Mainz stutzig werden, und am 17. 1. 1798 enthüllte ihnen die *Forderung der Rheingrenze* durch die Bevollmächtigten der Republik den Ernst der Lage. Die Franzosen hatten leichtes Spiel: Preußen und Österreich waren durch Verträge gebunden, sie konnte man zudem gegeneinander ausspielen; die übrigen weltlichen Fürsten waren zum Nachgeben bereit, da ihnen als zweite Friedensbasis der Grundsatz der Entschädigung für links des Rheins verlorene Gebiete durch *Säkularisationen* präsentiert wurde. Und auf alle wirkten kriegerische Maßnahmen wie die Fortnahme der Mannheimer Rheinschanze und die Belagerung des von Reichstruppen besetzten Ehrenbreitstein trotz des in Leoben vereinbarten Waffenstillstandes einschüchternd. So verstand sich die Deputation am 9. 3. 1798 dazu, grundsätzlich der Abtretung des linken Rheinufers zuzustimmen, und auch die Säkularisationsbasis nahm sie, wenn auch unter Vorbehalt, an. Länger verhandelte man dann über territoriale und finanzielle Fragen, die sich aus dem Anfall der linksrheinischen Lande an Frankreich ergaben, und über einen allgemeinen Entschädigungsplan. Erneut beugte man sich ultimativen französischen Forderungen, die sich auf den künftigen Verlauf der Rheingrenze und die Schleifung von Befestigungen rechts des Stromes bezogen. Um diese Zeit war es aber schon sehr zweifelhaft geworden, ob der Friede wirklich zustande kommen würde.

Seitdem englisch-französische Besprechungen in Lille gescheitert waren und Bonaparte auf der Suche nach neuem Ruhm die Fahrt über das Mittelmeer nach Ägypten gewagt hatte, um von dort aus die englische Stellung im Orient aus den Angeln zu heben, war Pitt eifrig um die Bildung einer *neuen Festlandskoalition* gegen die Republik bemüht. Seinen Plänen kamen ein Stimmungswechsel in St. Petersburg, wo Zar Paul als Protektor der Malteserritter tief gekränkt war über die bei Bonapartes Expedition erfolgende Eroberung Maltas, und die wachsende Unzufriedenheit des Wiener Hofes über die Entwicklung seit Campo Formio zustatten. Mit Besorgnis sah man in Österreich, daß die Franzosen mit der Errichtung neuer abhängiger Republiken in der Schweiz und in Rom ihre Macht immer weiter ausdehnten. Nachdem schon im Frühjahr 1798 Tumulte um den als Gesandter Frankreichs in Wien erschienenen General Bernadotte scharfe Auseinandersetzungen zur Folge hatten, gab der ergebnislose Abbruch von Ausgleichsverhandlungen im elsässischen Selz Thugut das Übergewicht. Die Beziehungen Österreichs zu Rußland wurden enger geknüpft, während zugleich Rußland und England sich über das Ziel der Zurückwerfung Frankreichs in die Grenzen von 1792 einigten und beiden sich die über das ägyptische Unternehmen Bonapartes beunruhigte Türkei nach Vernichtung der französischen Mittelmeerflotte durch den englischen Admiral Nelson bei Abukir (1. 8. 1798) anschloß. In London und St. Petersburg hoffte man auch *Preußen* gewinnen zu können, wo sich mit dem Tod Friedrich Wilhelms II. (16. 11. 1797) und der Thronbesteigung seines ganz anders gearteten Sohnes Friedrich Wilhelm III. eine neue Ära anzukündigen schien (s. Kap. 10). Hier erlebte man indessen eine Enttäuschung: Besprechungen zwischen Wien und Berlin, denen der Vorschlag beiderseitigen Verzichts auf Neuerwerbungen zugrunde gelegt wurde, verliefen ergebnislos, und trotz Unterstützung durch den Herzog von Braunschweig und auch Haugwitz blieben die Vorstellungen englischer und russischer Diplomaten bei dem schwankenden jungen König ohne Erfolg, während andererseits freilich auch französische Versuche scheiterten, ihn zu einem Bündnis oder wenigstens einem Garantievertrag zu bestimmen. In Österreich und Rußland räumten neue Vorstöße und Annexionen Frankreichs letzte Bedenken gegen einen neuen Waffengang aus. Als sich um die Jahreswende 1798/99 russische Truppen zum Marsch nach Süddeutschland anschickten, wurde es klar, daß der *Wiederausbruch des Krieges* unmittelbar bevorstand.

Trotzdem hat man die Beratungen in Rastatt fortgesetzt, ja man blieb auch noch zusammen, als französische Streitkräfte ihrerseits den Vormarsch über den Rhein antraten. Doch dann endete der Kongreß mit einem schrillen Mißklang. Als auf die Kunde von der Annäherung der zu erfolgreichem Gegenstoß angetretenen Kaiserlichen die französischen Gesandten Rastatt verließen, wurden sie am Abend des 28. 4. 1799 von ungarischen

Husaren überfallen und zwei von ihnen erschlagen, während der dritte verwundet entkam[3].

H. HÜFFER, Der Rastatter Kongreß u. die zweite Koalition (2 Bde. 1878/79). Le Congrès de Rastatt. Correspondance et documents, hg. v. P. MONTARLOT u. E. PINGAUD (3 Bde. 1912/13). Die Memoiren des Ritters v. Lang. 1784–1835, hg. v. H. HAUSSHERR (1957).

[1] A. BIESSLE, Die Bedeutung d. Franz. Revolution für die Französisierung des Elsaß (1933). Es hat sich zwar nicht um einen plötzlichen Umschwung gehandelt, aber durch die Revolution wurde die Voraussetzung für die innere Angliederung geschaffen.

[2] Zu den Vorgängen im besetzten Rheinland seit 1794: J. HASHAGEN, Das Rheinland u. d. franz. Herrschaft (1908). Ph. SAGNAC, Le Rhin français pendant la révolution et l'Empire (1917). M. SPRINGER, Die Franzosenherrschaft in d. Pfalz 1792–1814 (1926). HANSEN, Quellen. L. KLIPFFEL, Les débuts de l'occupation française sur la rive gauche du Rhin 1793–1795 (1933). F. u. A. ECKER, Der Widerstand der Saarländer gegen die Fremdherrschaft der Franzosen 1792 bis 1815 (1934). A. PAULS, Beiträge z. Haltung der Aachener Bevölkerung während der Fremdherrschaft, Zs. d. Aach. Gesch.-Ver. 63 (1950). W. STEFFENS, Die linksrhein. Provinzen Preußens unter franz. Herrschaft 1794–1802, Rhein. Vjbll. 19 (1954). J. DROZ, La pensée politique et morale des Cisrhénans (1940). M. BRAUBACH, Der junge Görres als »Cisrhenane«, in: Gedächtnisschrift H. Peters (1967). S. a. Kap. 3, Anm. 2 (GRAB, JULKU), u. Kap. 6, Anm. 6. Über die anfängliche Ablehnung der franz. Herrschaft durch die Mehrheit der Bevölkerung kann kein Zweifel bestehen, aber auch nicht über den Idealismus eines Teiles der jungen »Patrioten«, die von der Revolution die Verwirklichung der auch von den dt. Philosophen vertretenen Freiheits- und Morallehren erwarteten (s. Kap. 1). Gerade von ihnen sind manche nach der Einführung des franz. Verwaltungssystems mit der Bildung der Departements Donnersberg, Saar, Rhein und Mosel, Roer mutig gegen Übergriffe und Korruption der Beamten aufgetreten, so vor allem Görres, der in den Zeitschriften ›Rothes Blatt‹ und ›Rübezahl‹ (1798/99) die ersten Proben seiner publizistischen Befähigung gab.

[3] Über die Schuldfrage gibt es eine umfangreiche Literatur, in der die verschiedensten Hypothesen über die Mörder und die Anstifter des Mordes aufgestellt worden sind (s. DW[9] 12223). Es kann nicht mehr bezweifelt werden, daß die Tat durch Szekler Husaren verübt wurde. War die Wiener Regierung unbeteiligt, so hatten österr. militär. Stellen Befehle auf Anhaltung und Durchsuchung der Gesandten erteilt, deren Mißdeutung oder Überschreitung durch die Truppe zu dem Verbrechen führte.

Kapitel 8
Der Krieg der zweiten Koalition und der Friede von Lunéville (1799–1801)

Noch vor dem Rastatter Gesandtenmord war es zu den ersten kriegerischen Zusammenstößen in *Süddeutschland* gekommen. Die über den Rhein gegangenen Franzosen waren durch Siege des Erzherzogs Karl bei Ostrach und Stockach (21. und 25. 3. 1799) zum Rückmarsch an und über den Strom genötigt worden. Der Erzherzog hatte sich darauf gegen die zur Helvetischen Republik gewordene *Schweiz* gewandt, und auch hier war er bei Zürich über den französischen General Masséna erfolgreich (4. und 6. Juni). Ebenso glücklich für die Koalition begann der Krieg in *Italien*, wohin die russischen Streitkräfte dirigiert worden waren. Die Franzosen wurden von den Alliierten unter der Führung des Russen Suworow bei Cassano, an der Trebbia und vor allem bei Novi (15. August) geschlagen und aus Oberitalien verdrängt; die von ihnen errichteten Freistaaten brachen zusammen. Auch im Norden sah sich die Republik durch die Landung eines englisch-russischen Korps an der holländischen Küste bedroht. Während das Pariser Direktorium nur noch an Spanien einen unzuverlässigen Bundesgenossen besaß, dehnte sich die Koalition weiter aus. Hatte man sich von französischer Seite bemüht, dem Kaiser in Deutschland einen Neutralitätsbund entgegenzustellen, so ließen sich aufgrund der Kriegsentwicklung die süddeutschen Fürsten statt dessen für Subsidienverträge mit England gewinnen, das auch Österreich erhebliche Zuschüsse für die Kriegführung gewährte. In München entschloß sich der nach dem Tod von Kurfürst Karl Theodor (16. 2. 1799) zur Herrschaft gelangte bisherige Zweibrücker Pfalzgraf Max Joseph, nicht an Frankreich, sondern an Rußland Rückhalt gegen den mißtrauisch beobachteten österreichischen Nachbarn zu suchen; in dem Vertrag von Gatschina verpflichtete er sich, der Koalition 20000 Mann zur Verfügung zu stellen (1. Oktober), während Herzog Friedrich von Württemberg sich von Wien Unterstützung gegen seine widerspenstigen Stände und von London Geld für 5000 Mann ausbedang[1]. Wenn man in Regensburg am 16. September die energische Wiederaufnahme des Reichskriegs gegen Frankreich beschlossen hatte, so folgte allerdings der Nachricht, daß Preußen die Politik der Neutralität aufgeben und sich zur Mitwirkung an der Eroberung Hollands anschicken, somit also auch der Norden sich wieder in die Front gegen Westen eingliedern werde, alsbald ein Widerruf. Wohl hat man von Berlin die Beziehungen zu Rußland zu festigen gesucht, aber das geschah bereits angesichts einer überraschenden Wendung der Politik des Zaren Paul, die den preußischen Staatsmännern die Möglichkeit eigener Vermittlung zwischen St. Petersburg und Paris zu bieten schien.

In der Tat ist die *zweite Koalition* trotz der anfänglichen, glänzenden Erfolge noch rascher *auseinandergefallen* als die erste. Thuguts auf Beherrschung Italiens gerichtete Machtpolitik, die auf Wünsche der Bundesgenossen wenig Rücksicht nahm, verstimmte den Zaren, bei dem zudem der eigenwillige Suworow bittere Klagen über die österreichischen Generale erhob. Auch diesmal hat das Fehlen einer Koordinierung der militärischen Pläne und Operationen Stockungen und Rückschläge verursacht, die schließlich aus den Reibungen den vollen Bruch zwischen den Verbündeten werden ließen. Während die Expedition gegen Holland mit Niederlage und Abzug endete, vermochte zwar Erzherzog Karl, der sich entgegen den Wünschen der Russen von der Schweiz wieder nach Norden gewandt hatte, das von den Franzosen noch besetzte Mannheim zu nehmen; inzwischen aber schlug Masséna in einer zweiten Schlacht bei Zürich das dort stehende russische Korps (25./26. 9. 1799), und der darauf von Italien herbeigerufene Suworow war nach beschwerlichem und verlustreichem Marsch über den St. Gotthard nicht mehr in der Lage, die als Ausgangsbasis für einen entscheidenden Stoß gegen Frankreich geltende Schweiz zurückzugewinnen. Voll Erbitterung über das Mißgeschick, für das er die Österreicher verantwortlich machte, erklärte darauf Zar Paul in einem Brief an Kaiser Franz vom 22. 10. 1799 seinen Austritt aus dem Kampfbund und rief sämtliche russischen Truppen zurück.

So war die größte Gefahr für Frankreich schon gebannt, als der überraschend aus Ägypten zurückgekehrte *Bonaparte* durch den Staatsstreich des Brumaire sich als *Erstem Konsul* die Macht in der Republik sicherte (9./10. 11. 1799). Ein Friedensangebot, das er an den Kaiser und den König von England richtete, blieb ohne Erfolg. Noch im Besitz Italiens, dachte Thugut nicht daran, die Bestimmungen von Campo Formio als Verhandlungsbasis anzunehmen, und er sah sich in seinem Kriegswillen trotz mancher Differenzen mit London von England bestärkt, das im neuen Jahr Subsidienkonventionen mit

Bayern, Württemberg und Kurmainz schloß und dem Wiener Hof durch Vertrag vom 20. 6. 1800 erhebliche Vorschüsse zusagte. Im Grunde ging Bonapartes eigene Absicht dahin, durch einen siegreichen Feldzug und einen darauf erfolgenden glorreichen Frieden seine Stellung in Frankreich unangreifbar zu machen. Während er die Kriegführung in Deutschland Moreau überließ, der die deutschen Kontingente in einer Reihe von Gefechten vom Rhein zur Isar zurückdrängte, suchte Napoleon die Entscheidung auf dem Kriegsschauplatz, auf dem er vor vier Jahren seinen Feldherrnruhm begründet hatte. Nach kühnem Marsch über den Großen St. Bernhard erschien er am 2. 6. 1800 in Mailand im Rücken der bei Genua stehenden österreichischen Armee des Generals Melas. Die Schlacht bei *Marengo* am 14. Juni entschied nach anfänglichen Erfolgen der Kaiserlichen das Eingreifen von Bonapartes Unterführer Desaix zugunsten der Franzosen. Am folgenden Tag schloß Melas mit dem Sieger in Alessandria eine Konvention, die ihm den Abzug nach Osten gegen Räumung Oberitaliens bis zum Mincio ermöglichte. Einen Monat später wurde auch für den deutschen Kriegsschauplatz, wo Moreau inzwischen in München eingezogen war, ein Waffenstillstand vereinbart.

Die Nachricht von Marengo und ein neues Friedensangebot des Ersten Konsuls veranlaßten die österreichische Regierung, den Grafen St. Julien nach Paris zu schicken. Doch noch war der Einfluß Thuguts trotz der Gegnerschaft des Erzherzogs Karl und der Übertragung der Vizekanzlerschaft an Ludwig Cobenzl so groß, daß einem von St. Julien unterzeichneten Präliminarvertrag über Herstellung des Friedens auf der Grundlage von Campo Formio die Zustimmung versagt wurde. Die ungünstige militärische Lage zwang die Österreicher indessen zu einer Verlängerung des Waffenstillstands in Deutschland, die mit der Auslieferung der Festungen Philippsburg, Ulm und Ingolstadt erkauft werden mußte, während zugleich nunmehr Cobenzl zunächst in Paris mit Bonaparte, dann in Lunéville mit dessen Bruder Joseph verhandelte. Doch erst der Sieg, den nach Kündigung der Waffenruhe Moreau am 3. 12. 1800 bei *Hohenlinden* über die letzte, dem jungen Erzherzog Johann unterstellte kaiserliche Feldarmee erfocht, machte in Wien den Weg zum Frieden frei. Während man unter sehr schlechten Bedingungen für Deutschland und Italien neuerlich Einstellung der Feindseligkeiten vereinbarte, wurde Thugut endgültig ausgeschaltet[2] und Cobenzl Vollmacht zur Annahme der französischen Forderungen gegeben. So wurde ohne Beteiligung Englands diesmal zugleich für das Deutsche Reich der *Friede* in *Lunéville* am 9. 2. 1801 unterzeichnet[3].

Durch Lunéville wurde Österreichs Macht noch mehr als durch Campo Formio zurückgedrängt. Der Kaiser behielt zwar Venezien bis zur Etsch, er mußte aber nicht nur die wiedererstandene Cisalpinische Republik anerkennen, sondern auch dem Ende der habsburgisch-lothringischen Sekundogenituren auf der Halbinsel zustimmen; sein Bruder Ferdinand von Toskana und sein Onkel Ferdinand von Modena sollten in Deutschland entschädigt werden. Im Norden wurde nicht nur die Vereinigung Belgiens mit Frankreich und die Umwandlung Hollands in eine Batavische, der Schweiz in eine Helvetische Republik, sondern auch, wie in Rastatt schon vorgesehen, die *Abtretung des gesamten linken Rheinufers* und die Entfestigung der rechtsrheinischen Plätze festgesetzt. Wenn damit fortan der Rhein die Grenze zwischen Frankreich und Deutschland bildete, so war weiter vereinbart, daß die Entschädigung der früher links des Rheines ansässigen oder begüterten erblichen Fürsten nach noch zu treffenden Anordnungen, also jedenfalls unter französischer Aufsicht, erfolgen sollte. Da die Räumung der von französischen Truppen besetzten rechtsrheinischen Lande von dem Austausch der Ratifikationen abhängig gemacht war, beeilte sich der Reichstag, dem Frieden zuzustimmen (7. 3. 1801). Dabei konnte man nicht im Zweifel sein, daß Abtretungen und Entschädigungen eine gewaltige territoriale und politische Umgestaltung Deutschlands zur Folge haben würden.

Quellen zur Gesch. d. Krieges v. 1799 u. 1800, hg. v. H. Hüffer (2 Bde. 1900/01). H. Hüffer, Der Krieg d. J. 1799 u. d. zweite Koalition (2 Bde. 1900/01). A. Herrmann, Der Aufstieg Napoleons. Krieg u. Diplomatie vom Brumaire bis Lunéville (1902). A. B. Rodger, The War of the Second Coalition 1798–1801. A Strategic Commentary (1964).

[1] Zur Haltung und Kriegsteilnahme der süddt. Staaten: Adalbert Prinz v. Bayern, Max. I. Joseph v. Bayern. Pfalzgf., Kf. u. Kg. (1957). A. Müller, Bayr. Politik u. bayr. Diplomaten z. Z. Carl Theodors u. Max Josefs (1954). E. Hölzle, Das Alte Recht u. d. Revolution (1931). H. Kraft, Die Württemberger in den Napoleonischen Kriegen (1953). H.-G. Borck (Kap. 3, Anm. 5).

[2] Thugut (Kap. 3, Anm. 4) hat 8 Jahre lang den Kampf als Macht- und Kabinettskrieg geführt, voll Energie, aber ohne Verständnis für Imponderabilien, neue Ideen und Kräfte und schließlich mit negativem Ergebnis für Österreich. Überscharf urteilt über ihn, dessen reichsfremder Politik in Wien Kaunitz' ehemaliger Gehilfe Trauttmansdorff vergebens entgegentrat, Frhr. v. Aretin (Kap. 4, Anm. 3).

[3] H. Ragsdale, Russian Influence at Lunéville, French Hist. Studies 5 (1968).

Kapitel 9
Die Befriedung Europas und der Reichsdeputationshauptschluß (1801–1803)
Die Säkularisation und ihre Folgen

Zunächst hatte es nach Lunéville den Anschein, als ob sich fast das ganze kontinentale Europa gegen England zusammenschließen würde. Voll Entrüstung darüber, daß die Engländer keine Anstalten machten, die von ihnen inzwischen den Franzosen abgenommene Insel Malta dem Orden zurückzugeben, strebte Zar Paul eine Verständigung mit dem Ersten Konsul an. Bereits Ende 1800 hatte er mit den skandinavischen Mächten zur Abwehr englischer Übergriffe gegen den Handel einen Bund der Seeneutralität vereinbart. Ihm schloß sich auch Preußen an, das seit Marengo besorgte, mit seiner Selbstausschaltung bei einer allgemeinen Befriedung schlecht zu fahren. Während die Dänen Hamburg und Lübeck besetzten, ließ man sich in Berlin auf französisches und russisches Drängen sogar bewegen, in das in Personalunion mit England verbundene Hannover einzurücken[1]. Doch dann trat ein Umschwung ein. Durch Überfall auf die dänische Flotte und Beschießung Kopenhagens zwangen die Engländer Dänemark zum Ausscheiden aus der gegnerischen Front. Schon vorher war der launische und unberechenbare Zar Opfer einer Palastverschwörung geworden (23. 3. 1801), und sein Sohn und Nachfolger *Alexander I.* suchte die Verständigung mit London, während er freilich auch französische Angebote nicht abwies. Da man in England selbst, wo in den Tagen des Abschlusses in Lunéville Pitt hatte zurücktreten müssen, des Krieges müde war, kam es zu einer allgemeinen Befriedung. Fast gleichzeitig wurden im Herbst 1801 der russisch-französische Friede und englisch-französische Präliminarien geschlossen; diesen folgte am 27. 3. 1802 die Unterzeichnung des Definitivfriedens in *Amiens*, durch den die gegenseitige Herausgabe des größten Teiles der kolonialen Eroberungen und im Mittelmeer die Liquidierung der französischen Ägyptenexpedition und der englische Verzicht auf Malta vereinbart wurden.

Daß der neue Zar sich vorerst zu einem Zusammengehen mit Frankreich bereitfand, ist für die in Lunéville vorgesehene *Neuordnung Deutschlands* von großer Bedeutung gewesen; gemäß einer geheimen Absprache zwischen ihm und dem Ersten Konsul vom 10. 10. 1801 vollzog sie sich unter gemeinsamer Einwirkung der beiden Mächte, denen dabei die Uneinigkeit zwischen Österreich und Preußen und die Begehrlichkeit der mittleren und kleinen deutschen Fürsten zustatten kamen. Die französische Absicht, in wesentlich verstärkten Mittelstaaten eine von Paris beeinflußte dritte Kraft zu bilden, deckte sich mit Wünschen des Zaren auf gute Ausstattung von ihm nahe verwandten südwestdeutschen Fürstenhäusern[2]. Die grundlegenden Verabredungen wurden in Paris getroffen, wo sich die Vertreter der Reichsstände eifrig um die Gunst des Ersten Konsuls und seines Außenministers Talleyrand bemühten. Max Joseph von Bayern und der ihn beratende ehemalige Illuminat Montgelas lenkten nun in das französische Fahrwasser. Einem Friedens- und Freundschaftsvertrag Bayerns mit Frankreich (24. 8. 1801) folgte eine Vereinbarung über Ländertausch und Entschädigung (24. 5. 1802). Ebenso suchten und fanden Württemberg, Baden und der nach dem Tod Karl Friedrich von Erthals (25. 7. 1802) zum Kurfürsten von Mainz aufsteigende bisherige Koadjutor Karl Theodor von Dalberg die Rückendeckung bei dem westlichen Nachbarn. In Paris und St. Petersburg suchten sich indessen auch die beiden Großmächte den Rang abzulaufen, die aufgrund ihrer Ausdehnungspläne und österreichischer Versuche, für Köln und Münster wieder einen Erzherzog zum Nachfolger des 1801 verstorbenen Max Franz wählen zu lassen, heftig aufeinanderstießen. Glücklicher war dabei Preußen, das durch Lucchesini in Paris am 23. 5. 1802 einen Vertrag über die eigene Ausstattung in Nordwestdeutschland – unter Verzicht auf fränkische Bistumslande – abschließen ließ und dessen König sich unmittelbar darauf mit dem Zaren in Memel traf. So sah sich Österreich isoliert, als unter Zugrundelegung der getroffenen Einzelabmachungen ein gemeinsamer russisch-französischer Entwurf vorgelegt wurde. Der Kaiser ließ angesichts preußischen und bayerischen Einmarsches in vorgesehene Entschädigungslande seinerseits das dem Wittelsbacher zugesagte Passau besetzen, er konnte aber schon aus finanziellen Gründen einen Konflikt nicht riskieren und ging schließlich auf französische Vermittlungsangebote ein. Inzwischen hatte eine in Regensburg gebildete Reichsdeputation, der Mainz, Böhmen, Brandenburg, Sachsen aus dem Kurfürstenrat, Bayern, Württemberg, Hessen-Kassel und der Hoch- und Deutschmeister aus dem Fürstenkolleg angehörten, Beratungen über das Entschädigungsgeschäft begonnen, die aber im Grunde nur noch formelle Bedeutung hatten. Nachdem der französisch-russische Plan trotz kaiserlichen Widerspruchs am 23. 11. 1802 im wesentlichen angenommen worden war und auch Österreich durch eine in Paris unterzeichnete Konvention (26. Juli) sich einverstanden erklärt hatte, erfolgten die Schlußredaktion und am 25. 2. 1803 die Annahme des *Reichsdeputationshauptschlusses*, dessen Ratifikation Reichstag und Kaiser in den folgenden Monaten vollzogen.

Die teilweise schon vorher eingeleitete Verwirklichung der Bestimmungen dieses Dokuments gab der Länderkarte Deutschlands ein stark verändertes Aussehen[3]. 112 Reichsstände verschwanden, etwa drei Millionen Menschen wechselten ihre Staatsangehörigkeit. Depossediert wurden sämtliche geistlichen Fürsten, mit Ausnahme der zwei Mitglieder der Reichsdeputation, des Hoch- und Deutschmeisters und des Kurfürsten von Mainz, der fortan, ausgestattet neben Aschaffenburg mit der protestantischen Stadt Wetzlar und Fürstbistum und Stadt Regensburg, als Kurerzkanzler und Primas seinen Sitz in Regensburg haben sollte[4]. Mit der *Säkularisation* wurde die *Mediatisierung* der zahlreichen Reichsstädte verbunden, von denen nur sechs, die Hansestädte Hamburg, Bremen und Lübeck sowie Augsburg, Frankfurt und Nürnberg, ihre Unmittelbarkeit behaupteten. Die Gewinner waren die größeren und mittleren weltlichen Staaten, die meist mehr erhielten, als sie links des Rheines verloren hatten oder rechts des Stromes um einer vernünftigen Arrondierung willen aufgaben. Nicht sehr günstig schnitt freilich *Österreich* ab, das dem eigenen Staatsgebiet bei Verzicht auf den Breisgau nur in Tirol die Bistümer Brixen und Trient einverleiben konnte; immerhin wurden mit der Übertragung des Breisgaus an den Herzog von Modena und der Einsetzung des Großherzogs von Toskana in dem um Berchtesgaden und Teile von Passau und Eichstätt vergrößerten bisherigen Erzbistum Salzburg zwei habsburgische Sekundogenituren in Deutschland errichtet. Wenn *Preußen* sich auch wieder aus Hannover hatte zurückziehen müssen, so schnitt es doch mit einem Gewinn von 235 Quadratmeilen gegen verlorene 48 und von rund 600000 gegen 137000 Menschen weit besser ab. Der Erwerb von Hildesheim, Paderborn, dem östlichen Teil von Münster mit der Stadt, dem Eichsfeld und Erfurt, den Abteien Herford, Quedlinburg, Elten, Essen, Werden und Kappenberg, den Reichsstädten Mühlhausen, Nordhausen und Goslar bedeutete eine wesentliche Verstärkung seiner Macht in Nordwestdeutschland.

Dagegen mußten sich im gleichen Raum *Hannover* mit dem Anfall Osnabrücks, *Braunschweig* mit den Abteien Gandersheim und Helmstedt begnügen, während dem gar nicht geschädigten *Oldenburg* der Verzicht auf den Elsflether Weserzoll das bisher hannoversche Wildeshausen und die münsterschen Ämter Vechta und Cloppenburg eintrug und die westlichen Bezirke Münsters und das kölnische Recklinghausen zur Ausstattung der Häuser Arenberg, Looz-Corswarem, Croy und Salm verwandt wurden[5]. Daß dem Sohn des aus Holland vertriebenen oranischen Generalstatthalters aus den Bistümern Fulda und Korvey, der Stadt Dortmund und einigen Abteien ein eigenes Fürstentum gezimmert wurde, war eine besondere Merkwürdigkeit[6]. Mit dem Gewinn einiger mainzischer Ämter und der Stadt Gelnhausen war der *Hessen-Kasseler* wenig zufrieden. Seinem Vetter von *Hessen-Darmstadt* fielen gleichfalls Teile des rechtsrheinischen Mainz, vor allem aber das bislang kurkölnische Herzogtum Westfalen zu; seinerseits hatte er eigenes Gebiet an die Herzöge von *Nassau* abzugeben, von denen der Usinger außerdem den Mainzer Rheingau, der Weilburger bisher zu Kurtrier gehörende rechtsrheinische Besitzungen erhielt[7]. Weit entschiedener als im Nordwesten machte sich im Süden die von Frankreich geförderte Tendenz auf Bildung zusammenhängender Mittelstaaten geltend. *Bayern* verzichtete auch auf die rechtsrheinische Pfalz und errechnete damit einen Verlust von 200 Quadratmeilen und 600000 Menschen, für den es aber mit Würzburg, Bamberg, Augsburg, Freising und Teilen von Passau und Eichstätt einen Zuwachs von 288 Quadratmeilen und 854000 Menschen buchen konnte[8]. Der Hauptteil der kleinen Reichsterritorien des schwäbischen Kreises ging an *Württemberg* über, mit 29 Quadratmeilen und 120000 Seelen immerhin das Vierfache seiner Einbuße. Ein ausgezeichnetes Geschäft machte endlich der *Badener*, dem das Bistum Konstanz, die rechtsrheinischen Besitzungen von Basel, Straßburg und Speyer und die Pfalz mit Mannheim und Heidelberg zuerkannt wurden; das waren 59 Quadratmeilen und 237000 Menschen und damit das Sieben- bis Achtfache seines Verlustes[9]. Natürlich hatte diese territoriale Verschiebung eine einschneidende *Veränderung der Reichsverfassung* zur Folge. Da anstelle der aufgehobenen Kuren Köln und Trier Württemberg, Baden, Hessen-Kassel und Salzburg zu Kurfürstentümern erhoben wurden, standen im ersten Kolleg des Reichstags von nun an vier Katholiken sechs Protestanten gegenüber, und mit dem Fortfall der geistlichen Fürsten veränderte sich auch im Fürstenrat das Stimmverhältnis zugunsten der Evangelischen. In seinem Ratifikationsdekret hatte der Kaiser, dem mit der Beseitigung der geistlichen Fürsten eine wichtige Klientel genommen wurde, dagegen protestiert. Aber war nach dem Ende der Reichskirche das Reich in seiner alten Form überhaupt noch zu erhalten?

Die Säkularisation war für Macht, Organisation und Leben des *Katholizismus* in Deutschland ein furchtbarer Schlag, zumal durch den Reichsdeputationshauptschluß den alten und neuen Landesherren auch die Befugnis zur Aufhebung landsässiger Abteien, Klöster und Kapitel übertragen wurde[10]. Ein aufgeklärtes Staatskirchentum konnte sich nun weit ungehemmter durchsetzen als vordem. Dabei wurden Rechte und Aufgaben der Kirche, die Belange des Klerus und die Gefühle des Volkes meist wenig berücksichtigt. Das läßt sich in Staaten, die katholischen Fürsten unterstanden, kaum weniger feststellen als in denen ihrer evangelischen Kollegen. Daß aber nun große Teile der katholischen Bevölkerung sich der Verständnislosigkeit oder dem Vorurteil protestantischer Landesherren und Behörden gegenübersahen und darunter litten, mußte die konfessionelle Kluft im deutschen Volk vertiefen. Zugleich wurden der deutschen *Kultur* schwere *Schäden* zugefügt. Mit den geistlichen Fürstentümern verschwanden manche Hochschulen und sonstige kulturell bedeutsame Einrichtungen, mit den Abteien und Klöstern viele Mittelpunkte von Gelehrsamkeit und Kunstpflege. Leider haben die Erben der geistlichen Herrschaften oft dadurch gesündigt, daß sie ohne jede Pietät gegen das historisch Gewordene vorgingen. Durch rücksichtslosen Abbruch wertvoller Zeugen und Denkmale einer jahrhundertealten Tradition, durch Vernichtung oder Verschleuderung kostbarer Kunstschätze und Bibliotheken hat eine allzusehr von fiskalischen Gesichtspunkten geleitete Bürokratie schwere Schuld auf sich geladen. Aber neben diesen ungünstigen, ja verhängnisvollen Begleit- und Folgeerscheinungen der Säkularisation hat sie doch auch, von ihren Schöpfern und Nutznießern freilich kaum gewollt, *Fortschritte* und Vorteile gebracht. So gut man unter dem Krummstab zu leben vermochte, es kann doch über das Unvermögen der geistlichen Staaten, sich in einer seit dem Mittelalter völlig gewandelten Welt politisch, wirtschaftlich und sozial zu behaupten und zu regenerieren, kein Zweifel sein. Trotz eifriger Reformversuche mancher geistlicher Fürsten

(Bd. 10, Kap. 27) bot sich für ihre Lande erst jetzt im Rahmen größerer Staaten die Möglichkeit zu einer Überwindung des Feudalsystems, einer strafferen Organisation der Verwaltung, einer Befreiung der Wirtschaft von einengenden Fesseln, einer grundlegenden Verbesserung der Rechtspflege und eines vernünftigeren Ausgleichs von Rechten und Pflichten der Untertanen. Und für die katholische Kirche war, sosehr sie materiell und kulturell geschwächt und politisch abhängig gemacht wurde, der Fortfall der fürstlichen Bischöfe und der Pfründenwirtschaft, das Ende der gesamten aristokratischen, allmählich erstarrten Kirchenverfassung eine Vorbedingung für innere Besinnung und geistige Kräftigung und damit für einen Aufschwung. Endlich war diese Revolutionierung der Landkarte und des Lebens Deutschlands von 1802/03 auch in politischer Beziehung eine Etappe zu einer besseren Gestaltung der Dinge. Gewiß wurden zunächst durch die Zusammenballung in einer Reihe in ihrem Selbstbewußtsein und Machtwillen gestärkter Staaten Deutsche von Deutschen noch nachhaltiger voneinander getrennt als vordem, und das an das Symbol des Reiches sich klammernde Gefühl der Verbundenheit erlitt einen neuen schweren Stoß. Aber mit den ohnmächtigen Kleinstaaten wurden andererseits Ruinen abgetragen, die jedem Neuaufbau hindernd im Wege standen, und der Einsturz des altersschwachen, nicht mehr lebens- und erneuerungsfähigen Reiches konnte gerade den von traditionellen oder von neuen nationalen Ideen beeinflußten Kräften den Weg zu einer besseren Lösung des Problems von Vielheit und Einheit ebnen[11].

Vnešnjaja politika Rossii 19 i načala 20 veka. Dokumenty rossijskogo ministerstva inostarnnych del (Die Außenpolitik Rußlands im 19. u. z. Beginn des 20. Jh. Dokumente des russ. Außenministeriums), 1. Ser., Bd. 1 (1960; März 1801 bis April 1804). U. Krüger-Löwenstein, Rußland, Frankreich u. das Reich 1801–1803 (1972). K. v. Raumer, Dtld. um 1800. Frhr. v. Aretin, Hlg. Röm. Reich 1776–1806.

[1] G. St. Ford, Hanover and Prussia 1795–1806. A Study in Neutrality (1903, Ndr. 1967). G. Sieske, Preußen im Urteil Hannovers 1795–1806 (1959).

[2] Alexanders Mutter war eine württembergische, seine Frau eine badische Prinzessin: M. Lindemann, Die Heiraten der Romanows u. der dt. Fürstenhäuser im 18. u. 19. Jh. u. ihre Bedeutung in d. Bündnispolitik der Ostmächte (1935).

[3] Grundlegend noch immer: A. C. Gaspari, Der Deputations-Receß (2 Bde. 1803). R. Freiin v. Oer, Die Säkularisation 1803, Vorbereitung – Diskussion – Durchführung (Histor. Texte, 1970). Dies., Zur Beurteilung d. Säkularisation von 1803, Festschr. H. Heimpel, Bd. 1 (1971). E. Wallner, Die kreissässigen Reichsterritorien am Vorabend des Lunéviller Friedens, MÖIG Erg.bd. 11 (1929). J. E. Prince d'Arenberg, Les

Princes du St. Empire à l'époque Napoléonienne (1951).

[4] Zu Dalberg, seiner Haltung und Stellung während und nach der Säkularisation: H. BECHER, Der dt. Primas (1943); O. VOSSLER, Karl v. Dalberg, Mainzer Zs. 58 (1962), auch in dess. Geist u. Gesch., Ges. Aufs. (1964); A. GERLICH, Briefe des Mainzer Coadjutors Karl Theodor v. Dalberg a. d. Staatsminister Franz Jos. v. Albini, Geschichtl. Landeskde. Mainz 2 (1965); A. M. REITZEL, Albini. Ein Mainzer Jurist u. Politiker, in: Mainzer Almanach (1968); E. FLEIG, Fb. K. Th. v. DALBERG u. d. Säkularisation des Fbt. Konstanz, Freib. Diöz.-Arch. NF 29 (1928); F. KOEPPEL, Dalberg u. die Säkularisation des Bt. Konstanz. Die Wiener Mission 1798/99, ZGORh 102, NF 63 (1954); H. RAAB, K. Th. v. Dalberg. Das Ende d. Reichskirche u. das Ringen um den Wiederaufbau d. kirchl. Lebens 1803 bis 1815, Arch. f. mittelrh. KiG 18 (1966); G. SCHWAIGER, Das dalbergische Fürstentum Regensburg (1803–1810), Zs. f. bayer. Landesgesch. 23 (1960).

[5] Für die territor. Neugestaltung in Westfalen: BRAUBACH-SCHULTE (Kap. 6, Anm. 3); J. TÖNSMEYER, Das Landesfürstentum Rheina-Wolbeck (1962).

[6] J. A. BORNEWASSER, Kirche u. Staat in Fulda unter Friedr. Wilh. v. Oranien 1802–1806 (1956).

[7] Für Hessen-Darmstadt und Nassau: H. REICHERT, Studien z. Säkularisation in Hessen-Darmstadt, Bd. 1 (1927); M. SCHÖNE, Das Hgt. Westfalen unter Hessen-Darmst. Herrschaft 1802 bis 1816 (1966); L. A. VEIT, Zur Säkularisierung in Nassau-Usingen, ZGORh 80, NF 41 (1928); W.-H. STRUCK, Zur Säkularisation im Lande Nassau, Hess. Jb. f. Landesgesch. 13 (1963).

[8] A. M. SCHEGLMANN, Gesch. der Säkularisationen im rechtsrhein. Bayern (3 Bde. 1903–1908). A. Frhr. v. Ow, Streiflichter z. Gesch. d. Säkul. in Bayern, Zs. f. bayer. Landesgesch. 4 (1931). H. H. HOFMANN, ... sollen bayrisch werden. Die polit. Erkundung d. Majors v. Ribeaupierre durch Franken u. Schwaben im Frühjahr 1802 (1954). E. BAUERNFEIND, Die Säkularisationsperiode im Hochstift Eichstätt bis z. endgültigen Übergang an Bayern (1927). W. G. NEUKAM, Der Übergang d. Hochstifts Bamberg an die Krone Bayern 1802/03, in: Gedächtnisschr. W. Winkler (1960). G. SCHWAIGER, Die altbayer. Bt. Freising, Passau u. Regensburg zwischen Säkul. u. Konkordat 1803–1817 (1959). E. RINGELMANN, Die Säkul. d. Hochstifts u. d. Domkapitels Passau (1939).

[9] Für Württemberg und Baden: M. ERZBERGER, Die Säkul. in Württemberg 1802–1810 (1902); A. WILLBURGER, Die Säkul. u. d. Aufhebung d. Prämonstratenserklöster in Württ., Freib. Diöz.-Arch. NF 28 (1927); H. SCHLICK, Die wirtsch. u. kultur. Zustände der rechtsrhein. Pfalz beim Anfall an Baden (Diss. Heidelberg 1931); E. SCHELL, Das Hochstift Straßburg rechts d. Rheins i. J. 1802, ZGORh 87, NF 48 (1934); ders., Die Reichsstädte beim Übergang an Baden (1929); E. ISELE, Die Säkul. d. Bt. Konstanz u. d. Reorganisation d. Bt. Basel (1934); M. FLEISCHHAUER, Das geistl. Fürstentum Konstanz beim Übergang an Baden (1934).

[10] Der letzte Anstoß zur Ausdehnung der Säkularisationsbefugnis auf alle Klöster ging von Bayern aus, das dadurch für den ihm entgehenden Teil von Eichstätt, das Österreich durch Abkommen mit Frankreich vom 26. 12. 1802 dem nach Salzburg versetzten Großhg. v. Toskana sicherte, entschädigt werden sollte: A. SCHARNAGL, Zur Gesch. des Reichsdeputationshauptschlusses von 1803, HJb 70 (1951); G. Frhr. v. PÖLNITZ, Der erste Entwurf z. Bayer. Säkul. Sept. 1801, in: Staat u. Volkstum (Festg. f. K. A. v. Müller 1933). – Zur Säkularisation in den franz. gewordenen linksrhein. Landen: G. KLIESING, Die Säkul. i. d. kurköln. Ämtern Bonn, Brühl, Hardt, Lechenich u. Zülpich i. d. Z. d. franz. Fremdherrschaft (Diss. Bonn 1932); W. KLOMPEN, Die Säkul. im Arrondissement Krefeld 1794–1814 (1962); P. KAISER, Der kirchl.

Besitz im Arrondissement Aachen gegen Ende d. 18. Jh. u. sein Schicksal i. d. Säkul. durch d. franz. Herrsch. (1906).

[11] Eine befriedigende zusammenfassende Darstellung und Würdigung der Säkularisation und ihrer Folgen fehlt. Die geistl. Staaten waren nicht so abbruchreif, wie behauptet wurde; sie sind auch nicht an inneren Mängeln, sondern durch äußeren Anstoß zugrunde gegangen. Zu Widerstand war die Reichskirche nicht imstande, zumal sie, mit der Kurie vor allem seit dem Nuntiaturstreit zerfallen, auch dort keinen Rückhalt fand. Dabei lag der Säkularisationsgedanke in der Luft. Das ist nicht allein auf die aufgeklärte Publizistik zurückzuführen, sondern auch darauf, daß in ihnen mit ihrer auf den Privilegien von Kapiteln und Adel beruhenden Verfassung grundlegende Reformen von Staat und Wirtschaft nicht vorgenommen werden konnten. Die plötzliche Unterstellung unter fremde Herren haben die Untertanen bitter empfunden, zumal sie sich oft in ihren politischen und religiösen Rechten und wirtschaftlichen Bestrebungen zurückgesetzt sahen. Auf die Dauer haben indessen viele die Vorteile der Beseitigung der einengenden feudalen Einrichtungen, die straffere Führung im größeren Raum und die planmäßigere Ausnützung der wirtschaftl. Möglichkeiten erkannt, so daß nach wenigen Jahren in den alten Krummstabslanden selbst eine Wiederkehr der früheren Zustände weder gewünscht noch gefordert wurde. Kulturell waren jedoch die Folgen der Säkularisation in mancher Hinsicht katastrophal: Das von Rationalismus und Fiskalismus bestimmte Vorgehen der liquidierenden Regierungen hat erhebliche Kunstwerte zerstört oder verschleudert, auch der Wissenschaft manchen Schaden zugefügt. Dazu kam die Schädigung und Entrechtung der Kirche, die nach Auflösung ihrer bisherigen Verfassung sich für ihre neue Organisation und für die Aufrechterhaltung ihres religiösen und erzieherischen Einflusses auf Verständigung mit einer Bürokratie angewiesen sah, die in protestantischen wie in katholischen Ländern die Vormacht des Staates auch auf kulturellem Gebiet aufzurichten trachtete. Andererseits hat der Katholizismus durch den Fortfall des fürstl. Episkopats, von dem manche Mitglieder nicht die höheren Weihen besaßen, und durch das Ende der hochadligen Kapitel und Stifter auf die Dauer an innerer Kraft gewonnen. Wenn nicht nur der kath. Adel durch das Abschneiden von Versorgungsmöglichkeiten schwer getroffen, sondern auch anderen Teilen der kath. Bevölkerung geistiger und sozialer Aufstieg erschwert wurde, so war die Demokratisierung der von ausgesprochen weltlichen Aufgaben entlasteten Geistlichkeit eine Grundlage für die Überwindung der durch die Aufklärung hervorgerufenen Krise und für den Aufschwung des dt. Katholizismus im 19. Jh. R. Morsey, Wirtschaftl. u. soziale Auswirkungen der Säkul. in Dtld., in: Dauer u. Wandel d. Gesch. (Festg. f. K. v. Raumer 1966). P. Wende, Die geistl. Staaten u. ihre Auflösung im Urteil der zeitgenöss. Publizistik (1966).

Kapitel 10
Norddeutschland hinter der Demarkationslinie
Hohe Zeit der Klassik und Beginn der Romantik

Während Süden und Westen Deutschlands unter den Wechselfällen des Krieges zu leiden hatten und vor allem in den katholischen Teilen von Säkularisation und territorialer Umgestaltung erschüttert wurden, erfreuten sich Nord- und Mitteldeutschland des Friedens und verhältnismäßig ungestörter innerer Ruhe.

Es hat freilich gerade in dem beherrschenden Staat des neutralen Raumes, in *Preußen*, an Krisenerscheinungen in sozialer und geistiger Beziehung nicht gefehlt. Wohl war man in weiten Kreisen, nicht nur des Beamtentums, überzeugt, daß es kaum an anderer Stelle in Deutschland und Europa eine bessere Verwaltung gab, daß auf der Grundlage des Allgemeinen Landrechts eine gerechte Justiz geübt wurde und, trotz der reaktionären Wendung in der Kulturpolitik seit der Berufung Wöllners (Bd. 10, Kap. 27), Toleranz und Fortschrittsgeist für den preußischen Staat kennzeichnend geblieben waren. Aber wenn dies Gefühl der Überlegenheit auch manche Zirkel der Berliner Gesellschaft erfüllte, in der sich Aristokraten, Beamte, jüdische Bankiers und Literaten unter Beteiligung geistvoller Frauen zusammenfanden, so machten sich doch im Bürgertum Unruhe und Unsicherheit geltend, und die unteren Schichten in den Städten wie vor allem auf dem Lande hatten bei ihrer fortbestehenden Unterwerfung unter den Willen von Unternehmern und Gutsherren keinen Grund zur Zufriedenheit. Einsichtige Männer mochten denn auch die Notwendigkeit planmäßiger und durchgreifender neuer Reformen erkennen. Für sie schien nun der Thronwechsel am 16. 11. 1797 eine Voraussetzung zu schaffen. Anders als sein Vater galt der neue König *Friedrich Wilhelm III.* (geb. 3. 8. 1770) als einfach, sittenstreng und charaktervoll. Ihm, der sofort die ehemalige Mätresse seines Vaters vom Hof verwies und dessen Günstlinge entließ, huldigten als der personifizierten Rechtschaffenheit auf dem Thron, als dem an die friderizianischen Grundsätze anknüpfenden, dabei den neuen Ideen gegenüber aufgeschlossenen Träger einer neuen Ära die über das Ende des Wöllnerschen Regiments frohlockenden Aufklärer ebenso wie konservative Geister vom Schlag eines Friedrich Gentz und wie die neuen geistigen Ideen zustrebende gefühlvolle Jugend. Nun hatte Friedrich Wilhelm als Thronfolger aus Vorlesungen, die ihm der Schöpfer des Landrechts, Svarez, über Recht und Staat gehalten hatte[1], entnehmen können, daß der Herrscher in seinen Untertanen nicht Maschinen, sondern freie Bürger sehen müsse, und er hatte in selbstverfaßten Gedanken über Regierungskunst sich zu dieser Auffassung bekannt; in der Französischen Revolution sah er ein abschreckendes Beispiel für schlechte Regenten. Aber wenn er Einsicht und Kenntnisse besaß, so fehlten ihm Entschlußkraft und Wendigkeit, gehemmt und scheu, war er nicht der Mann, von sich aus große Entscheidungen zu treffen. Ihn dahin zu bringen, war bei allen Vorzügen von Geist und Gemüt seine aus Mecklenburg stammende, in Darmstadt aufgewachsene Gemahlin *Luise* (1776–1810) nicht imstande, mit der er seit 1793 als Kronprinz in Potsdam oder auf dem Landgut Paretz, seit der Thronbesteigung in Charlottenburg ein gut bürgerliches Leben führte[2]. So gab es denn auch weiterhin im Mittelpunkt nicht die starke Persönlichkeit, auf die das friderizianische Regierungssystem zugeschnitten war. Wenn die Zeit der Günstlinge vorbei war, so gewannen dafür die zu *Kabinettsräten* aufgestiegenen ehemaligen königlichen Geheimschreiber als Mittler zwischen Fürst und Ministern beträchtlichen Einfluß auf die Staatsleitung. Wie manche der Minister, etwa der auch vom Freiherrn vom Stein als geistvoll, hell und sehr unterrichtet bezeichnete Struensee, so besaßen auch die Kabinettsräte Mencken und Beyme Fähigkeiten und Einsichten, aber wenn bei jenen angesichts des Übergewichts des Kabinetts der Wille zu selbständiger Initiative nachließ, so fehlten diesen der Überblick und die staatsmännische Bildung[3]. Es hat zwar in die Zukunft weisende *Reformansätze* gegeben, und Struensee glaubte 1799 voll Genugtuung ankündigen zu können, daß in Preußen die Revolution sich von oben nach unten vollziehe. Doch entgegen seiner Annahme, daß es bald keine privilegierte Klasse mehr geben werde, blieb der altpreußische Klassenstaat bestehen, und gerade die allzu optimistische Überzeugung der eigenen Vortrefflichkeit und Stärke ließ es zu einer grundlegenden Staatsreform nicht kommen.

Was aufgrund richtiger Grundsätze und Erkenntnisse auf manchen Gebieten geschah, ist gewiß nicht zu unterschätzen. Wenn schon vorher in den auf dem Erbweg an Preußen gelangten fränkischen Markgrafschaften Ansbach und Bayreuth der Minister Hardenberg *Verwaltung und Wirtschaft* modernisiert hatte, so boten die aus den polnischen Erwerbungen gebildeten Provinzen Süd- und Neuostpreußen einer meist aus Ostpreußen kommenden und dirigierten, von Kant beeinflußten Bürokratie die Möglichkeit, sich in Reformen zu versuchen, mit denen eine Rationalisierung und Humanisierung des Lebens angestrebt wurde[4]. Auch von Königsberg aus fanden durch den zum Kreis um Kant gehörenden Professor Christian Jakob Kraus die Lehren des großen englischen Nationalökonomen Adam Smith, die eine Befreiung der Wirtschaft von staatlicher Bevormundung forderten, Eingang in die preußische Beamtenschaft[5]. Die von einer 1798 eingesetzten Immediat-Finanzkommission vorgebrachte Erwägung einer Heranziehung der Adligen zur Grundsteuer hatte wenigstens die Beseitigung von Zollbegünstigungen zur Folge. Wichtiger war, daß man auf Drängen Beymes nun auch in Preußen das Problem der Bauernbefreiung anpackte und sie im Lauf der Jahre 1799–1805 auf den Domänen verwirklichte, während man es freilich nicht wagte, die adligen Grundbesitzer zu gleichen Maßnahmen zu zwingen[6]. Einen wirtschaftlichen Fortschritt bedeutete die Aufhebung der Binnenzölle, die der 1804 an die Spitze des Akzise- und Fabrikendepartements des Generaldirektoriums berufene Freiherr vom Stein durchsetzte. An den in der *Armee* vorherrschenden Vorstellungen haben die Militärtheoretiker Berenhorst und Bülow scharfe Kritik geübt, ohne allerdings wirklich neue Wege zu weisen. Hier hat immerhin der 1801 aus hannoverschen in preußische Dienste übergetretene Oberstleutnant Scharnhorst versucht, den am Alten festhaltenden Positivismus zurückzudrängen und in einer Synthese von Tradition und Fortschritt besseren Methoden in Ausbildung und Disziplin und neuen Auffassungen in Taktik und Strategie Eingang zu verschaffen. In seinen Bestrebungen zu einer Umerziehung des Offizierskorps durch Vermittlung von allgemeinen Kenntnissen und Anleitung zum Selbstdenken und in der Forderung, der Generalität befähigte jüngere Gehilfen zur Seite zu stellen, werden Vorstöße zu einer Anpassung an die im letzten Jahrzehnt von den Franzosen so erfolgreich durchgeführte Umwälzung im Kriegswesen sichtbar. Aber Selbstgefälligkeit und Passivität der älteren Offiziere ließen es zu einem durchgreifenden Wandel von Zucht, Bildung und Moral im Heer nicht kommen[7]. Überhaupt hatte die gesamte Reformtätigkeit doch nur Teil- und Einzelerfolge aufzuweisen, die nicht ausreichten, um den Staat in einer Zeit ständiger Unruhe und Veränderung in Europa krisenfest zu machen.

Doch der Gefahren dieser Lage war man sich in den Salons Berlins kaum bewußt. Hatte man hier einst für das Frankreich der Revolution Verständnis und Sympathie gezeigt, so fand nun auch der zum Alleinherrscher sich aufwerfende Bonaparte als der Bringer von Ordnung und Frieden manche Lobredner. Kritik an der Politik der Neutralität wagte sich nur langsam hervor. Der Friedensschrift Kants von 1795 (Kap. 5), die den Krieg vom Thron der höchsten moralischen gesetzgebenden Gewalt verurteilte, ließ sein Schüler Gentz 1800 in dem ›Historischen Journal‹ einen Aufsatz ›Über den ewigen Frieden‹ folgen, der, so realistisch und skeptisch er auch Idee und Möglichkeiten untersuchte, doch auch als symptomatisch für die *pazifistische Einstellung* weiter Kreise in Norddeutschland gelten konnte[8]. Sosehr man sich voll Stolz auf Friedrich den Großen berief, seine strenge Staatsauffassung schien vielen überholt. Dem hatte schon 1792 ein junger preußischer Adliger, Wilhelm von Humboldt, in einem ›Versuch, die Grenzen der Wirksamkeit des Staates zu bestimmen‹, Ausdruck gegeben. Während er die Aufgabe des Staates auf die Gewährleistung der Sicherheit seiner Bürger beschränkt wissen wollte, forderte er die Freiheit als erste und unerläßliche Bedingung für die den wahren Zweck des Menschen darstellende höchste Bildung seiner Kräfte[9]. Die Erwartung, diese Freiheit in Berlin zu finden, hat um und nach 1800 manche freien Geister und angesehenen Gelehrten nach dort geführt, so den Arzt Hufeland, den Landwirtschaftslehrer Thaer und den vom kaiserlichen Hofrat zum preußischen Geheimrat und Hofhistoriographen werdenden Geschichtsschreiber der Schweiz, Johannes von Müller[10]. Und wirklich wird man sagen können, daß in jener Zeit die deutschen kulturellen Bestrebungen in Norddeutschland in bemerkenswerter Weise Aufnahme und Förderung fanden. Innerhalb der von Preußen geschützten Neutralität lagen ja auch *Weimar* und *Jena*, und von da sind damals geistige Impulse ausgegangen, die vor allem dazu berechtigten, dem Jahrzehnt nach dem Baseler Frieden eine besondere Bedeutung in der Geistesgeschichte Deutschlands zuzuerkennen. Freilich hat dabei die politische Ruhe, deren sich diese Lande erfreuten, doch nur eine günstige Voraussetzung für eine Entwicklung gebildet, die schon länger auf dem Weg war und auch ohne sie wohl ihren großartigen Verlauf genommen hätte.

Mit der *Philosophie des Idealismus* und der *Dichtung der Klassik* hat der deutsche Geist eine Leistung vollbracht, die ihm einen Vorrang in der ganzen Welt zu geben schien. Sie hatten manche Wurzel in der Aufklärung, die sie zugleich überwanden, und sie sind von dem Vorbild der Antike, vor allem des seit Winckelmann in seinen Werten erkannten Griechentums, beeinflußt worden, wie es etwa auch in den klassizistischen Bauten der Berliner Architekten Friedrich und David Gilly und Heinrich Gentz, des Bruders des Publizisten, deutlich wird, waren aber doch Schöpfungen aus eigener Kraft. Fast 80jährig ist der große Königsberger Denker am 12. 2. 1804 gestorben, dessen Metaphysik, Ethik und Ästhetik mit der Forderung einer Vereinigung von Einheit und Bindung, von Autonomie und Gesetzlichkeit im Erkennen und Handeln, mit einem den kategorischen Imperativ der Sittlichkeit umfassenden Pflichtbegriff, mit dem auf allseitige Entfaltung des menschlichen Wesens zur Läuterung des Individuums und Verwirklichung des reinen Menschentums gerichteten Humanitätsideal ein neues Welt- und Lebensbild geschaffen hatten. Kants praktische Philosophie hat in Jena Johann Gottlieb Fichte (1762–1814) in seiner ›Wissenschaftslehre‹ weitergeführt, indem er das reine, alles schaffende Ich zur Grundlage sittlicher Verpflichtung und Tat setzte. Dem deutschen Idealismus gehört auch der bis zu seinem Tod (18. 12. 1803) in Weimar lebende Herder mit seinen ›Ideen zur Philosophie der Geschichte der Menschheit‹ an, doch schuf er zugleich durch seine Erkenntnisse über konkretes Leben und Eigenart des einzelnen Menschen und der verschiedenen Völker die Grundlage für ein neues, das Individuelle stärker berücksichtigendes und tiefer verstehendes Geschichtsdenken[11]. Vor allem aber waren da die beiden großen Dichter, die sich seit 1794 am Weimarer Musenhof zu einer einzigartigen Gemeinschaft verbunden hatten, Goethe, der nach den klassischen Dramen ›Iphigenie‹ und ›Torquato Tasso‹ mit ›Wilhelm Meister‹, ›Hermann und Dorothea‹, der ›Natürlichen Tochter‹ und dem ersten Teil des ›Faust‹ sowie den Elegien und Balladen zu einer großartigen Höhe seines langen Lebens gelangte, und der um ein Jahrzehnt jüngere Schiller, der nach historischen, philosophischen und ästhetischen Studien in den großen Geschichtsdramen vom ›Wallenstein‹ über ›Maria Stuart‹ und die ›Jungfrau von Orléans‹ bis zum ›Wilhelm Tell‹ die Freiheit des sich selbst erziehenden und zügelnden Geistes verkündete, bevor er am 9. 5. 1805 allzufrüh starb[12]. In der von ihnen getragenen geistigen Bewegung verband sich mit der Tiefe des Inhalts die Strenge der Form; dem Hochflug der Ideen und Gedanken entsprach eine Blüte der Sprache, die gleichfalls das Ansehen der deutschen Kultur in der ganzen Welt hob.

Nach Weimar schaute lernend und bewundernd eine jüngere Generation, die freilich in jenem Zustand des Friedens und der Geborgenheit, des Strebens nach Maß und Harmonie keine Befriedigung fand und bei aller Abhängigkeit von Goethe und Schiller, Herder und Fichte eigene Wege einzuschlagen begann. Sie, die wieder an die Bewegung des Sturm und Drang anknüpfte, wollte sich weniger dem Denken als dem Gefühl und der Phantasie anvertrauen, sie wandte sich von den strengen Formen ab, und ihr war weniger die Antike Vorbild als die vielgestaltige Völkerentwicklung des Abendlands und die eigene deutsche Vergangenheit, in der man die besonderen Werte des von der Aufklärung verachteten Mittelalters entdeckte. Es war der Beginn einer sehr vielseitigen und nicht leicht in ihren verschiedenen Richtungen zu fassenden und zu beurteilenden Bewegung, die man dann als *Romantik* bezeichnet hat. Der Aufbruch des romantischen Geistes hat wohl in Zusammenhang mit jenen politischen und moralischen Krisenerscheinungen innerhalb des noch von der Aufklärung beherrschten preußischen Staates gestanden, jedenfalls waren zunächst Nord- und Mitteldeutschland der Raum, in dem mit Mittelpunkten in Berlin und Jena die Frühromantik sich zu Wort meldete, die mit den Schriften von Novalis (1772–1801), Tieck und Wackenroder Geist und Kunst neue Wege zu weisen suchte und mit den Brüdern August Wilhelm und Friedrich Schlegel (1767–1845, 1772–1829) und mit Friedrich Wilhelm Schelling (1775–1854) eigene Systeme für Philosophie und Wissenschaft entwickelte[13]. Noch standen ihre Träger innerhalb der idealistisch-humanistischen Bewegung, noch erfüllten sie universalistische und kosmopolitische Vorstellungen. Aber hier wuchs in Aufnahme der Lehren Herders das Verständnis für das Individuelle und Historische, der Sinn für das organische Werden von Völkern und Staaten, und das wurde eine Grundlage für die Hinwendung zu einem Nationalbewußtsein, das die Anerkennung der Besonderheit und der Bedeutung des eigenen Volkes nicht nur in geistiger, sondern auch in politischer Beziehung forderte.

H. Brunschwig, La crise de l'état prussien à la fin du XVIIIe siècle et la genèse de la mentalité romantique (1947). J. Droz, Le romantisme allemand et l'État (1966). Tschirch (Kap. 5, Anm. 2).

[1] Vorträge über Recht u. Staat von Carl Gottlieb Svarez, hg. v. H. Conrad u. G. Kleinheyer (1960).

[2] P. Bailleu, Kg.in Luise (²1923). K. Griewank, Kg.in Luise. Ein Leben in Briefen (1943). K. Jagow, Kg.in Luise. Briefe der Freundschaft (1940). T. Klatt, Kg.in Luise i. d. Z. d. Napoleonischen Kriege (1937).

[3] Über Minister und Kabinett: L. Hellwig, Schulenburg-Kehnert unter Friedr. Wilh. III. 1798–1806 (1936); H. Hüffer, Die Kabinettsregierung in Preußen und J. W. Lombard (1891); ders., A. L. Mencken u. d. Kabinettsreg. in Preußen (1891). – Mencken war der Großvater Bismarcks.

[4] Für Franken: F. Hartung, Hardenberg u. d. preuß. Verwaltung in Ansbach-Bayreuth 1792–1806 (1906); H. H. Hofmann, Die preuß. Ära in Franken. Die Neuorganisation der Mgfsch. Ansbach u. Bayreuth durch Hardenberg zw. 1792 u. 1797, Jb. d. Hist. Ver. Mittelfr. 79 (1960/61); ferner Haussherr, Bd. 1, Thielen (Kap. 5, Anm. 4). Für Süd- und Neuostpreußen: K. v. Raumer, Friedr. Leopold v. Schrötter u. d. Aufbau Neu-Ostpreußens, HZ 163 (1941); O. Heike, Die Prov. Südpreußen. Preuß. Aufbau- u. Verwaltungsarbeit im Warthe- u. Weichselgebiet 1793–1806 (1953); I. Ch. Bussenius, Die preuß. Verwaltung in Süd- u. Neuostpreußen 1793–1806 (1960); Urkunden u. Akten z. Gesch. d. preuß. Verwaltung in Süd- u. Neuostpreußen 1793–1806, hg. v. I. Ch. Bussenius und W. Hubatsch (1961); E. Weise, Die Schwabensiedlungen im Posener Kammerdepartement 1799–1804 (1961).

[5] W. Treue, Adam Smith in Dtld. Zum Problem des »Polit. Professors« zwischen 1776 u. 1810, in: Dtld. u. Europa (Festschr. f. H. Rothfels 1951).

[6] O. Hintze, Preuß. Reformbestrebungen vor 1806, HZ 76 (1896), auch in dess. Geist u. Epochen d. preuß. Gesch. (1943, ²1967 u. d. T. Regierung u. Verwaltung, hg. v. G. Oestreich). M. Rumler, Die Bestrebungen zur Befreiung der Privatbauern in Preußen 1797–1806, FBPG 33/34 (1921–1925).

[7] E. Kessel, Georg Heinr. v. Berenhorst. Ein anhaltinischer Theoretiker und Geschichtsschreiber der Kriegskunst am Ende des 18. Jh., Sachsen u. Anh. 9 (1933). Über Scharnhorst s. u. Kap. 17, Anm. 13.

[8] K. v. Raumer, Ewiger Friede (Kap. 5, Anm. 1). Über Gentz s. u. Kap. 11, Anm. 3.

[9] Über Humboldt s. u. Kap. 17, Anm. 18.

[10] Biographie von K. Schib (Kap. 5, Anm. 7).

[11] R. Stadelmann, Der hist. Sinn bei Herder (1928). Th. Litt, Die Befreiung des Geschichtsbewußtseins durch J. G. Herder (1942). M. Rouché, La philosophie de l'histoire de Herder (Diss. Strasbourg 1940).

[12] Aus der umfangreichen Literatur zur Orientierung: G. Müller, Kleine Goethe-Biographie (³1955); B. v. Wiese, Friedr. Schiller (1959); Korff, Schultz u. Benz (s. o. Lit.-Angaben).

[13] O. Walzel, Dt. Romantik (⁵1923). E. Ruprecht, Der Aufbruch der romant. Bewegung (1948). J. Nadler, Die Berliner Romantik 1800–1814 (1921). K. Borries, Die Romantik u. d. Gesch. (1952). Ferner Kluckhohn u. Benz.

Kapitel 11
Deutschland und der Wiederausbruch des englisch-französischen Krieges
Errichtung des französischen und des österreichischen Kaisertums (1803/04)

In derselben Zeit, in der sich der deutsche Geist auf höchste Höhen des Denkens und Dichtens hob, sah sich Europa dem Phänomen des Aufstiegs eines Mannes gegenüber, dessen Herrschaft nicht, wie man anfangs erhofft hatte, nach den durch die Revolution ausgelösten Wirren Ordnung und Frieden, sondern weitere kriegerische Zusammenstöße und Umwälzungen brachte. *Napoleon* Bonaparte hatte seit seiner Erhebung zum Ersten Konsul sich mit Eifer und Erfolg um die Konsolidierung der inneren Verhältnisse in Frankreich bemüht, dem er eine zentralistische Verwaltung, ein klares Recht und, durch Konkordat mit dem Papst, den religiösen Frieden zu geben wußte. Es zeigte sich indessen rasch, daß in diesem nicht nur als Feldherr hochbefähigten Korsen ein Ehrgeiz lebendig war, der in friedlicher Arbeit kein Genüge fand. Zwar wird man nicht sagen können, daß er den Frieden von vornherein nur als kurzfristigen Waffenstillstand angesehen hat. Wenn es schon im Mai 1803 zur Wiederaufnahme der Feindseligkeiten zwischen Frankreich und England kam, so haben dazu die Enttäuschungen der Engländer über die politischen und wirtschaftlichen Folgen des Vertrags von Amiens nicht weniger beigetragen, als französische Tendenzen nach Machterweiterung auf dem Kontinent und außerhalb Europas; ja in London war zu jenem Zeitpunkt der Kriegswille wohl stärker als in Paris. Aber wie schon vor dem verhängnisvollen neuen Bruch die rücksichtslose Mißachtung englischer Interessen erwies, daß Napoleon kein Mann weiser Maßhaltung war, so läßt sich in der Folgezeit seine immer weiter greifende Politik nicht allein auf außerhalb seiner Person liegende Motive und auf die Fortwirkung traditioneller Gegensätze zurückführen, vielmehr war sie auch bestimmt von der ihn erfüllenden Begierde nach Aktion und Macht. Das Erbe der Revolutionszeit, die Ausdehnung Frankreichs bis zu den sogenannten »natürlichen Grenzen«, genügte ihm nicht, er wollte Europa einigen, aber nicht um Europas, sondern um der eigenen Herrschaft willen, ja es haben ihn, in dem sich nüchterne Berechnung von Lage und Möglichkeiten mit einer ausschweifenden Phantasie verband, wohl noch höherfliegende Träume bewegt. Gegen den Emporkömmling, der für sich selbst im Mai 1804 eine neuartige Monarchie in Gestalt eines französischen Kaisertums schuf, wandte sich aber nicht nur voll Mißtrauen die alte Gesellschaft Europas, die ihren Einfluß bedroht sah, sondern es erwuchsen ihm, der sich über die von der Revolution verkündeten freiheitlichen Grundsätze hinwegsetzte, nicht weniger gefährliche Gegner in den Völkern, die er seinem Reich unmittelbar oder mittelbar zu unterwerfen suchte[1].

Auf den Wiederausbruch des Krieges hat auch *Napoleons deutsche Politik* eingewirkt, die offenbar eine Machterweiterung über die Rheingrenze durch Bildung einer Klientel aus den bei dem Entschädigungsgeschäft begünstigten Mittelstaaten des Westens und Südens erstrebte. Deren Fürsten waren nicht abgeneigt, die meist ja schon vertraglich festgelegte Anlehnung an den starken Nachbarn auszubauen, mit dessen Unterstützung sie die noch von Wien gemachten Vorbehalte gegen die Neuordnung beseitigen und die Unterwerfung der bisher verschonten Reichsritterschaft durchzusetzen hofften. Sie ließen sich daher auch französische Übergriffe und Rechtsverletzungen, wie die Entführung des in Baden sich aufhaltenden bourbonischen Herzogs von Enghien und seine Erschießung, gefallen, und als Napoleon sich die Kaiserkrone aufs Haupt setzte, beeilten sie sich, ihm ihre Glückwünsche auszusprechen. Viele von ihnen sind der Aufforderung zu einem Treffen mit dem bei einem Besuch in Aachen als Nachfolger Karls des Großen auftretenden Imperator in Mainz gefolgt (September 1804). Schon gab es Gespräche über die Bildung eines Fürstenbundes des dritten Deutschland, für den der Fürstprimas Dalberg Pläne entwarf. Auf ihn und den greisen Karl Friedrich von Baden, die als überzeugte Anhänger des neuen Kaisers von Mainz zurückkehrten, haben dabei patriotische Illusionen über eine Erneuerung Deutschlands unter Napoleons Schutz eingewirkt.

Derartige Tendenzen mußten dagegen die beiden deutschen Großmächte verstimmen. *Preußen*, das bisher auf der Basis der Anerkennung seiner Vorherrschaft in Norddeutschland gute Beziehungen zu Paris angestrebt hatte, sah sich nach dem Wiederbeginn des englisch-französischen Krieges vor die Frage gestellt, ob es die von Napoleon angekündigte Besetzung Hannovers durch seine Truppen und damit die Zerschlagung der norddeutschen Neutralität dulden sollte[2]. Während der Minister Haugwitz dafür eintrat, durch eigenen Einmarsch den Franzosen zuvorzukommen, ließ es der König unter dem Einfluß des Kabinettsrats Lombard auf Verhandlungen ankommen, während deren jedoch französische Abteilungen in das Kurfürstentum einrückten, die hannoversche Armee zur Selbstauflösung nötigten und durch Festsetzung in Cuxhaven den preußischen Seehandel unter ihre Aufsicht brachten (Mai–Juli 1803). Besprechungen Lombards mit Napoleon in Brüssel verliefen ergebnislos, und französische Bündnisvorschläge, die eine künftige Überlassung Hannovers an Preußen von weitgehenden Zusicherungen abhängig machten, wurden in Berlin verworfen. Man wollte sich nicht in Gegensatz zu Rußland bringen lassen, das nunmehr immer entschiedener gegen Frankreich Stellung nahm; ja, der König verstand sich am 24. 5. 1804 zum Abschluß eines Defensivbündnisses mit dem Zaren, in dem für den Fall weiterer bedrohlicher französischer Handlungen gemeinsames Vorgehen verabredet war. Schon war damals der einstige Baseler Unterhändler Hardenberg in das Ministerium eingetreten, dessen Leitung ihm bald darauf anvertraut wurde, ohne daß freilich Haugwitz wirklich ausschied. Und von einem Wandel der preußischen Politik konnte doch nicht die Rede sein. Trotz des Abkommens mit Rußland dachte man nicht an einen Bruch mit dem Kaiser, vielmehr suchte man weiterhin zu lavieren, worin man sich weder durch Angebote, wie etwa Napoleons Hinweis auf ein preußisches Kaisertum, noch durch Drohungen beirren ließ.

Wenn Preußen so dem in sein eigenes Interessengebiet eingedrungenen Kaiser nicht entgegentrat, so sah auch *Österreich* zunächst ohnmächtig der Entwicklung der Dinge zu. Während der zum Hofkriegsratspräsidenten erhobene Erzherzog Karl durch innere Reformen Staat und Heer zu kräftigen suchte, dabei aber durch die finanzielle Erschöpfung gehemmt wurde, trat eine von den Diplomaten Englands, Schwedens und Rußlands unterstützte Aktionspartei, deren publizistische Führung der 1802 aus persönlichen Gründen von preußischem in österreichischen Dienst übergetretene Friedrich *Gentz* übernahm, für energischen Widerstand gegen die französische Machtausdehnung ein[3]. Aber sie vermochte auf den in bürokratischer Verwaltungsarbeit aufgehenden Kaiser Franz nicht wirklich Einfluß zu gewinnen, und der Minister Cobenzl, der zeitweise mit England über Subsidien und mit Rußland über militärische Hilfe verhandelte, wich vor den Drohungen aus Paris zurück, als das kaiserliche Eintreten für die Reichsritterschaft zum Bruch mit Bayern zu führen drohte (April 1804). Die Begründung des französischen Kaisertums, die man als einen Schlag gegen Stellung und Würde des Reichsoberhaupts empfand, rief neue Spannungen hervor. Man begegnete ihr und der angesichts des Verhaltens der süddeutschen Fürsten vorauszusehenden völligen Auflösung des Reiches, um für diesen Fall in eigenem Rang und Ansehen gesichert zu sein, mit der Verkündigung eines *Kaisertums Österreich* für die Habsburger Monarchie (10. 8. 1804), die zweifellos eine Verletzung des Reichsrechts durch dessen obersten Hüter selbst war[4]. Gegenseitig wurde nun zwischen Wien und Paris die Zustimmung zu den neuen Würden ausgehandelt, eine wirkliche Verständigung bedeutete dies aber nicht. Weit stärker als in Berlin machte sich so in Wien die Unzufriedenheit über Napoleon geltend; sie bereitete englischen und russischen Vorschlägen zur Bildung einer neuen Koalition langsam den Boden.

A. Fournier, Napoleon I. (3 Bde. 1886–1889, [4]1926). M. Lenz, Napoleon ([3]1913). E. Driault, Napoléon et l'Europe. Politique extérieure (5 Bde. 1910–1927). Ders., Napoléon le Grand (3 Bde. 1930). Arthur-Lévy, Napoléon et la paix (1902). G. Lefebvre, Napoléon ([3]1953), dt. u. d. T.: Nap. u. s. Zeit (1955). M. Göhring, Napoleon. Vom alten zum neuen Europa (1959). Napoleon u. Europa, hrsg. v. H.-O. Sieburg (1971). Napoleon I. u. d. Staatenwelt seiner Zeit, hrsg. v. W. v. Groote (1969). – P. Geyl, Napoleon for and against (1949). F. Stählin, Napoleons Glanz u. Fall im dt. Urteil. Wandlungen d. dt. Napoleonbildes (1952). H.-O. Sieburg, Napoleon in d. dt. Geschichtsschreibung d. 19. u. 20. Jhs., GWU 21 (1970).

[1] In der hist. Literatur stehen sich rechtfertigende Bewunderung und verurteilende Ablehnung Napoleons gegenüber. In ihm haben in Frankreich Arthur-Lévy den zum Frieden strebenden Kriegsherrn wider Willen, Sorel den Verteidiger der natürl. Grenzen, Driault den Vorkämpfer einer an das karolingische Reich anknüpfenden Europaidee gesehen; in Dtld. war er für Treitschke ein rücksichtsloser Gewaltmensch, die »Eroberungsbestie«, während Ranke ihm doch Größe der Gesichtspunkte und Ideen zuerkannte und auf die Einwirkung des traditionellen engl.-franz. Gegensatzes hinwies, den Lenz dann als beherrschende Ursache für seine gesamte Politik bezeichnete, wogegen Fournier doch wieder Ehrgeiz und Ruhmsucht als die Haupttriebfeder seines Handelns hinstellte. Nach Lefebvre enthielten alle Thesen etwas Richtiges, er selbst verurteilt Napoleon, weil er, ohne dazu gezwungen zu sein und ohne einem festen Programm zu folgen, sich von dem Augenblick leiten, von seinem Temperament und Machtwillen immer weiter treiben ließ und es so verhinderte, daß Frankreich im Besitz der natürlichen Grenzen friedl. Einfluß in Europa ausübte. Für Dehio stellt zwar Napoleons Ringen mit England einen Abschnitt in dem jahrhundertealten Kampf zwischen festländischer Hegemonialpolitik und insularer Politik des Gleichgewichts dar, doch meint er, daß sich bei ihm nach dem Frieden von Amiens die Machtleidenschaft immer

mehr durchsetzte. Zur »Amiensfrage«: O. Brandt, England u. d. Napoleonische Weltpol. 1800–1803 (1916).

[2] K. F. Brandes, Hannover i. d. Pol. der Großmächte 1801–1807, FBPG 51/52 (1939/40). Ford (Kap. 9, Anm. 1).

[3] Über Friedr. Gentz (1764–1832), der seit seiner Übersiedlung nach Wien als aktiver Vorkämpfer des alten Systems und Gegner Napoleons hervortrat: Briefe von u. an Fr. v. Gentz, hg. v. F. K. W. Wittichen u. E. Salzer (3 Bde. 1909–1913); Deux adversaires de Napoléon à Vienne 1802–1806. Lettres inédites de Chev. F. de Gentz au Général G. M. Armfeldt, hg. v. H. Donner (1939); J. A. v. Rantzau, Fr. v. Gentz u. d. Pol., MÖIG 43 (1939); C. J. Burckhardt, Fr. v. Gentz, in dess. Gestalten u. Mächte (1941); P. R. Sweet, Fr. v. Gentz. Defender of the Old Order (1941); G. Mann, Fr. v. Gentz (1947); H. Rumpel, Fr. Gentz, in: Große Österreicher, Bd. 11 (1958); A. Fournier, Gentz u. Cobenzl. Gesch. d. österr. Diplomatie 1801–1805 (1880).

[4] H. v. Srbik, Die Schicksalsstunde des alten Reichs. Österreichs Weg 1804 bis 1806 (1937). Da die neue Krone nicht auf Gebiete außerhalb des Reiches, sondern auf habsburg. Reichslande gegründet wurde, in denen der Habsburger keine Vollsouveränität besaß, lag eine Verletzung des Reichsrechts vor. Dem Opportunisten Cobenzl war das Reich nur eine Machtquelle und Interessensphäre Österreichs, und ebenso waren dem K. Franz die Erblande wichtiger als das Reich.

Kapitel 12
Der Krieg der dritten Koalition, die Gründung des Rheinbundes und das Ende des Reiches (1805/06)

England war besonders nach Wiedereintritt Pitts in die Regierung (10. 5. 1804) eifrig bemüht, durch Errichtung einer antifranzösischen Front auf dem europäischen Festland Napoleons Pläne einer Landung auf der Insel zu durchkreuzen. Zum eigentlichen Mittelpunkt der Koalitionsbildung wurde indessen Zar *Alexander I.*, den Rußlands Interessen und Vorstellungen einer ihm für die ganze Welt übertragenen Mission in scharfen Gegensatz zu dem neuen Kaiser im Westen gebracht hatten. Das Fernziel einer am 11. 4. 1805 in St. Petersburg unterzeichneten englisch-russischen Allianz war die Errichtung eines europäischen Föderativsystems auf den Grundsätzen eines neuen Völkerrechts mit Sicherungen gegenüber dem unruhigen Frankreich durch starke Bollwerke an seinen Grenzen von Holland bis Piemont[1]. Es galt nun, die übrigen europäischen Mächte für die Durchführung dieses Planes zu gewinnen. Es war nicht schwer, im Norden Schweden und im Süden Neapel zum Anschluß zu bestimmen, aber nicht auf sie kam es an, sondern auf die beiden deutschen Mächte. Es hat erheblichen russischen Druckes bedurft, um das Widerstreben gegen einen neuen Krieg in *Österreich* zu überwinden. Der von Erzherzog Johann und Gentz in Wien und den Botschaftern Stadion in St. Petersburg und Metternich in Berlin geführten Aktionspartei stemmte sich der Rußland wenig geneigte Erzherzog Karl entgegen, der einen Krieg aus militärischen und finanziellen Gründen für ein gefährliches Wagnis hielt. Doch dann hat Napoleon selbst durch seine auf Errichtung eines ihm unterstellten Königreichs zielende italienische Politik, die in Wien Besorgnisse wegen Veneziens hervorrief, den russisch-englischen Angeboten und Drohungen den Weg geebnet, zumal Denkschriften des als Stratege weit überschätzten Generals Mack Karls Pessimismus zu widerlegen schienen. Der Ausschaltung des Erzherzogs, der auch für einen Krieg auf das Kommando der Armee in Italien beschränkt wurde, folgte, nachdem Napoleons Krönung zum König von Italien und weitere ohne Rücksicht auf Österreich vorgenommene Änderungen auf der Apenninhalbinsel letzte Hemmungen bei Kaiser Franz und Cobenzl beseitigt hatten, am 9. 8. 1805 der Beitritt Österreichs zur englisch-russischen Offensivallianz. Dagegen gelang es nicht, auch *Preußen* in diese Koalition einzufügen. In Berlin schwankte man zwischen Besorgnissen vor Frankreich und vor Rußland und dem Wunsch auf Erwerb Hannovers, wollte man Zeit gewinnen und entschloß man sich, vorläufig an der Neutralität festzuhalten. So kamen die Verbündeten mit ihren Werbungen nicht weiter, ja eine in drohendem Ton gestellte russische Forderung auf Bewilligung des Durchmarsches für in Schwedisch-Pommern sich sammelnde Truppen wurde mit einer gegen Osten gerichteten Teilmobilmachung beantwortet. Auf der anderen Seite lehnte man ein von Napoleons Vertrautem Duroc überbrachtes Angebot eines Schutz- und Trutzbündnisses ab, das die Überlassung Hannovers in Aussicht stellte[2].

So war es dieselbe Koalition wie im letzten Krieg, die Frankreich entgegentrat, das seinerseits diesmal nicht nur über die eigenen Kräfte verfügte. Frühzeitig durch seine Diplomaten und Spione von den Absichten seiner Gegner unterrichtet, hatte Napoleon, während er den Abmarsch seiner für die geplante Landung in England bei Boulogne gesammelten Streitkräfte nach Deutschland in die Wege leitete, sich mit Erfolg um die *süddeutschen Fürsten* bemüht. Als sich die anfängliche Absicht, Neutralität zu bewahren, als unmöglich erwies, lenkte Kurfürst Max Joseph von Bayern voll Mißtrauen gegen Österreich, gedrängt von dem Minister Montgelas und seinem bisherigen Wiener Gesandten Gravenreuth, auf die französische Seite. In Bogenhausen bei München wurde am 25. August das Bündnis unterzeichnet, durch das Bayern dem Kaiser gegen Zusicherung einer wesentlichen Gebietsvergrößerung 20000 Mann zur Verfügung stellte. Baden folgte diesem Beispiel am 5. September, während Friedrich von Württemberg erst nach Erscheinen der französischen Truppen in Süddeutschland am 5. Oktober sich zur Abgabe von 8000 Mann verpflichtete[3]. Die geniale Anlage des Feldzugsplans und die Schnelligkeit der französischen Bewegungen haben dann rasch den ersten Gang in dem mit dem Vormarsch der Österreicher über den Inn am 8. 9. 1805 begonnenen Krieg zugunsten Napoleons entschieden. Während die Umsicht Gravenreuths die bayerischen Regimenter rechtzeitig dem österreichischen Zugriff entzog, führten die Umfassungsoperationen der französischen Korps zu glänzendem Erfolg, wozu freilich auch die fehlerhaften Anordnungen des mit der eigentlichen Führung der österreichischen Armee in Deutschland betrauten Mack beitrugen. Als er seine über München vorgerückten Truppen an der Iller haltmachen ließ, stießen feindliche Abteilungen von Norden über die Donau in seinen Rücken. Bei Elchingen geworfen, wurde Mack in *Ulm* eingeschlossen, wo gemäß einer am 17. Oktober geschlossenen Kapitulation drei österreichische Korps die Waffen niederlegten. Erzherzog Karl, der bei Caldiero einen Erfolg errungen hatte, konnte von Italien nicht mehr rechtzeitig heran sein, um Wien zu decken. Am 13. November rückten die Franzosen in die kaiserliche Hauptstadt ein, während eine inzwischen an der Donau angelangte russische Armee sich den ihr zugedachten Schlägen Napoleons zu entziehen wußte und nach Mähren zurückwich.

Die Lage des Siegers nach der Einnahme Wiens war freilich nicht so günstig, wie es zunächst schien. Zwar konnte die vernichtende Niederlage, die der englische Admiral Nelson am 21. Oktober der Flotte Frankreichs und des mit ihm verbündeten Spanien bei *Trafalgar* beibrachte, sich auf dem Kontinent kaum auswirken; diese bedeutsame Entscheidung in dem Ringen um die Herrschaft zur See hatte hier vorerst nur die Folge, daß Napoleon, gezwungen, den Gedanken einer Niederwerfung Englands zurückzustellen, sich nun erst recht gegen die Festlandsgegner wandte und daher auch Verständigungsversuche mit Österreich, wie sie ihm Talleyrand angeraten hatte, fallenließ. Er mußte aber jetzt nicht nur mit einem Zusammenwirken der bisher in Italien und Tirol eingesetzten Österreicher mit den Russen rechnen, sondern auch mit der *Möglichkeit des Eingreifens Preußens*. Der Durchzug der aus Hannover nach Süden dirigierten französischen Truppen des Generals Bernadotte durch das preußische Ansbach hatte in Berlin einen Sturm der Entrüstung hervorgerufen. Der König gab nun auch den Russen den Durchmarsch frei und traf Vorbereitungen zur Besetzung Hannovers, ja bei einem schon länger vorgesehenen Besuch des Zaren schloß er am 3. November mit ihm in Potsdam einen Vertrag, in dem er versprach, als bewaffneter Vermittler von Napoleon die Annahme eines Friedensprogramms auf der Grundlage der Zurückführung des französischen Herrschaftsbereichs auf den Stand von Lunéville zu fordern und bei Ablehnung bis 15. Dezember in den Krieg gegen ihn einzutreten. Die am Sarg Friedrichs des Großen besiegelte Freundschaft zwischen Alexander und dem preußischen Königspaar konnte indessen nicht verhindern, daß der bald wieder unschlüssig werdende Friedrich Wilhelm dem mit der Mission zu dem Kaiser betrauten Haugwitz die Weisung gab, nach Möglichkeit einen Bruch zu vermeiden. In Wien gelang es dann Talleyrand, Haugwitz hinzuhalten, bis die Entscheidung in der zweiten Phase des Krieges gefallen war[4]. Zu ihr wurde dem Korsen willkommene Gelegenheit gegeben, als der tatenlustige Zar den Vormarsch der durch österreichische Truppen verstärkten Hauptmacht in Mähren veranlaßte. In der Dreikaiserschlacht bei *Austerlitz* am 2. 12. 1805, dem ersten Jahrestag seiner Kaiserkrönung, errang Napoleon über die Verbündeten einen glänzenden Sieg.

Austerlitz hat sowohl über die preußische Intervention als auch über den Bestand der dritten Koalition entschieden. Haugwitz ließ sich bestimmen, in Schönbrunn am 15. Dezember einen französisch-preußischen Bündnisvertrag zu unterzeichnen, der Preußen gegen Verzicht auf Ansbach, den rechtsrheinischen Teil von Kleve und das schweizerische Neuenburg den Besitz des inzwischen von königlichen Truppen besetzten Hannover zusprach. Diese Abmachung konnte Napoleon gegenüber Österreich ausnutzen, das nach dem eiligen Abzug des entmutigten Zaren und seiner Truppen nach Rußland bereits am 6. Dezember zu Znaim einen Waffenstillstand geschlossen und sich zu Friedensverhandlungen bereit erklärt hatte. Zunächst schienen zwar die harten französischen Bedingungen im

Hauptquartier von Kaiser Franz den Befürwortern der Fortsetzung des Kampfes das Übergewicht zu geben; schließlich aber beugte man sich den Forderungen des Siegers, die dem am 26. 12. 1805 in *Preßburg* unterzeichneten *Frieden* zugrunde gelegt wurden. Österreich überließ Venezien dem Königreich Italien, Tirol und Vorarlberg Bayern und die übrigen vorderösterreichischen Lande Württemberg und Baden. Wenn ihm dafür Salzburg zufiel, dessen Fürst, Franzens Bruder Ferdinand, nunmehr nach dem bislang bayerischen Würzburg versetzt wurde, so war doch das Ergebnis des unglücklichen Krieges die Verdrängung des österreichischen Einflusses sowohl aus Italien als auch aus Deutschland[5].

Der Sieg über Österreich ermöglichte Napoleon eine weitere Ausdehnung seines Machtbereichs. Etappen auf dem Weg zu einem »Grand Empire« waren die Erhebung seiner Brüder Joseph und Ludwig zu Königen von Neapel und Holland und vor allem die enge Verbindung mit dem »dritten Deutschland« durch die *Gründung des Rheinbundes*. Die süddeutschen Bundesgenossen des Kaisers konnten sich nun auch die reichsritterschaftlichen Besitzungen aneignen[6]. In Verträgen mit Württemberg, Bayern und Baden (11., 16., 20. 12. 1805) wurde deren Arrondierung durch Zuweisung der österreichischen Abtretungen vorangetrieben, während aus bisher bayerischem und preußischem Besitz am Niederrhein ein Fürstentum Berg für Napoleons Schwager Murat entstand. Mit der in Preßburg erzwungenen Zustimmung des Habsburgers nahmen die Kurfürsten von Bayern und Württemberg die Königswürde an, und die Häuser Bayern und Baden traten durch Heiraten in verwandtschaftliche Beziehungen zur kaiserlichen Familie[7]. Das alles waren Vorläufer für die Errichtung eines Vasallitätsverhältnisses unter völliger Auflösung des alten Reiches. Die Verhandlungen über einen schon Anfang 1806 präsentierten Plan für eine Konföderation haben sich freilich noch recht schwierig gestaltet. Wenn zunächst eine weitere Vereinfachung der Landkarte durchgeführt wurde, der die Souveränität der Städte Augsburg, Nürnberg und Frankfurt und der meisten der vom Reichsdeputationshauptschluß nicht betroffenen kleineren weltlichen Reichsstände zum Opfer fiel, so traf sich dabei Napoleons auf Konzentration gerichteter Wille mit den Wünschen der süddeutschen Fürsten; doch gab es unter diesen über die Verteilung der neuen Beute heftigen Streit, der meist unter französischer Vermittlung geschlichtet wurde[8]. Und dann galt es, während der Reichsprimas Dalberg in merkwürdiger Vermischung patriotisch-idealistischer und territorial-egoistischer Gründe bereit war, den Napoleonischen Plänen Vorschub zu leisten, und sogar in Verletzung des Reichs- und kanonischen Rechtes Napoleons geistlichen Onkel Fesch zu seinem Koadjutor nahm (Mai 1806)[9], die zähen Einwendungen Bayerns und Württembergs gegen einen Bund zu überwinden, durch den ihre Souveränität weit mehr beschnitten wurde als durch die alte Reichsverfassung. Sie haben immerhin erreicht, daß Napoleon, dem es zunächst nur auf die Festlegung militärischer Gefolgschaft ankam, die Pläne der Unterstellung der Bundesglieder unter eine Bundesversammlung und der Errichtung eines sein Dominat verkündenden Fundamentalstatuts zurückstellte. Darauf haben am 12. und 16. 7. 1806 die Vertreter von sechzehn deutschen Fürsten in Paris die Akte eines Rheinbundes unterzeichnet, durch die sie sich vom Reich lossagten und unter dem Protektorat des französischen Kaisers eine besondere Konföderation bildeten. Mitglieder waren Dalberg, der nun als Großherzog ein neues Territorium Frankfurt erhielt, die Könige von Bayern und Württemberg, die mit neuen Titeln ausgestatteten Großherzöge von Baden, Hessen-Darmstadt und Berg, die Herzöge von Nassau und die Fürsten von Hohenzollern, Salm, Isenburg, Liechtenstein und von der Leyen, die ihre Erhaltung teilweise dem Zufall guter familiärer oder persönlicher Verbindungen mit der kaiserlichen Familie oder dem Minister Talleyrand verdankten; im Herbst trat auch noch Ferdinand von Toskana, nunmehr Großherzog von Würzburg, bei. Wichtigste Bestimmung der Akte war eine Offensiv- und Defensivallianz zwischen dem Bund und Frankreich, wonach die militärischen Kräfte der Mitglieder fortan bei jedem Krieg auf dem Festland Napoleon zur Verfügung standen[10].

Ohnmächtig hatte das Oberhaupt des Reiches diesem Akt der Aufkündigung aller Pflichten gegenüber dem Reich zugesehen. Die Auflösung der ehrwürdigen Institution war damit zu einer Notwendigkeit geworden, aber in Österreich, wo unmittelbar nach dem Frieden von Preßburg Graf Philipp Stadion zur Führung der Geschäfte berufen worden war, glaubte man aus der Kronentsagung auch dann noch ein Geschäft machen zu können, als sich Franz II. am 5. Juli dazu entschlossen hatte. Es war eine Illusion: Napoleon, der seit Preßburg Wien sehr wenig freundlich behandelt hatte, ließ einem Ultimatum auf *Niederlegung der Reichskrone* am 1. August die Mitteilung in

Regensburg folgen, daß er das Reich nicht mehr anerkenne. Dem Habsburger blieb nichts anderes übrig, als am 6. 8. 1806 das reichsoberhauptliche Amt für erloschen zu erklären und alle Stände von ihren Pflichten zu entbinden[11]. Längst durch innere Zwietracht schwach und machtlos geworden, fand so das tausendjährige Heilige Römische Reich Deutscher Nation mit fremder Nachhilfe ein wenig rühmliches Ende[12]. Vielleicht war man doch hier und da in deutschen Landen bewegt und betroffen. Langsam begann sich zugleich der Unmut darüber zu regen, daß der Nation, die sich soeben ihrer geistigen Kräfte bewußt geworden war, die politische Einigung und Bedeutung versagt sein sollten. In dem Nürnberger Buchhändler Palm, der wegen Verbreitung einer Schrift ›Deutschland in seiner tiefen Erniedrigung‹ von einem französischen Kriegsgericht zum Tode verurteilt und am 26. August in Braunau erschossen wurde, erhielt diese nationale Bewegung einen ersten Märtyrer[13]. In einigen Kreisen mochte man wohl noch von dem Preußen Friedrichs des Großen eine Wendung der Dinge erhoffen. Doch solche Erwartungen wurden noch im selben Jahr grausam enttäuscht.

Vnešnjaja politika Rossii (Kap. 9), 1. Ser., Bd. 2 (1961; April 1804 bis Dez. 1805). H. Rössler, Österreichs Kampf um Deutschlands Befreiung. Die dt. Pol. der nationalen Führer Österreichs 1805–1815 (2 Bde. 1940). Ders., Gf. Joh. Philipp Stadion. Napoleons dt. Gegenspieler (2 Bde. 1966). Preußen u. Frankreich, hg. v. Bailleu (Kap. 6). Lit. über d. Krieg v. 1805: DW[9] 12235.

[1] Hier treten Ideen hervor, die 10 Jahre später bei Abschluß der Befreiungskriege und der Begründung der Hlg. Allianz wieder aufgegriffen wurden (Kap. 21): H. Schaeder, Die 3. Koalition u. d. Hlg. Allianz (1934).

[2] Zur preuß. Politik dieser Jahre: Ford (Kap. 9, Anm. 1); K. Disch, Der Kabinettsrat Beyme u. d. auswärt. Pol. Preußens 1805/06, FBPG 41/42 (1928/29); K. Griewank, Hardenberg u. d. preuß. Pol. 1804–1806, FBPG 47 (1935); Thielen (Kap. 5, Anm. 4).

[3] H. K. v. Zwehl, Der Kampf um Bayern 1805, Bd. 1: Der Abschluß der Bayr.-Franz. Allianz (1937). L. Maenner, Die süddt. Mittelstaaten zwischen Frankr. u. Österr. i. J. 1805, Zs. f. bayer. Landesgesch. 11 (1938). Adalbert v. Bayern (Kap. 8, Anm. 1). Zu den Kriegsleistungen der süddt. Staaten: M. Leyh, Die Feldzüge d. kgl.-bayer. Heeres unter Max I. Joseph 1805–1815, in: Gesch. d. Bayr. Heeres, Bd. VI 2 (1935); Kraft (Kap. 8, Anm. 1).

[4] Napoleon, der damals auch mit den Österreichern Stadion und Gyulay vergebliche Verhandlungen in Brünn führte, wies Haugwitz von dort zu Talleyrand nach Wien.

[5] R. Freiin v. Oer, Der Friede von Preßburg (1965). Zu dem Versuch Talleyrands, Napoleon von seiner Gewalt- und Ausdehnungspolitik abzubringen: K. v. Raumer, Politik des Maßes? Talleyrands Straßburger Friedensplan 7. 10. 1806, HZ 193 (1961).

[6] E. Frhr. v. Waechter, Die letzten Jahre der Reichsritterschaft, Württ. Vjh. f. Landesgesch. NF 40 (1934).

[7] Es heirateten Napoleons Stiefsohn Eugen Beauharnais Prinzessin Auguste

v. Bayern (Jan. 1806), Kurprinz Karl v. Baden des K.s Adoptivtochter Stephanie Beauharnais (April 1806) und Prinzessin Katharina v. Württemberg seinen jüngsten Bruder Jérôme (Aug. 1807): E. Hölzle, Die Verbindung Jérômes mit der Prinzessin Katharina im Zusammenhang der Rheinbundpolitik, Württ. Vjh. f. Landesgesch. NF 38 (1932).

8 Über die Pläne des bad. Gesandten in Paris, Reitzenstein, auf Errichtung eines Königreichs Helvetien für seinen Herren: G. Steiner, Rheinbund u. Königreich Helvetien 1805–1807, Basler Zs. f. Gesch. 18 (1919).

9 Dalberg erhoffte von Napoleon auch eine Wiedergeburt der kath. Kirche in Dtld.: Raab (Kap. 9, Anm. 4). Über die Reichskonkordatspläne Dalbergs, die bei Preußen und Österreich, aber auch bei der Kurie auf Widerstand stießen, s. a. Frhr. v. Aretin (Kap. 4, Anm. 3). Zu der in Kap. 9, Anm. 4 genannten Lit. noch: W. Hertel, C. Th. v. Dalberg zwischen Reich u. Rheinbund 1802–1806 (Diss. Mainz 1952).

10 Th. Bitterauf, Gesch. d. Rheinbundes, Bd. 1: Gründung d. Rheinbundes u. d. Untergang d. alten Reichs (1905). E. Hölzle, Das Napoleonische Staatssystem in Dtld., HZ 148 (1933). Zu dem Widerstand Bayerns und Württembergs gegen das »monstruöse Föderationsprojekt« und die Möglichkeit einer »Préfecture Française«: K. v. Raumer, »Préfecture Française«. Montgelas u. d. Beurteilung d. Napol. Rheinbundpol. Ein Bericht d. württ. Gesandten Gf. Taube, München 5. 7. 1806, in: Spiegel d. Gesch. (Festgabe f. M. Braubach 1964).

11 v. Srbik (Kap. 11, Anm. 4). H. Rössler, Napoleons Griff n. d. Karlskrone. Das Ende d. alten Reichs 1806 (1957). K. v. Raumer, Hügels Gutachten z. Frage d. Niederlegung der dt. Kaiserkrone 17. 5. 1806, Zs. f. bayer. Landesgesch. 27 (1964). Rösslers These, daß Napoleons eigentliches Ziel die Nachfolge der dt. K. gewesen und dies durch Stadions zähen Widerstand verhindert worden sei, bestreitet v. Raumer, Dtld. um 1800, der an Stadion scharfe Kritik übt, weil er in Überschätzung der polit. Möglichkeiten mit seiner Verzögerungstaktik die Überrumpelung und Demütigung Österreichs herbeigeführt habe.

12 Weit günstiger beurteilt Frhr. v. Aretin Zustand und Möglichkeiten des alten Reiches in den letzten Jahrzehnten seines Bestehens. In manchem ist die Korrektur der früher vorherrschenden Auffassung berechtigt, doch hält sich v. Aretin seinerseits von Einseitigkeiten nicht frei.

13 O. Tschirch, Die Flugschrift ›Deutschland in seiner tiefen Erniedrigung‹ u. ihr Verfasser, HZ 165 (1942), sucht als Autor den ehemaligen Pfarrer Yelin, eine sehr problematische Persönlichkeit, nachzuweisen. Vollständiger Abdruck der Schrift: M. Riegel, Der Buchhändler Joh. Philipp Palm (1938). Vgl. W. Andreas, Joh. Philipp Palm, Zs. f. bayer. Landesgesch. 21 (1958).

Kapitel 13
Preußens Zusammenbruch und der Friede von Tilsit (1806/07)

Unmittelbar nach dem Ende des Reiches brach Preußen zusammen. Die in den letzten Jahren laut gewordenen Forderungen einer Änderung des Regierungssystems, grundlegender Reformen im Innern und einer entschlossenen Außenpolitik hatten lange Zeit den König und seine Berater nicht zu einer

Änderung des eingeschlagenen Weges bewegen können. Als man jetzt plötzlich sich zum Krieg gegen Napoleon entschloß, geschah es in ungünstiger Lage, angewiesen fast nur auf die eigene Kraft, dabei selbst militärisch unzureichend vorbereitet[1].

Nach Austerlitz und Preßburg hatte sich der Berliner Hof zunächst zu *demütigendem Anschluß an Frankreich* bestimmen lassen. Zwar verweigerte der König die Ratifizierung der Schönbrunner Konvention (Kap. 12), begab sich aber selbst eines Druckmittels, indem er die Mobilmachung aufhob. Ein neuer von Haugwitz am 15. 2. 1806 in Paris unterzeichneter Vertrag stellte eine verschlechterte Neuauflage des früheren Abkommens dar. Hatte Friedrich Wilhelm nur die Besetzung, nicht die Annexion Hannovers erstrebt, um es nicht zum Bruch mit England kommen zu lassen, so sah er sich nun zur sofortigen Besitznahme und zur Schließung der Nordseehäfen verpflichtet. Der Krieg mit England, das sich einer Reihe preußischer Handelsschiffe bemächtigte, war die Folge. Daß dann Napoleon sowohl mit London, wo Pitt am 23. 1. 1806 gestorben war, als auch mit St. Petersburg Verhandlungen aufnahm, erregte in Berlin wachsendes Mißtrauen gegen ihn. In der öffentlichen Meinung machten sich *Unmut und Unbehagen* geltend. Bürgerliche Kreise klagten über wirtschaftliche Verluste; in ständischen Eingaben wurde erklärt, daß nicht Friede, sondern Ehre und Unabhängigkeit das höchste Gut für Staat und Nation seien. Auch in den Ministerien und am Hof gab es eine Partei von »Patrioten«, zu der neben dem leidenschaftlichen Prinzen Louis Ferdinand, einem Neffen Friedrichs des Großen, die Generale Rüchel und Blücher gehörten, deren fähigster Kopf der Minister Stein war, und zu der auch der seit dem Vorjahr eigentlich zu Unrecht als Franzosenfeind geltende Hardenberg Verbindung hielt, der die Leitung der Außenpolitik im Frühjahr 1806 wieder Haugwitz abgeben mußte. Noch hat der König die in Denkschriften ihm zugeleiteten Forderungen auf Entlassung von Haugwitz und Lombard und auf Beseitigung der Kabinettswirtschaft ungnädig abgewehrt, aber ihm selbst kamen Zweifel an der Richtigkeit des Kurses. Er suchte wieder Verbindung mit Rußland, um deren Herstellung neben dem Herzog von Braunschweig Hardenberg sich bemühte. Der Zar, eben noch anscheinend kriegsmüde und zu einer Verständigung mit Frankreich bereit, schwenkte in der Tat wieder um, verweigerte einem in Paris bereits vereinbarten Vertrag seine Zustimmung und begann die Bildung einer *vierten Koalition* auf der Linie St. Petersburg–

Berlin zu betreiben. Eine preußische Deklaration, daß man Frankreich keine Unterstützung gegen Rußland leisten werde (1. Juli), beantwortete er mit einer Garantieerklärung für Preußen (24. Juli). Inzwischen verursachten in Berlin Nachrichten über Zwischenfälle an der Grenze zwischen dem neuen Großherzogtum Berg und den dort Preußen verbliebenen Gebieten und über französische Gegenwirkung gegen preußische Versuche zur Errichtung eines norddeutschen Bundes neues Mißbehagen, und endlich führte eine Meldung aus Paris, wonach Napoleon den Engländern die Rückgabe Hannovers angeboten habe, zu einem entscheidenden Schritt. In der Annahme, daß der Kaiser ein falsches Spiel mit ihm treibe, befahl der König die Mobilisierung des größten Teiles seiner Armee (9. August). In Wirklichkeit hatte Napoleon eine Brüskierung Preußens nicht beabsichtigt. Er war nun aber seinerseits mißtrauisch geworden und traf militärische Maßnahmen, die wieder in Berlin als Vorboten eines Überfalls gedeutet wurden. Überstürzt entschloß man sich zum Kampf. Als ein Ultimatum, das den Abzug der französischen Truppen aus Süddeutschland forderte, unbeantwortet blieb, erließ der König am 9. 10. 1806 das unter der Mitwirkung des herbeigerufenen Gentz von Lombard verfaßte *Kriegsmanifest*. Sachsen, Braunschweig und Sachsen-Weimar traten an Preußens Seite.

Als Napoleon zu der Überzeugung gekommen war, daß Preußen sich mit Rußland über gemeinsames Vorgehen verständigt hatte, war er nach Deutschland geeilt, wo er sofort Anordnungen traf, um mit seinen noch vom Vorjahr in Franken stehenden Korps in den in zwei Heeresabteilungen erfolgenden Vormarsch des Gegners über den Thüringer Wald hineinzustoßen. Der Entschlossenheit seiner Führung und der Wendigkeit seiner Truppen standen auf preußischer Seite, wo man den Oberbefehl dem alten Herzog von Braunschweig übertragen hatte, Zerfahrenheit und Langsamkeit gegenüber. Es wirkte deprimierend, daß bei einem ersten überraschenden Treffen der preußischen Vorhut mit den Franzosen bei Saalfeld am 10. Oktober der tatenlustige Prinz Louis Ferdinand fiel[2]. Vier Tage später stießen, schon bei dem Versuch, sich drohender Umfassung zu entziehen, die von dem Fürsten Hohenlohe geführte preußische Gruppe mit Napoleon selbst bei *Jena*, die Hauptarmee mit dem Marschall Davout bei *Auerstedt* zusammen. Dem Angriff der französischen Übermacht war Hohenlohe nicht gewachsen, zu spät griff hier das Reservekorps Rüchel ein. Bei Auerstedt wurde gleich zu Beginn der Herzog von Braunschweig durch Verwundung ausgeschaltet, der er bald danach erlag; damit kam es zu einem Versagen der Leitung, da der im Hauptquartier anwesende König sie selbst nicht zu übernehmen wagte. Hier wie dort endete der Tag mit der Niederlage der Preußen, die in panikartiger Flucht zurückströmten (14. 10. 1806)[3]. Der militärischen folgte die moralische Katastrophe. Während Hohenlohe mit den Trümmern der Armee sich am 28. Oktober bei Prenzlau den Verfolgern ergab, kapitulierte eine Festung nach der andern, darunter so starke Plätze wie Erfurt, Magdeburg, Küstrin, Stettin. In kürzester Frist hatten die Sieger den größten Teil der Monarchie besetzt. Bereits am 27. Oktober war *Napoleon in Berlin* eingezogen, wo der zum Gouverneur bestellte Minister Schulenburg mit einem Aufruf, daß jetzt »Ruhe die erste Bürgerpflicht« sei, seine Aufgabe erfüllt zu haben glaubte. Immerhin gab es in dem allgemeinen Zusammenbruch einige Lichtblicke, so den mutigen, wenn auch schließlich in Lübeck scheiternden Versuch des Generals Blücher, mit der von ihm geführten Nachhut der Armee sich zur Ostsee durchzuschlagen, den Widerstand, den wenigstens einige Festungen wie Danzig, Graudenz und vor allem das von dem Major Gneisenau gehaltene Kolberg leisteten, und die von dem Grafen Goetzen organisierte Verteidigung des südlichen Schlesien gegen die hier eingedrungenen Rheinbundtruppen[4].

Der Krieg war indessen mit dem Einzug des Kaisers in Berlin, von wo er mit der Verkündigung der Kontinentalsperre am 21. November den Kampf gegen England verschärfte, noch nicht zu Ende. Um inzwischen die Entscheidung gegen Rußland herbeizuführen, bereitete er den weiteren Vormarsch an und über die Weichsel vor. Wenn er für die niedergeworfenen Teile Deutschlands bereits Entscheidungen traf, indem er den Staat des Oraniers in Fulda, Braunschweig und auch Hessen-Kassel liquidierte, dagegen mit Kurfürst Friedrich August von Sachsen unter Zuerkennung der Königswürde und mit den ernestinischen Wettinern in Thüringen Frieden und Freundschaft schloß, so hielt er das Schicksal Polens, wo Aufstände gegen die preußische Herrschaft ausgebrochen waren[5], in der Schwebe, und den Friedensangeboten des nach Ostpreußen geflüchteten Preußenkönigs wollte er nur Raum geben, wenn dieser nicht nur erheblichen Abtretungen zustimmte, sondern auch gegen Rußland Front nahm. Zwar haben als preußische

Unterhändler Lucchesini und General von Zastrow am 30. Oktober in Charlottenburg einen Präliminarvertrag unterzeichnet, der den Verzicht auf alle linkselbischen Besitzungen außer Magdeburg und der Altmark aussprach, und sie ließen sich dann auch noch auf einen Waffenstillstand ein, nach dem den Russen jeder Eintritt in preußisches Gebiet verwehrt werden sollte. Doch da entschied sich der bis Osterode gelangte Friedrich Wilhelm auf Drängen Steins und Beymes für die Verwerfung der Abmachungen und die *Fortführung des Kampfes* an der Seite des Zaren (21. November).

Es waren inzwischen starke russische Kräfte in Polen erschienen. Der ihnen von Napoleon zugedachten Umzingelung wußten sie sich zu entziehen, doch wurden sie von den über Warschau vordringenden Franzosen bei Pultusk und Golymin nach Norden geworfen (26. Dezember). Bewegungen der Gegner gegen die untere Weichsel haben dann den Kaiser veranlaßt, mitten im Winter in Ostpreußen einzumarschieren. In blutiger Schlacht bei *Preußisch-Eylau* am 7./8. 2. 1807 vermochte er indessen z. T. infolge des Eingreifens eines preußischen Korps unter dem von Oberst Scharnhorst beratenen General L'Estocq zum erstenmal keinen Sieg zu erringen. Der unentschiedene Ausgang des Kampfes hat ihn, der nun das Ende des Winters zunächst in Osterode, dann in Schloß Finkenstein abwartete[6], dazu bewogen, einen Boten in die nach Memel verlegte preußische Residenz zu senden, um den König doch noch zum Abfall vom Zaren zu bestimmen. Die Antwort war ein in Alexanders Hauptquartier *Bartenstein* am 26. April unterzeichnetes russisch-preußisches Schutz- und Trutzbündnis. Friedrich Wilhelm hatte schon um die Jahreswende Haugwitz und Lombard entlassen und Maßnahmen zu einer Erneuerung von Staat und Heer zugestimmt, und wenn er auch damals das Angebot des Außenministeriums an Stein aufgrund von dessen schroffen Forderungen ungnädig wieder zurückgezogen hatte, so fand er sich jetzt unter dem Einfluß Hardenbergs bereit, die von Stein und seinen Freunden immer wieder geforderte Auflösung der Kabinettsregierung durchzuführen und Hardenberg selbst als Premierminister die politische Leitung zu übertragen (23. April). Doch die Hoffnungen, die man an die innere Wandlung und an den als Kern einer großen europäischen Liga zur Befreiung Deutschlands und Italiens von der französischen Herrschaft gedachten Bartensteiner Vertrag knüpfte[7], wurden durch den Verlauf des neuen Feldzugs umgestoßen. Der russische Oberbefehlshaber Bennigsen hatte nach Preußisch-Eylau die Gunst der Lage nicht auszunützen vermocht. Als er bei Eintreten der besseren Jahreszeit zur Offensive schritt, traf ihn ein wohlvorbereiteter Angriff des Kaisers. Am 10. Juli konnten die Russen sich bei Heilsberg noch behaupten, am 14. wurden sie bei *Friedland* schwer geschlagen. Die Folge war nicht nur die Räumung des größten Teiles von Ostpreußen, sondern vor allem ein Stimmungsumschwung bei Alexander, der sich trotz der Bartensteiner Abmachungen bereit fand, die Hand, die ihm der Sieger bot, zu ergreifen.

Wenn der Zar, erschüttert von den neuen Mißerfolgen, verstimmt über unzureichende englische Unterstützung und in Unruhe versetzt durch Behauptungen über oppositionelle Bewegungen in Rußland in jäher Wendung mit seiner Koalitionspolitik Schluß machte, so sah auf der anderen Seite Napoleon in der Verständigung mit Rußland eine wichtige Voraussetzung für den Erfolg des mit dem Berliner Dekret begonnenen umfassenden Wirtschaftskriegs gegen England. Nach einem persönlichen Treffen der beiden Herrscher auf einem Floß im Njemen (25. Juni) begannen Verhandlungen, die am 7. Juli mit der Unterzeichnung von Frieden und Bündnis zugleich in *Tilsit* beendet wurden. Der Zar erhielt freie Hand zum Erwerb des schwedischen Finnland, während Napoleon sich für Polen mit der Errichtung eines mit Sachsen in Personalunion zu verbindenden Herzogtums Warschau aus den bisher preußischen Provinzen Süd- und Neuostpreußen begnügte. Alexander rettete zwar die Existenz *Preußens*, aber der Staat wurde so verkleinert, daß er zu einer Macht zweiten oder dritten Grades herabsank. Hardenberg, der noch Pläne eines französisch-russisch-preußischen Dreibundes entwickelt hatte, war auf Forderung Napoleons von den Beratungen ausgeschlossen worden. Vergebens war die Demütigung von Königin Luise, die in einer Unterredung mit dem ihr verhaßten Sieger um Milderungen gebeten hatte. Der Tilsiter Friede vom 9. 7. 1807 nahm Preußen die Erwerbungen der zweiten und dritten polnischen Teilung mitsamt dem Netzedistrikt und alle Gebiete links der Elbe einschließlich Magdeburg. Danzig wurde zu einem Freistaat unter französischem Schutz, während im Westen aus den bisher preußischen, hannoverschen, braunschweigischen und hessischen Landen ein Königreich Westfalen mit der Hauptstadt Kassel für Napoleons Bruder Jérôme entstand. Natürlich mußte sich das nur mehr aus den Provinzen Brandenburg,

Pommern, Preußen und Schlesien bestehende Preußen zur Teilnahme am Wirtschaftskampf gegen England verpflichten. Eine am 12. Juli in Königsberg unterzeichnete Zusatzkonvention machte die Räumung der dem König verbliebenen Gebiete durch die französischen Truppen von der Zahlung von Kriegsentschädigungen und Kontributionen abhängig, deren Höhe erst errechnet werden sollte.

Preußen u. Frankreich, hg. v. BAILLEU (Kap. 6). H. BUTTERFIELD, The Peace Tactics of Napoleon 1806–1808 (1929). Vnešnjaja politika Rossii (Kap. 9), 1. Ser., Bd. 3 (1963; Jan. 1806 bis Juli 1807). Zum Kriegsverlauf: O. v. LETTOW-VORBECK, Der Krieg v. 1806/07 (4 Bde. 1891–1896); C. Frhr. v. D. GOLTZ, Kriegsgesch. Dtlds. im 19. Jh., Bd. 1 (1910).

[1] Zur preuß. Politik die Arbeiten von DISCH, GRIEWANK, THIELEN (Kap. 12, Anm. 2). HÜFFER (Kap. 10, Anm. 3). TSCHIRCH (Kap. 5, Anm. 2). BRANDES (Kap. 11, Anm. 2). L. DEHIO, Eine Reform-Denkschrift Beymes a. d. Sommer 1806, FBPG 38 (1926). – Der Zusammenbruch Preußens ist nicht nur auf das Kriegsglück und die milit. Überlegenheit Napoleons zurückzuführen, sondern war auch die Folge des allgemeinen Niedergangs des Staates, der Erstarrung im Inneren, die durch Teilreformen nicht gelöst werden konnte (Kap. 10), und einer richtungslosen Außenpolitik.

[2] E. POSECK, Louis Ferdinand v. Preußen (1938). H. SARING, Prinz Louis Ferd. als Führer d. Avantgarde im Okt. 1806, FBPG 45 (1933). H. VOGES, Briefe Eschenburgs, Geh. Kabinettssekr. d. Hg. Karl Wilh. Ferd. v. Braunschweig, a. d. Hauptquart. d. preuß. Armee i. Feldzug v. 1806, Jb. d. Braunschw. GV 6 (1934).

[3] Während Hohenlohe von dem selbstgefälligen Militärtheoretiker Massenbach beraten wurde, stand Braunschweig Oberst Scharnhorst zur Seite. Zu seinem Verhalten bei Auerstedt: R. STADELMANN, Scharnhorst. Schicksal u. geistige Welt (1952). Danach wäre Scharnhorst insofern an der Niederlage mitschuldig, als er, statt sich auf das Allgemeine zu konzentrieren, um des Handelns und Führens im Kampf willen sich in das Einzelne und Partielle treiben ließ.

[4] Danzig, von Gf. Kalckreuth verteidigt, fiel erst Mai 1807. Graudenz blieb unbezwungen, ebenso Kolberg, wo der während d. Belagerung eingetroffene Gneisenau an der von Joachim Nettelbeck geführten Bürgerschaft Rückhalt und an dem Husarenoffizier Schill einen wagemutigen Helfer fand: H. BOCK, Zwischen Thron u. Vaterland. Gneisenau im preuß. Krieg 1806/07 (1966). Zu den bis zum Friedensschluß dauernden Kämpfen um die schles. Festungen und der Tätigkeit Goetzens, der von Glatz aus in Dtld. einen Aufstand zu erregen, in Böhmen Abteilungen zu sammeln u. damit Österreich zum Kriegseintritt fortzureißen suchte: KRAFT (Kap. 8, Anm. 1); G. BEYERHAUS, Gf. Goetzen u. d. dt. Erhebung (1938); A. ERNSTBERGER, Eine dt. Untergrundbewegung gegen Napoleon 1806/07 (1955).

[5] Der Polenaufstand 1806/07. Urk. u. Aktenst. a. d. Zeit zwischen Jena u. Tilsit, hg. v. K. SCHOTTMÜLLER. R. PERDELWITZ, Der preuß. Polenaufstand 1806/07, Grenzmärk. Heimatbll. 15 (1939). E. SCHUMANN, Zur Napoleonischen Weichselpolitik, Zs. d. Westpreuß. GV 74 (1938).

[6] E. JOACHIM, Napoleon in Finkenstein (1906). E. SCHNIPPEL, Napoleon in Ostpreußen 31. 1. bis 1. 4. 1807, Altpreuß. Forsch. 7 (1930).

[7] Während mit Schweden eine Militärkonvention geschlossen wurde, war

im Bartensteiner Vertrag aufgrund einer Denkschrift Hardenbergs eine Kooperation Rußland, Preußen, England, Österreich vorgesehen mit Zielen, wie sie später im Wiener Kongreß verwirklicht wurden: W. HUBATSCH, Der Bartenst. Vertrag v. 26. 4. 1807, in dess. Wege u. Wirkungen ostpreuß. Gesch. (1956).

Kapitel 14
Entwicklung der Napoleonischen Herrschaft über Deutschland: Französisches Deutschland und Rheinbundstaaten

Nachdem die Siege von 1805 und 1806/07 ihm die Verfügung über den größeren Teil Deutschlands verschafft hatten, war Napoleon darauf bedacht, dieses Gebiet so zu organisieren, daß seine politischen und militärischen Kräfte zur Sicherung und Ausdehnung des Empire verwandt werden konnten und seine Wirtschaft in das System der Kontinentalsperre gegen England eingefügt wurde. Diese Eingliederung in den französischen Machtbereich ist jedoch weder nach einheitlichem Plan noch mit konsequenter Energie durchgeführt worden. Äußere Faktoren wirkten hemmend. Auch mit Tilsit war kein wirklicher Friede begründet worden, da auf der einen Seite Napoleon ruhelos weiter drängte, auf der anderen neben den unversöhnten Gegnern aus der alten Gesellschaft sich neue Kräfte des Widerstands regten. Während der Kaiser sich gegen Spanien wandte und dort auf unerwartete Schwierigkeiten stieß, wuchs in Österreich eine gegen seine Hegemonie gerichtete Bewegung an, begann auch der Zar sich trotz Bekräftigung der Tilsiter Freundschaft bei einer neuen Zusammenkunft in Erfurt (27. 9. bis 14. 10. 1808) ihm wieder zu entziehen. Und wenn Napoleon dann der österreichischen Erhebung 1809 Herr wurde (Kap. 16), so blieb der unablässige Kampf mit dem durch die Kontinentalsperre nicht zu bezwingenden England, während sich zugleich eine neue Auseinandersetzung mit Rußland ankündigte. Ließ also die Beschäftigung mit wichtigeren Dingen dem Herrn und Protektor von West-, Mittel- und Süddeutschland nicht genügend Zeit, um diese Lande systematisch und gleichmäßig zu ordnen, so stemmten sich in ihnen selbst durch die Tradition bestimmte oder von neuen Ideen beeinflußte Kräfte einer solchen Ordnung entgegen. So gab es mannigfache Unterschiede wie im Grad der Unterwerfung unter den Willen des

Imperators, so auch in der Aufnahme des französischen Vorbilds in Staatsform und Gesellschaftsverfassung.

Natürlich waren Abhängigkeit und Durchdringung am stärksten in den schon seit der Jahrhundertwende mit Frankreich unmittelbar vereinigten deutschen *Landen links des Rheines*. Hier wurde das zentralisierte Napoleonische Verwaltungssystem eingeführt; in Mainz, Trier, Koblenz und Aachen leiteten französische Präfekten die ohne Rücksicht auf frühere Zusammenhänge und Gegensätze aus den rheinischen Territorien zusammengefügten Departements Donnersberg, Saar, Rhein-Mosel und Roer nach den Gesetzen, die in ganz Frankreich galten. Das bedeutete die Aufhebung aller Privilegien und inneren Schranken, die Herstellung staatsbürgerlicher Gleichheit, die Schaffung einer klaren Gerichtsorganisation und die Einführung eines im Code Napoléon niedergelegten einheitlichen und klaren Rechtes, eine mit Säkularisation und Ausgabe der geistlichen Güter beginnende Umschichtung der Besitz- und Vermögensverhältnisse, damit eine soziale und wirtschaftliche Revolution, die zur Grundlage für einen Aufstieg des Bürgertums wurde. Zielbewußt haben vor allem einige der höheren Beamten, wie die Präfekten Jeanbon St. André in Mainz und Lezay-Marnesia in Koblenz, diese Entwicklung zu fördern gesucht. Dagegen brachte die Kulturpolitik mit der Zielsetzung, loyale Untertanen und tüchtige Staatsdiener zu erziehen, der Vernachlässigung einer höheren Bildung, dem Ersatz der aufgehobenen Universitäten durch Fachschulen teilweise einen Rückschritt gegen die letzten Zeiten des ancien régime. Unzufriedenheit machte sich wohl in kirchlichen Kreisen über die vorherrschende Verweltlichungstendenz, andererseits bei den ehemaligen »Jakobinern« über die Unterdrückung der Freiheit, in der ganzen Bevölkerung über die wachsenden militärischen Anforderungen, die Konskription und Einziehung der jungen Männer für die Armeen des Kaisers geltend, aber im ganzen hat man sich in Erkenntnis der sozialen Errungenschaften und der neuen wirtschaftlichen Möglichkeiten mit der Lage abgefunden, war man weitgehend zu einem Zusammenwirken mit den Franzosen bereit[1].

Nicht in gleichem Maß war das in Gebieten *rechts des Rheines* der Fall, die Frankreich einverleibt wurden. Hier war nach Tilsit Ostfriesland zum Königreich Holland geschlagen worden[2], während Teile Hannovers, Erfurt, Fulda, Hanau und Bayreuth mehrere Jahre von kaiserlichen Kommissaren regiert wurden. Um den Schmuggel zu unterbinden und so den deutschen Markt für die englischen Waren wirklich zu sperren, wurden nach der Niederwerfung Österreichs die an der Nordsee liegenden Küstenlande mit dem französischen Staatsgebiet vereinigt. Der Annexion Hollands folgten am 13. 12. 1810 und am 22. 1. 1811 die Beseitigung der Souveränität der drei *Hansestädte* und der Fürsten von Arenberg, Salm und Oldenburg und die Bildung der Departements Elbmündung, Wesermündung und Oberems, in denen nun gleichfalls französische Verwaltungs-, Rechts- und Wirtschaftsgrundsätze eingeführt wurden. Hier hat freilich die französische Herrschaft zu kurz bestanden, um stärkere Wirkung auszuüben. Wenn es zunächst gerade in den Hansestädten manche Sympathie für das revolutionäre Frankreich gegeben hatte, so war man doch besonders in Hamburg zu sehr an Selbständigkeit gewöhnt, litt zudem zu sehr unter dem Abbruch der traditionellen Beziehungen zu England, als daß man sich wohl gefühlt hätte[3].

Nicht zu Frankreich, wohl aber zum Grand Empire konnte man die Staaten des *Rheinbundes* rechnen, deren Zahl sich nach der Niederlage Preußens durch die Errichtung des Königreichs Westfalen und den Beitritt der in Nordwestdeutschland bestehen gebliebenen kleineren Fürstentümer, der beiden Mecklenburg, der thüringischen Herzogtümer, des zum Königtum gewordenen Sachsen und des Herzogtums Warschau vermehrte, durch jene Konfiskationen von 1810/11 aber wieder etwas verminderte. Auch in dem territorialen Bestand der einzelnen Staaten ist seit der Begründung des Rheinbundes noch manche Änderung eingetreten. Das 1807 aus Hessen-Kassel, Minden, Osnabrück, der Altmark mit Magdeburg, Braunschweig und den südlichen hannoverschen Landen um Göttingen gebildete Königreich Westfalen erhielt zwar Anfang 1810 auch das übrige Hannover zugeteilt, mußte aber noch im gleichen Jahr den nördlichen Teil an Frankreich abgeben, dem auch etwa ein Viertel des Großherzogtums Berg angeschlossen wurde. Dalbergs Großherzogtum Frankfurt, für das seit 1810 Napoleons Stiefsohn Eugen Beauharnais als künftiger Herrscher vorgesehen war, verlor im gleichen Jahr Regensburg, wofür es Hanau und Fulda gewann. Baden, das 1805/06 zu den Erwerbungen aus dem Reichsdeputationshauptschluß die Ortenau, den Breisgau und die Stadt Konstanz erhalten hatte und sich damit in breiter Front am Oberrhein erstreckte, wurden 1810 noch einige bisher württembergische Grenzgebiete zugesprochen, wofür Württemberg mit Ulm entschädigt wurde. Bayern war 1805 für den Verzicht auf Berg und Würzburg mit Ansbach, Eichstätt, Passau, den Städten Augsburg und Lindau und Tirol mit Vorarlberg entschädigt worden, das Jahr 1809 brachte ihm dazu noch Salzburg mit Berchtesgaden und das Innviertel ein, und im folgenden Jahr fielen ihm gegen Abtretungen an Württemberg und Würzburg und die Überlassung des größeren Teiles von Südtirol an das Königreich Italien noch Bayreuth und Regensburg zu. Blieb in Nord- und Mitteldeutschland doch noch eine erhebliche Zersplitterung mit Kleinstaaten wie Waldeck, Lippe, Anhalt und den thüringischen Herzogtümern und Grafschaften bestehen, so wurde im Süden die Konzentration auf wenige kräftige Mittelstaaten weitergebildet, ja Bayern konnte es an Ausdehnung wohl mit dem verstümmelten Preußen aufnehmen.

Im Gegensatz zu Preußen und Österreich waren allerdings alle diese Staaten in einer neuen Union vereinigt und damit in ihrer Selbständigkeit beschränkt. An das alte Reich anknüpfende *Einigungs- und Verfassungspläne*, wie sie Dalberg und auch manche Publizisten vertraten und vorlegten[4], stießen freilich auf den erbitterten Widerstand Bayerns und Württembergs und wurden nicht verwirklicht. Napoleon selbst hat den zunächst vorgesehenen Ausbau des Rheinbundes in politischer, rechtlicher und wirtschaftlicher Beziehung, zu dem er 1807 von Mailand aus und erneut 1808 in Erfurt Anläufe nahm, schließlich auf die Zeit eines allgemeinen Friedens vertagt, die nicht kommen sollte. Wenn ihm die Militärallianz wichtiger war als die Errichtung einer zentralen Autorität, so hat er immerhin eine Angleichung der Rheinbundstaaten an die Zustände in Frankreich angestrebt, die den eigenen Einfluß befestigen und eine künftige engere Verbindung vorbereiten sollte. Den Fürsten wurde nachdrücklich die Einführung des Code Napoléon empfohlen. Die neuen Staaten, an deren Spitze ja Verwandte oder besondere Vertrauensleute des Kaisers standen, waren als Vorbild und Muster gedacht. Da war vor allem das Königreich *Westfalen*, in dem unbekümmert um historische Zusammenhänge und Rechte ein Neubau auf der Grundlage der durch Napoleon gewandelten Grundsätze der Revolution geschaffen wurde. Nun konnte freilich die Persönlichkeit Jérômes, des leichtsinnigen »König Lustig«, mochte er auch besser sein als sein Ruf und mitunter in richtiger Erkenntnis gegen rücksichtslose Befehle seines Bruders vergeblichen Einspruch erheben, nicht eben als vorbildlich gelten. Immerhin ist hier zuerst in Deutschland eine Verfassung verkündet worden, der Code Napoléon und die übrigen Rechtsbücher Frankreichs wurden ebenso wie seine Verwaltungs- und Finanzeinrichtungen übernommen. Dabei waren bei dieser manchen Fortschritt bringenden Einrichtung nicht nur Franzosen am Werk, es haben sich auch bedeutende Männer des deutschen Geistes bereitgefunden, in den westfälischen Dienst zu treten, wie Dohm oder wie Johannes von Müller, dessen zähem Einsatz die Universitäten Göttingen, Marburg und Halle Bewahrung und Förderung zu danken hatten. Daß man dagegen in den unteren Schichten des Volkes, dessen soziale Lage die Reformen nicht besserten, wenig zufrieden war, zeigten die Unruhen, zu denen es gerade zwischen Weser und Elbe verschiedentlich kam[5]. Ähnlich, wenn auch zögernder und maßvoller, wurde nach französischem Muster das Großherzogtum *Berg* organisiert, das nach Murats Versetzung nach Neapel tüchtige französische Beamte (Beugnot, Roederer) von Düsseldorf und Paris aus für einen minderjährigen Neffen Napoleons verwalteten[6]. Diesen traditionslosen Schöpfungen konnte noch das Großherzogtum *Frankfurt* beigerechnet werden, doch war bei aller Ergebenheit gegen Napoleon der um das Wohl seiner Untertanen besorgte Dalberg für Experimente und scharfes Durchgreifen nicht zu haben[7]. Die ihnen zugedachte geschichtliche Bedeutung haben die von dem Kaiser geschaffenen Staaten auf deutschem Boden nicht gewonnen.

Sehr unterschiedlich war die gleichzeitige Entwicklung in den von deutschen Fürsten regierten Rheinbundstaaten. Im Osten und Norden setzten *Sachsen* und *Mecklenburg* ganz unberührt von neuen Ideen ihr altständisches Leben fort. In den kleineren Territorien an Mittelrhein und Main blieb man im wesentlichen bei den 1803 oder 1806 eingeführten, manche Verbesserungen enthaltenden Organisationsformen; *Hessen-Darmstadt* besaß in Großherzog Ludwig I. einen weisen, liberalen Landesvater, *Würzburg* in dem Habsburger Ferdinand einen milden, aber wenig energischen Regenten, in *Nassau* sorgte der Minister Marschall für eine vorsichtige Modernisierung der Verwaltung und für religiöse Toleranz[8]. Ganz anders war die Entwicklung in den drei süddeutschen Landen, in denen die alten Dynastien weniger auf fremden Druck als in entschlossener Fortführung der aufgeklärt-absolutistischen Staatsideen des 18. Jh. zur vollen Durchsetzung der Staatshoheit und zur Begründung einer neuen Gesellschaftsordnung schritten. Auch das, was in *Württemberg* König Friedrich (1754–1816) in rücksichtsloser Mißachtung des »Alten Rechtes«, in *Bayern* und *Baden* geschmeidiger, aber nicht minder konsequent die Minister Montgelas (1759–1838) und Reitzenstein (1766–1847) in die Wege leiteten und vollbrachten, wies in Tempo, Inhalt und Ergebnis manche Unterschiede auf. Der harte württembergische Selbstherrscher dachte nicht daran, eine neue Verfassung an die Stelle des Ende 1805 unterdrückten Ständeregiments zu setzen. In Bayern wurde dagegen 1808 eine Staatsverfassung verkündet, die darin vorgesehene Nationalrepräsentation freilich nie einberufen. In Baden, das am stärksten dem Einfluß des französischen Nachbarn unterlag, wurde der Code Napoléon mit Zusätzen als Badisches Landrecht übernommen, in Bayern die Einführung nur erwogen, dagegen eine vorbildliche Strafrechtsreform durchgeführt. Wie allenthalben der Staat sich mit Nachdruck der Erziehung und Bildung annahm, so wurde gerade in dem katholischen Bayern eifrig die Einfügung der Kirche in das staatliche Gefüge betrieben und durch ein zugleich die Grundsätze der Toleranz anerkennendes Religionsedikt gesetzlich festgelegt (24. 3. 1809). Wie in Württemberg wurde auch in Bayern Parität der Bekenntnisse verkündet und dem mit der Berufung von Protestanten in den Staatsdienst und an die von Ingolstadt nach Landshut verlegte Universität Rechnung getragen. So fanden hier auf Dauer oder zeitweise der Pädagoge Niethammer, der Philologe Thiersch und der Jurist Savigny einen Wirkungskreis, während Hegel als Gymnasialdirektor in Nürnberg sein großes Werk über die Logik verfaßte. In allen drei Ländern bemühten sich die Regierungen, denen ja die besondere Aufgabe oblag, die alten mit den neugewonnenen Ländern zu verschmelzen, um die Beseitigung der ständischen, provinzialen, lokalen und feudalen Sonderrechte, um Sicherung der Einheit durch eine übersichtliche Verwaltungsorganisation, um Einführung staatsbürgerlicher Gleichheit und um Modernisierung des Steuersystems. Für viele Maßnahmen, auch auf militärischem Gebiet, war Frankreich Vorbild, und unverkennbar gewannen hier nun wirklich die Ideen der Französischen Revolution Geltung auf deutschem Boden, aber man ist dabei doch eigene Wege gegangen. War man politisch von Napoleon abhängig, wogegen besonders der Württemberger manchmal aufbegehrte, sah man sich auch genötigt, ihm die Landeskinder für seine Kriege zur Verfügung zu stellen, so wahrte man doch in der inneren Gestaltung die Selbständigkeit[9].

Daß die *Reformen in den Rheinbundstaaten* des deutschen Westens und Südens mit zahlreichen Mißständen aufräumten, daß sie durch den schon in den vorhergehenden Jahrzehnten vorbereiteten Abbruch eines veralteten Systems nicht nur den Staaten, sondern auch der Bevölkerung Nutzen brachten, dem Fortschritt Bahn brachen, die Wirtschaft belebten und weitere Kreise des Volkes mit Staat und Politik in engere Berührung brachten, kann nicht bestritten werden. Aber abgesehen davon, daß die bisherige soziale Ordnung nicht wirklich angetastet wurde, gab es bei dieser »Revolution von oben« auch bedenkliche Seiten. Die in der Aufklärung wurzelnde unhistorische Denkweise der Rheinbundreformer führte dazu, daß auch wertvolle Bestandteile des Erbes der Vergangenheit abgetragen oder bedroht wurden. Das hatte Zusammenstöße zwischen der Bürokratie und lebendigen Kräften in Volk und Kirche zur Folge. Es war auch nicht so, als wären anstelle der alten ständischen Korporationen volkstümlichere Organe zur Verhinderung von Willkür und zur Beaufsichtigung der Finanzgebarung getreten, vielmehr war mehr als vordem alles in die Hand der Herrscher und ihrer Regierungen gelegt. Damit stieg bei ihnen das Selbstbewußtsein, der Souveränitätswille. Er wandte sich zunächst gegen Napoleon und gegen die Pläne, dem Rheinbund eine straffere Organisation zu geben. Er konnte aber auch künftigen Bestrebungen, zu einem neuen Zusammenschluß eines von der Fremdherrschaft befreiten Deutschlands zu kommen, hemmend in den Weg treten.

E. Hölzle, Das Napoleonische Staatssystem in Dtld., HZ 148 (1933). K. v. Raumer, Dtld. um 1800. O. Connelly, Napoleon's Satellite Kingdoms (1965). M. Dunan, Napoléon et l'Allemagne. Le système continental et les débuts du Royaume de Bavière 1806–1810 (1942). H.-O. Sieburg, Napoléon et les transformations des institutions en Allemagne, Rev. Hist. Mod. 17 (1970). E. Fehrenbach, D. Kampf um d. Einführung d. Code Napoléon i. d. Rheinbundstaaten (1973).

[1] Zu der Entwicklung links des Rheines: Hashagen, Sagnac u. Springer (Kap. 7, Anm. 2). L. Just, Franz v. Lassaulx. Ein Stück rhein. Lebens- u. Bildungsgesch. im ZA d. großen Revolution u. Napoleons (1926). E. Gf. v. Westerholt, Lezay Marnesia. Sohn der Aufklärung u. Präfekt Napoleons 1769 bis 1814 (1958). Zur Durchführung der Säkularisation: Kap. 9, Anm. 10.

[2] W. J. Koppius, Oost-Friesland onder het bestuur van het Koninkrijk Holland 1806–1810, Bijdr. v. Vaderl. Gesch. VII 2 (1932).

[3] Zu den Vorgängen in den Hansestädten: A. Wohlwill, Neuere Gesch. d. Fr. u. Hansestadt Hamburg (1913). P. E. Schramm, 9 Generationen. 300 Jahre dt. »Kulturgesch.« im Lichte d. Schicksale einer Hamburger Bürger-

familie, Bd. 1 (1963). H. SCHNEPEL, Die Reichsstadt Bremen u. Frankreich 1789 bis 1813 (1935).

[4] Zu Dalberg außer der in Kap. 9, Anm. 4, und Kap. 12, Anm. 9, angegebenen Lit.: R. WOHLFEIL, Untersuchungen z. Gesch. d. Rheinbundes 1806 bis 1813. Das Verhältnis Dalbergs zu Napoleon, ZGORh 108, NF 99 (1960). Wie er, so erwartete auch der Publizist A. Winkopp vom Rheinbund eine Weiterbildung im Sinn der Reichstradition mit Bundesverfassung, Bundesgericht und gemeinsamen Einrichtungen für Wirtschaft und Kultur; für ihn war der Triumph der »Souveränisten« über die »Föderalisten« eine große Enttäuschung: E. ZIEHEN, Winkopps »Rheinischer Bund« 1806–1813 u. d. Reichsgedanke, Arch. f. hess. Gesch. 18 (1935).

[5] Für Westfalen: J. WEIDEMANN, Neubau eines Staates. Staats- u. verfassungsgesch. Untersuchung d. Kgr. Westfalen (1935). H. BERDING, Napol. Herrschafts- u. Gesellschaftspol. i. Kgr. Westfalen (1973). W. KOHL, Die Verwaltung d. östl. Departements des Kgr. Westfalen 1807–1814 (1937). F. LÜNSMANN, Die Armee d. Kgr. Westfalen 1807–1814 (1935). H. SCHMIDT, Minden-Ravensberg unter franz.-westf. Herrschaft (Diss. Frankfurt 1933). Fr. THIMME, Die inneren Zustände d. Kft. Hannover 1806–1813 (2 Bde. 1893–1895). H. HEITZER, Insurrektionen zwischen Weser u. Elbe. Volksbewegungen gegen die franz. Fremdherrschaft im Kgr. Westfalen 1806–1813 (1959). Über den ehemaligen preußischen Diplomaten Dohm (1751–1820), der bis Ende 1810 als westf. Gesandter in Dresden tätig war: M. BRAUBACH, Christian Wilh. v. Dohm, in: Westf. Lebensbilder 5 (1937), auch in dess. Diplomatie u. geist. Leben (Kap. 1, Anm. 7). Über Joh. v. Müller, der als Leiter des öffentlichen Unterrichts 1809 in Kassel starb: F. BONJOUR, Studien zu J. v. Müller (1957). K. SCHIB, J. v. Müller 1752–1809 (1967).

[6] Ch. SCHMIDT, Le Grand-Duché de Berg 1806–1813 (1905).

[7] P. DARMSTAEDTER, Das Großhgt. Frankfurt (1901).

[8] Denkwürdigkeiten aus dem Dienstleben d. Hessen-Darmstädt. Staatsministers Frhr. du Thil 1803–1848, hg. v. H. ULMANN (1921). D. KARENBERG, Die Entwicklung der Verwaltung in Hessen-Darmst. unter Ludwig I. 1790–1830 (1964). SCHÖNE (Kap. 9, Anm. 7). M. BERNATH, Die auswärt. Politik Nassaus 1805–1812. Ein Beitr. z. Gesch. d. Rheinbundes u. d. polit. Ideen am Mittelrhein z. Z. Napoleons, Nass. Annalen 63 (1952). A. CHROUST, Das Großhgt. Würzburg 1806–1814 (1913–1932).

[9] ADALBERT V. BAYERN, Max Joseph (Kap. 8, Anm. 1). Von der Biographie Montgelas' von E. WEIS liegt bisher nur ein bis 1799 reichender Bd. vor (1971). M. DOEBERL, Rheinbundverfassung u. bayr. Konstitution (1924). F. ZIMMERMANN, Bayr. Verfassungsgesch. vom Ausgang d. Landschaft bis z. Verfassungsurkunde von 1818, Bd. 1: Vorgesch. u. Entstehung d. Konstitution v. 1808 (1940). P. WEGELIN, Die Bayr. Konstitution v. 1808, Schweiz. Beitr. z. allg. Gesch. 16 (1958). L. DOEBERL, Maximilian v. Montgelas u. d. Prinzip der Staatssouveränität (1925). G. Frhr. v. PÖLNITZ, Kronprinz Ludwig u. Gf. Montgelas, Zs. f. bayer. Landesgesch. 7 (1934). M. SPINDLER, Kronprinz Ludwig u. Napoleon I., Abh. Bayr. Ak. 1942, auch in dess. Erbe u. Verpflichtung (1966). E. DEUERLING, Das Fürstent. Bayreuth unter franz. Herrschaft u. s. Übergang an Bayern 1806–1810 (1932). – E. HÖLZLE, Württemberg im ZA Napoleons u. d. dt. Erhebung (1937). Ders., Kg. Friedr. v. Württ., Württ. Vjh. f. Landesgesch. NF 36 (1930). – F. SCHNABEL, Sigismund v. Reitzenstein. Der Begründer d. bad. Staates (1927). A. WALLER, Baden u. Frankreich i. d. Rheinbundzeit (Diss. Freiburg 1935). W. ANDREAS, Gesch. d. bad. Verwaltungsorganisation u. Verfassung i. d. J. 1802–1818, Bd. 1 (1913). R. G. HAEBLER, Ein Staat wird aufgebaut. Bad. Gesch. 1789–1818 (1948).

Kapitel 15
Entstehung und Ausbreitung der nationalen Bewegung

Es hat im ersten Jahrzehnt des 19. Jh. nicht wenige Deutsche gegeben, die in der Herrschaft Napoleons keine Schmach für ihr Vaterland sahen, die ihr vielmehr zustimmten als der Verwirklichung einer dem alten Reich überlegenen Ordnung und der Anbahnung einer europäischen Gemeinschaft. Man mochte wohl gar den Empfang von Goethe und Wieland durch den Kaiser während des Erfurter Kongresses als die Herstellung der Verbindung zwischen dem Imperator und den Führern des deutschen Geistes deuten. Die Gesprächspartner waren indessen in Wesen, Haltung und Zielen zu gegensätzlich, als daß dies zutraf. Goethe dachte freilich nicht daran, der gerade von ihm so großartig geförderten kulturellen Gemeinschaft der Deutschen einen politischen Akzent zu geben und sich für einen nationalen Zusammenschluß einzusetzen[1]. Rings um ihn aber entstand eine Bewegung, die immer nachdrücklicher die Beseitigung des fremden Einflusses, die Wiederherstellung der Selbständigkeit Deutschlands und eine nationale Einigung forderte.

Diese deutsche Bewegung hatte verschiedene Wurzeln. Idee und Tradition des eben zertrümmerten alten Reiches haben kaum sehr stark auf sie eingewirkt. Man erinnerte sich wohl in manchen Kreisen noch mit Wehmut an Rang und Würde dieser die Deutschen umfassenden Gemeinschaft, aber man dachte auch mit Ironie an die Lässigkeit und Ohnmacht, mit der sie dem Eigenleben der Territorien freien Raum gelassen hatte. Im Grunde war für den *Reichspatriotismus*, wie er sich gerade im 18. Jh. aufgrund der gelehrten Veröffentlichungen der Göttinger Juristen und der beiden Moser entwickelt hatte, das Deutsche nur eine Komponente, neben der übernationale und auch partikularistische Vorstellungen wirkten, und so konnte der Reichsgedanke erst Bedeutung für die deutsche Bewegung gewinnen, als im Zuge der durch die Romantik bewirkten Rückwendung zur Historie die mittelalterliche Geschichte von Kaiser und Reich in nationaler Verklärung erschien[2]. Eine nicht geringe Rolle bei dem nationalen Erwachen in Deutschland hat dagegen das zugleich vorbildliche und tief enttäuschende Verhalten des französischen Nachbarvolkes gespielt. Frankreich hatte in seiner Revolution das große *Beispiel nationalen Zusammenschlusses* gegeben, es hatte Freiheit und Gleichheit nicht nur der Menschen, sondern auch der Völker verkündet, dann aber in Mißachtung dieser Lehren seine Herrschaft über große Teile Deutschlands aufgerichtet und gerade dadurch das Aufgehen der von ihm ausgestreuten Saat, freilich zu seinem eigenen Schaden, befördert. Wenn ursprünglich begeisterte Anhänger der Revolution sich ernüchtert von den Freiheitsbringern abwandten, die sich in den Dienst der Unterwerfungspolitik eines Despoten gestellt hatten, wenn sie nun das Volk Kants und Schillers berufen glaubten, jene großen Ideen zu verwirklichen, so gelangten andere Deutsche aufgrund der wachsenden Erbitterung über fremde Bevormundung und Willkür zur Erkenntnis nationaler Werte und zu dem Willen, sie zu verteidigen. Auch hierfür kam Ermutigung von außen; auf die Unzufriedenen in Deutschland hat die Erhebung des spanischen Volkes gegen Napoleons Unterwerfungsversuch großen Eindruck gemacht, und manche Parolen und Erfahrungen haben sie von dort übernommen[3]. Wichtiger für die Entstehung der nationalen Bewegung aber war der *Glaube an die eigene Bedeutung*, den das deutsche Volk aus seinen geistigen Leistungen während der letzten Jahrzehnte gewonnen hatte. Auf den verschiedensten Gebieten war eine Kultur erwachsen, deren Träger sich zwar als Weltbürger fühlten, die aber die Menschen mit berechtigtem Stolz auf das erfüllte, was mit ihrer Sprache in Literatur, Wissenschaft und Kunst geschaffen wurde. Kulturell war man zu einer Nation geworden, die einen der ersten Plätze innerhalb der Menschheit beanspruchen durfte. Die Überzeugung, daß diese geistige Gemeinschaft auch zu politisch-staatlichem Zusammenschluß gelangen sollte, brach sich angesichts der jammervollen Zerklüftung und Ausschaltung Deutschlands gerade auch in manchen der Männer Bahn, die nur dem Geist und der Menschheit hatten dienen wollen.

Wie in der geistigen Entwicklung in Deutschland um 1800 sehr verschiedene, ja gegensätzliche Kräfte und Auffassungen wirksam waren (Kap. 10), so stießen auch in der nationalen Bewegung sehr unterschiedliche Strömungen aufeinander. Aufklärung und Pietismus haben sie beeinflußt[4], nicht weniger dann der *Idealismus*, wie er von Kant geprägt und auch von Schiller getragen worden war. Beide waren gestorben, bevor mit Preußens Zusammenbruch die politische Auflösung in Deutschland ihren Höhepunkt erreichte. Ob der große Königsberger Philosoph je dem »Nationalwahn« gehuldigt hätte, wird man bezweifeln; dagegen läßt sich bei Schiller, der in seinen letzten

Jahren mehrfach sich zur Individualität und Selbständigkeit jedes Volkes bekannte, eine Einmündung seines Weltbürgertums in ein auch zu politischen Folgerungen drängendes nationales Bewußtsein wohl denken. Jedenfalls finden wir unter den Schülern der beiden manche, die der Erhebung gegen Napoleon Antriebe gaben. Dem in den Bahnen Burkes, des englischen Vorkämpfers gegen die Revolution, wandelnden *Gentz* kam es freilich weniger auf Deutschland an als auf die Beseitigung drohender Universalherrschaft und die Wiederherstellung europäischen Gleichgewichts[5]. Wilhelm von *Humboldt*, der einst jede Einwirkung des Staates auf die Menschen verworfen und noch bei Übernahme eines politischen Postens als preußischer Resident in Rom (1802) in erster Linie an Möglichkeiten zu Ausbildung und Genuß gedacht hatte, wurde, erschüttert von Not und Demütigung des Vaterlandes, zum Vorkämpfer der Erziehung der Menschen zu nationaler Gemeinschaft[6]. Weit entschiedener verband *Fichte* Individualismus und Kosmopolitismus mit einem merkwürdigen Nationalismus, indem er gerade in dem deutschen Volk das am vollkommensten die ganze Menschheit repräsentierende »Urvolk« zu erkennen glaubte, das, um seine Mission zur Überwindung alles Egoistischen und Verderbten erfüllen zu können, zu wirklicher Gemeinschaft erzogen werden müsse, damit ein deutscher Volksstaat als Kern des Vernunftreichs der Menschheit entstehe. Das war der Inhalt der ›Reden an die deutsche Nation‹, die der wegen angeblichen Atheismus 1799 in Jena entlassene und von dort über Erlangen nach Berlin gelangte Philosoph im Winter 1807/08 in der von den Franzosen besetzten Stadt hielt. Der unmittelbare Eindruck des in eigenwilliger Sprache vorgetragenen Aufrufs zu »Deutschheit« scheint nicht groß gewesen zu sein, aber auf die Dauer muß er, der alsbald gedruckt wurde, vor allem auf Angehörige der jüngeren Generation gewirkt haben, die aus ihm die Verpflichtung zum rücksichtslosen Kampf für die deutsche Erneuerung entnahmen[7].

Wie Kant und Schiller, so war auch Herder vor Aufrichtung der Napoleonischen Herrschaft in Deutschland gestorben. Aber von seinen Erkenntnissen über die geschichtlichen Eigentümlichkeiten und das organische Wachstum der Völker sind für die Formung des deutschen Nationalgefühls bedeutsame Anregungen ausgegangen[8]. Sie wurden von den *Romantikern* aufgegriffen, die philosophisch die Lehre vom Volksgeist als schöpferischem Kern nationalen Lebens entwickelten und sich zugleich der Vergangenheit des eigenen Volkes, seiner Dichtung und Kunst ebenso wie seiner Geschichte zuwandten. Sie entdeckten und feierten die Größe des von der Aufklärung verdammten christlich-deutschen Mittelalters und forderten für die Gegenwart zugleich eine religiöse und eine nationale Besinnung. Hatte die Frühromantik in Jena und Berlin noch in enger Verbindung mit dem humanistischen Idealismus gestanden, so ging der romantische Geist nun eigene, dabei auch wieder sehr unterschiedliche Wege. In Heidelberg fanden sich Achim von Arnim (1781–1831) und Clemens Brentano (1778 bis 1842) zusammen zu einer Ausgabe deutscher Volkslyrik in ›Des Knaben Wunderhorn‹ (1805/06), und zu ihnen trat der Koblenzer Joseph *Görres* (1776–1848), seit der Aufrichtung der Herrschaft Napoleons in Paris irre geworden an Frankreich und an den jakobinischen Überzeugungen seiner Jugend und unter dem Einfluß von Herders und Schellings Lehren der weltbürgerlichen Aufklärung entfremdet. Mit der Ausgabe der ›Deutschen Volksbücher‹ (1807) suchte er zunächst literarisch die Bedeutung der deutschen Vergangenheit aufzuzeigen, um nach seiner Rückkehr von Heidelberg nach Koblenz bereits in einem Aufsatz ›Über den Fall Teutschlands und die Bedingungen seiner Wiedergeburt‹ die Wiederaufnahme seiner Publizistik anzukündigen, die nicht mehr von der Freiheit und Gleichheit, sondern von dem nationalen Recht der Deutschen handeln sollte[9]. Es bezog sich auf das Wirken der drei romantischen Freunde, das in Jünglingen wie Joseph von Eichendorff Widerhall und in den Bestrebungen der Brüder Boisserée um mittelalterliche Meisterwerke deutscher Kunst, wie den unvollendeten Kölner Dom, eine wichtige Ausweitung fand, wenn später der Freiherr vom Stein äußerte, daß in Heidelberg sich ein gut Teil des Feuers entzündet habe, das die Franzosen verzehrte. An anderem Ort und auf anderen Wegen waren die Brüder *Schlegel* als Träger romantischer Ideen, Gegner Napoleons und Vorkämpfer der Nation tätig, August Wilhelm in enger Verbindung mit der den Despoten hassenden und die deutsche Geisteskultur bewundernden Madame de Staël, unmittelbarer noch Friedrich, der, bei einem Aufenthalt in Paris in seinen kosmopolitischen Anschauungen erschüttert und in Köln in Verbindung mit den Boisserées, seit 1808 in Wien in den Mittelpunkt der auf eine Erhebung Deutschlands unter Österreichs Führung drängenden Kreise trat[10]. Inzwischen setzte sich Friedrich *Schleiermacher* (1768–1834) in Predigten in der Berliner Dreifaltigkeitskirche für eine Erneuerung des protestantischen Christentums und eine sittliche Umkehr ein, wobei er zugleich eine lebendige Teilnahme am Leben des Vaterlands und die bewußte Ausbildung des Nationalcharakters als Voraussetzungen für die Wiedererringung der Freiheit forderte[11]. Schärfer noch wandten sich andere gegen den Rationalismus und gegen alle revolutionären Grundsätze. In Vorlesungen über ›Elemente der Staatskunst‹, die der aus Berlin stammende *Adam Müller* (1779–1829) in Dresden hielt, wurde als Basis für eine nationale Wiedergeburt die Rückkehr zu den alten germanischen Einrichtungen, d. h. einer christlich-ständischen Organisation des staatlichen Lebens, bezeichnet; eine restaurative *politische Romantik* wurde hier sichtbar, die sich eng mit dem Traditionalismus von Gentz berührte[12]. In Berlin, wohin Müller zurückkehrte und Achim von Arnim von Heidelberg kam, verbanden sich romantische Geister und ständisch-junkerliche Kreise in der »christlich-germanischen Tischgesellschaft«, deren Mitglieder in den ›Berliner Abendblättern‹ einen publizistischen Kampf gegen Napoleon und die Franzosen, aber auch gegen liberale Strömungen und Reformen führten. Da treffen wir vor allem den als Dichter hochbegabten, aber innerlich zerrissenen und durch Selbstmord endenden Heinrich von *Kleist* (1777–1811), in dem neben romantischer Phantasie sich ein elementarer Haß gegen den Unterdrücker unbekümmert um menschheitliche und christliche Gebote kundtat[13].

In dieser aufbrandenden nationalen Bewegung gab es schließlich auch Kräfte, die aus dem breiteren Volk kamen und gerade deshalb wohl stärker wirkten als die Jünger des Idealismus und der Romantik. Einen erdnahen, aktiven Patriotismus repräsentierte der Rügener Bauernsohn Ernst Moritz *Arndt* (1769–1860), der in einzigartiger Weise geistige Aufgeschlossenheit mit dem sicheren Gefühl für das verband, was dem Volk not tat und es beeindruckte. 1805/06 sind die ersten Teile seines ›Geist der Zeit‹ erschienen, in dem er in allgemein verständlicher Sprache die Liebe zum Vaterland, die Sicherung des Volkstums und die Gemeinschaft des zum Selbstbewußtsein erwachenden Deutschland forderte. Wenn sein Glaube an die Deutschen als den auserwählten Mittelpunkt des Weltteils und der neueren Geschichte an Fichtes Thesen vom Urvolk anklang, so glich er dem Philosophen auch in dem unerschütterlichen Zukunftsoptimismus und in der Willenskraft, mit denen er seine nationalen Überzeugungen allen Rückschlägen zum Trotz zur Geltung zu bringen suchte; aber anders als jener empfand er unmittelbar mit dem Volk, das er mit seinen Schriften und Liedern auf die Stunde der Erhebung vorzubereiten wußte[14]. An Fähigkeit war ihm Friedrich Ludwig *Jahn* (1778–1852), der »Turnvater«, nicht vergleichbar, doch wird man auch seinen Anteil an Aufstieg und Entwicklung der deutschen Bewegung nicht geringschätzen, den er nicht nur durch die Anleitung der Jugend zu körperlicher Ertüchtigung, sondern auch durch sein ›Deutsches Volkstum‹ (1810) hatte, so kraus der Inhalt auch im Vergleich mit Arndts klaren Veröffentlichungen war[15].

Diese Bewegung hat den politisch zersplitterten und fremder Führung unterworfenen Deutschen Aufgaben und Ziele gewiesen, die jedem Volk gestellt waren. Sie erwuchs aus einem großartigen geistigen Aufschwung, aus idealistischem Streben und aus Erkenntnis der Werte, die das eigene Volk der Menschheit geben konnte. Ihre Schöpfer und Künder haben sich meist von der europäischen oder universalen Gemeinschaft nicht abwenden wollen, viele von ihnen sahen vielmehr in der Erhebung und nationalen Neuordnung Deutschlands gerade eine europäische und weltbürgerliche Pflicht, und der Gedanke einer Kränkung oder gar Vergewaltigung anderer Nationen lag ihnen fern. Aber durch die Plötzlichkeit des Durchbruchs des Nationalgefühls, durch die Tatsache, daß die politisch unzureichend gebildeten und erfahrenen Deutschen sich jäh vor die Alternative einer Selbstaufgabe oder eines erbitterten Kampfes gestellt sahen, lag die *Gefahr eines Überschwangs*, eines über die Befreiung hinaus nach der Vernichtung des Feindes und eigener Machtausdehnung verlangenden Nationalismus vor. Es lassen sich in der Tat bedenkliche Zeugnisse von Selbstüberschätzung in Fichtes und Arndts Glauben an die Überlegenheit der Deutschen über alle anderen Völker erkennen, und in der ›Hermannsschlacht‹ Kleists wie auch in manchen patriotischen Flugschriften und Dichtungen der Zeit der Befreiungskriege begegnet man Tönen haßerfüllter Leidenschaft. Man kann auch darin, daß sowohl der junge Hegel als auch Fichte auf der Suche nach Mitteln für eine Neugestaltung Deutschlands ihre Aufmerksamkeit den Lehren Machiavells zuwandten, Ansätze zu einer Hinwendung zu Machtpolitik und Staatsallmacht sehen. Schließlich ließ die Verbindung zwischen dem aufkommenden Nationalgefühl und der den liberalen westeuropäischen Staatsgedanken als unorganisch verwerfenden Romantik eine Kluft zwischen deutschem und westlichem Denken entstehen, die in den Deutschen den Willen zum Anderssein bestärkte. Doch können solche zunächst begrenzten Begleit- und Folgeerscheinungen das Verdienst nicht schmälern, das der jungen Bewegung als Grundlage für den Aufstieg des Volkes aus politischer Demütigung zukommt[16].

Philosophen, Dichter, Gelehrte, Publizisten, Studenten allein konnten freilich diesen Umschwung nicht herbeiführen. Wohl haben die Patrioten sich hier und da zu organisieren versucht; man fand sich in Salons und Gesellschaften und auch in Geheimbünden zusammen. Die Bedeutung des 1808 von Mitgliedern der Königsberger Freimaurerloge gegründeten »Tugendbundes«, dem reformfreudige preußische Offiziere nahestanden, wurde freilich von französischen Agenten und ängstlichen Bürgern sehr aufgebauscht, er ist zudem schon Ende 1809 aufgelöst worden. Und Verbindungen wie die »Fechtbodengesellschaft« des leidenschaftlichen Fichteschülers Friesen und der 1810 von Jahn und Friesen zur Erhaltung des deutschen Volkes in seiner Ursprünglichkeit und Selbstständigkeit gegründete »Deutsche Bund« haben wohl den Willen zu Widerstand und Erhebung verbreiten und wachhalten, auf das politische Handeln aber kaum einwirken können[17]. Dazu war es nötig, daß eine Verbindung zwischen dem sich regenden Patriotismus und den noch vorhandenen politischen Mächten hergestellt wurde. Dementsprechend haben auch die Patrioten eine nationale Wiedergeburt durch den Staat, d. h. durch die aus der Geschichte gewordenen Gewalten, verlangt, von ihnen erhofft, daß sie das Werk der Nationalerziehung anpacken und damit den Weg zur Erhebung und Befreiung bahnen würden. Wirklich ist es an einigen Stellen zu einem *Bündnis zwischen Geist und Staat* gekommen; das nationale Streben hat in Regierungen und Armeen nicht nur Förderer, sondern auch politische Führer gefunden. In der Geschichte der deutschen Bewegung haben Männer wie die Brüder Stadion in Österreich und die großen preußischen Reformer Stein, Scharnhorst und Gneisenau ebenso ihren Platz wie Fichte und Schleiermacher, Arndt und Görres. Auch sie dachten in erster Linie als deutsche Patrioten, sie handelten freilich zugleich als Diener ihrer Staaten, deren Interessen und Ziele nicht immer übereinstimmten. So ist es denn auch nicht zu einer gleichzeitigen allgemeinen Erhebung gekommen. Für Schicksal und Zukunft des nationalen Einheitstriebs ist es von nicht geringer Bedeutung gewesen, daß der zunächst von Österreich unternommene Anlauf mißglückte, während Preußen, nachdem es weit entschiedener den neuen Ideen durch umfassende Reformen Eingang in sein Staatswesen gewährt hatte, dann sichtbar an die Spitze des durch die Entwicklung der europäischen Lage ermöglichten Befreiungskampfes trat.

MEINECKE, Weltbürgertum u. Nationalstaat u. ZA d. dt. Erhebung. H. KOHN, Die Idee d. Nationalismus. Ursprung u. Gesch. bis z. Franz. Revolution (1950). Ders., Prelude to Nation-States. The French and German Experience 1789–1815 (1967). E. LEMBERG, Gesch. d. Nationalismus in Europa (1950). O. VOSSLER, Der Nationalgedanke von Rousseau bis Ranke (1937). M. JOLLES, Das dt. Nationalbewußtsein im ZA Napoleons (1936). A. KEMILÄINEN, Auffassungen über die Sendung des dt. Volkes um die Wende d. 18. u. 19. Jh. (1956). E. N. ANDERSON, Nationalism and the Cultural Crisis in Prussia 1806–1815 (1939). W. M. SIMON, Variations in Nationalism during the Great Reform Period in Prussia 1806–1815, AHR 59 (1954). J. DROZ, Romantisme Allemand (1966). C. BRINKMANN, Der Nationalismus u. die dt. Universitäten im ZA der dt. Erhebung, SB Ak. Heidelberg 1931/32. H. HAUSSHERR, Dt. Bewegung u. Staatsführung 1807–1809, HZ 167 (1943).

[1] H. v. SRBIK, Goethe u. das Reich, in: Goethe, Viermonatsschr. d. Goethe-Gesellsch. 4 (1939). H. HAUSSHERR, Goethes Anteil am pol. Geschehen seiner Zeit, ebd. 11 (1949). MOMMSEN (Kap. 1, Anm. 1). H. TÜMMLER, Goethe in Staat u. Politik (1964). E. REDSLOB, Goethes Begegnung mit Napoleon (1954).

[2] A. BERNEY, Reichstradition u. Nationalstaatsgedanke 1789–1815, HZ 140 (1929).

[3] P. RASSOW, Die Wirkung der Erhebung Spaniens auf die dt. Erhebung gegen Napoleon I., HZ 167 (1943). R. WOHLFEIL, Spanien u. die dt. Erhebung 1808–1814 (1965).

[4] K. S. PINSON, Pietism as Factor in the Rise of German Nationalism (1934); vgl. Bd. 10, Kap. 15, Anm. 12. G. KAISER, Pietismus u. Patriotismus im literar. Dtld. (1961).

[5] Zu Gentz Kap. 11, Anm. 3.

[6] Zu Humboldt u. Kap. 17, Anm. 16.

[7] M. WUNDT, Joh. Gottlieb Fichte. Sein Leben u. s. Lehre (1927). X. LÉON, Fichte et son temps (2 Bde. 1922–1927). N. WALLNER, Fichte als polit. Denker (1926). H. C. ENGELBRECHT, Joh. Gottl. Fichte. A Study of his Political Writings with Special Reference to his Nationalism (1933). Zur unmittelbaren Wirkung der Reden an die dt. Nation: R. KÖRNER, FBPG 40 (1927); E. N. ANDERSON, ebd. 48 (1931).

[8] Vgl. Kap. 10, Anm. 11. R. R. ERGANG, Herder and the Foundation of German Nationalism (1931).

[9] J. GÖRRES, Ges. Schriften, Bd. 3, hg. v. G. MÜLLER (1926), Bd. 4, hg. v. L. JUST (1955). R. SCHMITT, Zur Biographie d. Jos. Görres f. d. Jahre 1802 bis 1808, Jb. f. Gesch. u. Kunst d. Mittelrheins 10 (1958). L. JUST, Görres in Heidelberg, HJb 74 (1955).

[10] O. BRANDT, Aug. Wilh. Schlegel. Der Romantiker u. d. Politik (1919). P. Gfin. DE PANGE, Aug. Wilh. Schlegel u. Frau v. Staël (1949). R. VOLPERS, Friedr. Schlegel als polit. Denker u. dt. Patriot (1917). G. P. HENDRIX, Das pol. Weltbild Fr. Schlegels (1962).

[11] Grundlegend W. DILTHEY, Das Leben Schleiermachers, Bd. 1 (1870, ²1922). Ders., Schleiermachers pol. Gesinnung u. Wirksamkeit, in dess. Ges. Schriften, Bd. 12 (⁴1964). E. MÜSEBECK, Schleiermacher in d. Gesch. der Staatsidee u. d. Nationalbewußtseins (1927). K. BRO-

SCHE, Schleiermachers Ansichten über Volk, Staat u. Volkserziehung (Diss. Braunschweig 1936).

[12] J. BAXA, Adam Müller (1929). L. SAUZIN, Ad. Heinr. Müller. Sa vie et son œuvre (1937). Zur pol. Romantik: C. SCHMITT, Pol. Romantik (1919); H. S. REISS, The Political Thought of the German Romantics 1793–1815 (1955). – Gentz, Ad. Müller, auch Franz v. Baader, stellten, wie R. VIERHAUS, Überstaat u. Staatenbund, AKG 43 (1961), bemerkt, in erster Linie eine Gegenbewegung gegen Napoleons Europaideologie dar, die anstelle des Empire eine internationale Konzeption setzen wollte. Zu Baader (1765–1841) und seinem Einfluß auf Schellings Philosophie der Freiheit: E. SUSINI, Fr. v. Baader et le romantisme mystique (2 Bde. 1942).

[13] P. EBERHARD, Die pol. Anschauungen d. christl.-dt. Tischgesellschaft. Untersuch. z. Nationalgefühl Achim v. Arnims, Baron de la Motte-Fouqués, Heinr. v. Kleists u. Ad. Müllers (1937). H. SEMBDNER, Die Berliner Abendblätter H. v. Kleists. Ihre Quellen u. ihre Redaktion (1939). H. M. WOLFF, Heinr. v. Kleist als pol. Dichter (1947). J. K. H. MÜLLER, Die Rechts- und Staatsauffassung Heinr. v. Kleists (1962).

[14] Ältere, bis 1815 reichende Biographie von E. MÜSEBECK (1914). Gesamtwürdigung unter bes. Berücksichtigung seiner Bedeutung für die Volksidee von P. R. RUTH, Handwörterbuch d. Grenz- u. Auslandsdeutschtums, Bd. 1 (1933). Ders., Arndt u. d. Gesch. (1930). R. WOLFRAM, E. M. Arndt u. Schweden (1933). W. v. EICHBORN, E. M. Arndt u. das dt. Nationalbewußtsein (Diss. Heidelberg 1932). H. POLAG, Arndts Weg zum Dt. (Diss. Frankfurt 1936). R. FAHRNER, Arndt. Geist. u. pol. Verhalten (1937). I. IBBEKEN, E. M. Arndt u. die christl.-german. Bewegung seiner Zeit (Diss. Gießen 1937). H. KOHN, Arndt and the Character of German Nationalism, AHR 54 (1949). G. OTT, E. M. Arndt. Religion, Christentum u. Kirche in der Entwicklung des dt. Publizisten u. Patrioten (1966).

[15] M. ANTONOWYTSCH, Fr. Ludw. Jahn. Ein Beitrag zur Gesch. der Anfänge des dt. Nationalismus (1933). A. STOLDT, F. L. Jahns ›Dt. Volkstum‹ v. 1810 (Diss. Hamburg 1937).

[16] Zum Problem des neudt. Nationalismus: G. RITTER, Europa u. d. dt. Frage (1948, ²1964 u. d. T. Das dt. Problem).

[17] E. RUNDNAGEL, Friedr. Friesen (1936).

Kapitel 16
Österreichs Erhebung und Niederlage (1809)

Seit dem Ende des alten Reiches war Österreich zu einem Zentrum einer nicht nur anti-napoleonischen, sondern auch nationalen Bewegung geworden. Aus der durch die Romantik angeregten Beschäftigung mit der Geschichte der Vergangenheit erwuchsen zugleich die Sehnsucht nach Wiederherstellung eines unabhängigen, mächtigen Deutschland und die Vorstellung der Mission Österreichs in Europa; nebeneinander erstrebte man eine Einigung der deutschen Nation und die imponierende Machtstellung eines gesamtösterreichischen Staates. Während der nach Austerlitz nach Böhmen ausgewichene

Gentz zunächst von Teplitz und Prag aus die Erhebung um der Befreiung Europas willen predigte, fanden in Wien deutsche und österreichische Tradition und Hoffnung in dem Salon der Caroline Pichler einen Mittelpunkt und ihren literarischen und politischen Ausdruck in der Geschichtsschreibung des Tirolers Hormayr und in den Dichtungen und Liedern Heinrich Collins. Der Weckung des *vaterländischen Bewußtseins* und Willens dienten neben Historie, Poesie und Theater Flugschriften und Zeitungen; der Publizistik Hormayrs und den ›Vaterländischen Blättern für den österreichischen Kaiserstaat‹ unter der Leitung des aus dem Breisgau stammenden Armbruster folgte hier seit Juni 1809 die von Friedrich Schlegel redigierte ›Österreichische Zeitung‹[1].

All dies geschah nicht nur mit Billigung, sondern unter anregender Förderung der Regierung. Zwischen Kaiser Franz und den Patrioten konnte es freilich keine wirkliche Gemeinschaft geben, aber in ihm wußte seine von leidenschaftlicher Abneigung gegen Napoleon erfüllte dritte Gemahlin Maria Ludovica von Habsburg-Este den dynastischen Behauptungswillen zu verstärken. Von den Brüdern des Kaisers forderte der einer aufgeklärten Staatsidee zugewandte Karl (1771–1847) die Sicherung Österreichs durch Beseitigung von Mißständen und Herstellung militärischer Bereitschaft; dem für Land und Volk der heimatlichen Alpenwelt begeisterten Erzherzog Johann (1781–1859) ging es darum, das Volk mit dem Staat zu verbinden und dadurch die Grundlage für den nationalen Aufstieg Deutschlands unter Österreichs Führung zu schaffen[2]. Dieser Gedanke war vor allem in dem Mann lebendig, der nach dem Preßburger Frieden zur Leitung der Außenpolitik berufen worden war, dem aus schwäbischem Adelsgeschlecht stammenden Philipp *Stadion* (1763–1824). In enger Verbindung mit seinem älteren Bruder Friedrich (1761–1811), der als Gesandter in München die Vorgänge im übrigen Deutschland beobachtete, unterstützt auch von dem Kabinettsreferenten Baldacci, wollte er das Napoleonische Übergewicht beseitigen. Voraussetzung für eine Erhebung war ihm eine innere Umformung Österreichs, nun nicht freilich auf revolutionärer Grundlage, sondern durch Belebung der geschichtlich gewordenen Kräfte von Fürst und Ständen, mit deren Hilfe eine straffere Staatsführung ermöglicht und politischer Geist in den Völkern der Monarchie geweckt werden sollten. Wirklich ist es in der Ära Stadion zwischen 1806 und 1809 in Österreich zu manchen *Reformen* gekommen.

Wirkten neben der Schwerfälligkeit des Kaisers gegensätzliche Anschauungen des Ministers und des Erzherzogs Karl lähmend, so fanden sich beide doch zu einem bedeutsamen Entschluß zusammen, der Errichtung einer Landwehr in den verschiedenen Territorien (9. 6. 1808), wobei es Karl wohl in erster Linie auf eine Ergänzung der Linientruppen ankam, um deren Verstärkung, bessere Ausrüstung und militärische Erziehung er sich eifrig bemühte, während Stadion und Erzherzog Johann an eine allmähliche Wehrhaftmachung des ganzen Volkes dachten. Diese Konservativen kamen schließlich insofern zu einer Bejahung revolutionärer Mittel, als sie alle nationalgesinnten Deutschen außerhalb der eigenen Grenzen zur Unterstützung Österreichs aufriefen. Der Lenkung und Unterstützung der vaterländischen Literatur und Publizistik in Österreich entsprach eine planmäßige *Propaganda im übrigen Deutschland*, die vor allem von München durch Friedrich Stadion und von Dresden durch den Geschäftsträger Buol in Verbindung mit Adam Müller und Heinrich von Kleist betrieben wurde. Die Hoffnung auf eine allgemeine Erhebung Deutschlands hat dann auch bei dem Kriegsentschluß Österreichs von 1809 eine Rolle gespielt.

Bestimmend für ihn sind andere Überlegungen gewesen. Sosehr man zunächst bestrebt war, sich mit dem Sieger von Austerlitz zu arrangieren, auf die Dauer glaubte man doch nur durch neuen Kampf das Schicksal weiterer Entmachtung oder der Vernichtung abwenden zu können. Das Ausgreifen Napoleons nach der Pyrenäenhalbinsel, sein schnödes Spiel mit den spanischen Bourbonen, die mit List und Gewalt zur Abdankung gezwungen wurden, die Annexion des Kirchenstaats und die Übertragung Neapels an des Kaisers Schwager Murat machten Kaiser Franz und seine Umgebung um die eigene Existenz besorgt. Zugleich zog man aus der Entwicklung der europäischen Lage allmählich den Schluß, daß gerade aufgrund des rücksichtslosen Auftretens des Imperators sein Stern im Sinken sei und man auf Bundesgenossen rechnen könne. Sicher war man der Hilfe durch England, das der Kontinentalsperre mit scharfen Gegenmaßnahmen begegnete und, wie es ihr im Norden durch Bombardement Kopenhagens und Fortnahme der dänischen Flotte (September 1807) Abbruch getan hatte, so im Süden sich anschickte, durch Unterstützung des in Spanien ausgebrochenen Aufstands gegen die Franzosen dem Gegner schweren Schaden zuzufügen. Gerade die Ereignisse in *Spanien* mußten die Wiener Regierung mit Hoffnungen erfüllen. Angesichts der Niederlagen französischer Abteilungen, die seinen als König eingesetzten Bruder Joseph zur Flucht aus Madrid zwangen, sah Napoleon sich genötigt, erhebliche Teile seiner noch in Deutschland stehenden Truppen nach dort zu werfen. Das mochte die geplante Volkserhebung der Deutschen erleichtern, auf die zudem das Beispiel der Spanier aneifernd wirkte, und es ließ auch einen Anschluß der in Tilsit so tief gedemütigten zweiten deutschen Macht als möglich erscheinen[3]. In *Preußen* war nach dem Frieden der Freiherr vom Stein zur Leitung der Staatsgeschäfte berufen worden; er hatte zunächst, um die Räumung des dem Staat verbliebenen Territoriums durch die Franzosen zu erreichen, Erfüllungspolitik getrieben, war dann aber aufgrund der harten Forderungen Napoleons zu der Überzeugung gelangt, daß Preußen nur bei raschem Sturz von dessen Herrschaft gerettet werden könne (Kap. 17). Gleich ihm erstrebten die mit der Reorganisation des preußischen Heeres betrauten Offiziere gemeinsames Handeln mit Österreich, mit dem sie durch den Grafen Goetzen in Schlesien in Verbindung standen. Doch im Sommer 1808 schien man in Wien die Hoffnung auf Unterstützung von dieser Seite begraben zu müssen. Ein in französische Hände gefallener Brief Steins hatte dessen geheime Absichten offenbart und erleichterte es Napoleon, in einer Konvention Preußen seinen Willen aufzuzwingen. Nun hielten freilich der vor dem Achtspruch des Kaisers nach Prag geflüchtete Stein und seine Gesinnungsgenossen in Berlin auch jetzt noch die Verwirklichung ihrer Kampfpläne für möglich. Das hing jedoch davon ab, ob der große Nachbar im Osten sich zu einer Abwendung von seiner Tilsiter Politik entschließen würde. *Rußland* war natürlich von vornherein auch ein wichtiger Faktor in den Überlegungen der Wiener Politiker, von denen Erzherzog Karl den Zaren kaum weniger fürchtete als Napoleon, während Stadion die Wiederherstellung des Bündnisses mit ihm wünschte. Man wußte von den Reibungen, die sich schon bald nach Tilsit zwischen St. Petersburg und Paris ergeben hatten. Doch mußte nicht die im Frühherbst 1808 stattfindende Zusammenkunft der beiden Herrscher des Westens und Ostens in *Erfurt* (Kap. 14, 15) alle Hoffnungen auf ein Ende ihrer Freundschaft zerstören? Durch Zugeständnisse an das russische Expansionsstreben gegen Finnland und die Donaufürstentümer hat Napoleon seine Absicht, durch Erneuerung des Bündnisses die Rückendeckung für die Niederwerfung Spaniens zu gewinnen, erreicht, ja der Zar hatte auch Einwirkung auf Österreich zugesagt. Immerhin hatte er sich nicht dazu verstanden, es zu sofortiger Abrüstung zu zwingen, und Stadion war überzeugt, daß er an aktives Eingreifen auf französischer Seite nicht dachte. Mit den Versicherungen der deutschen Patrioten, daß der Schilderhebung des Kaiserstaats der Anschluß Preußens und ganz Deutschlands folgen werde, trafen zudem Berichte aus Paris über Umtriebe einer inneren Opposition in Frankreich um den bisherigen Außenminister Talleyrand zusammen, die auf eine schwere Erschütterung der Stellung Napoleons deuteten[4]. Trotz Erfurt wurde so bereits Ende 1808 mit dem Beschluß der Fortführung aller auf den Kampf zielenden Maßnahmen die *Entscheidung für den Krieg* in Wien getroffen. Die nächsten Monate brachten eine Intensivierung der Rüstungen und ein Anschwellen der patriotischen Propaganda, die durch Collin und Hormayr an den österreichischen Stolz, durch Schlegel, Kleist und Arndt an das deutsche Nationalgefühl appellierte. Ihren Höhepunkt erreichte sie in dem von Gentz entworfenen österreichischen Kriegsmanifest und dem von Friedrich Stadion und Schlegel verfaßten Aufruf des zum Oberbefehlshaber ernannten Erzherzogs Karl an die deutsche Nation, mit dem Anfang April 1809 der Kampf eröffnet wurde.

Das Wagnis ist nicht geglückt. Einmal erwies sich die Erwartung, daß Österreichs Schritt das Signal zu einem allgemeinen Aufbruch gegen den Imperator sein werde, als irrig. Von einer Erschütterung des Kaisertums in Frankreich war nichts zu verspüren. Ohne Schwierigkeiten konnte der eiligst aus Spanien zurückgekehrte Napoleon seine Gegenmaßnahmen treffen. Wenn englische Zusagen finanzieller Unterstützung und militärischer Expeditionen für Wien unbefriedigend waren, so nahm Rußland keine freundliche Haltung gegenüber Österreich ein. Das wirkte sich auf Preußen aus, wo der König sich durch den Ansturm der Patrioten nicht aus einer Politik vorsichtigen Abwartens drängen ließ. Ihm war es eine unerhörte Rebellion, als der bei der Verteidigung Kolbergs bewährte Major von Schill mit seinen Husaren von Berlin aus gegen das Königreich Westfalen zog, um die dort von dem Oberst von Dörnberg geplante Erhebung zu unterstützen. Der Putsch in Westfalen mißlang, und während Dörnberg die Flucht nach Böhmen glückte, sah Schill sich bei dem Versuch, das Meer zu erreichen, in Stralsund von feindlicher Übermacht gestellt;

seinem Tod im Straßenkampf (31. Mai) folgte die standrechtliche Erschießung von elf seiner Offiziere in Wesel (16. September). Besser erging es dem früheren Herzog Friedrich Wilhelm von Braunschweig, der mit einem in Böhmen gesammelten Freikorps nach Teilnahme an österreichischen Operationen in Sachsen über Halberstadt und Braunschweig an die Wesermündung gelangte und dort von englischen Schiffen aufgenommen wurde[5]. Es waren nur *vereinzelte Unternehmungen*, nicht eine Volkserhebung. In einem Land allerdings brach sie aus, in dem zu Bayern geschlagenen *Tirol*, in dem die Anhänglichkeit an das Haus Habsburg und die Empörung über die aufgeklärten Maßnahmen der bayerischen Regierung auf religiösem Gebiet eine starke Gärung erzeugt hatten und der Aufstand durch einheimische Führer wie den Sandwirt vom Passeiertal, Andreas Hofer, in Verbindung mit Erzherzog Johann und Hormayr vorbereitet worden war; die Tiroler wußten sich in den Besitz der Hauptstadt Innsbruck zu setzen und die anrückenden Bayern und Franzosen in mehrfachen Kämpfen am Berge Isel zurückzuschlagen[6].

Vielleicht wären diese Aktionen doch Vorläufer einer umfassenden Erhebung gewesen, wenn die Österreicher militärisch größere Energie gezeigt hätten. Erzherzog Karl hatte sich trotz mancher Bedenken von der Kriegsbegeisterung mitreißen lassen, aber dem hervorragenden Organisator und Erzieher der Armee und begabten Strategen fehlte die Kraft zu kühner Offensive. Nachdem die Chance, die anfangs verzettelt stehenden französischen und rheinbündischen Streitkräfte vor Erscheinen Napoleons zu überfallen, verpaßt worden war, wußte dieser die Österreicher rasch in die Verteidigung zu drängen und in fünftägigen Operationen (18. bis 23. April) schwer zu zerzausen. Bei Hausen, Abensberg, Landshut, Eggmühl geworfen und schließlich mit seiner Hauptmacht in Regensburg auf das nördliche Donauufer gedrängt, wich der Erzherzog nach Böhmen zurück, während der Kaiser bei Ebelsberg sich den Weg nach *Wien* öffnete, das bereits am 13. Mai *kapitulierte*. Eiligst haben die Österreicher ihre inzwischen in Italien und Polen vorgedrungenen Armeen zurückgerufen. Eine Entscheidung war noch nicht gefallen. Und als Napoleon versuchte, sie durch Angriff auf die von Karl nördlich der Donau nahe Wien zusammengezogenen Gegner herbeizuführen, erlitt er seine erste Niederlage; in richtiger Erkenntnis der Lage griff der Erzherzog die bei der Insel Lobau über den Strom setzenden französischen Heeresteile an und besiegte sie am 21./22. Mai bei *Aspern* und Essling. Doch da der Erfolg nicht sofort ausgenutzt wurde, blieb er auch politisch ohne die erhofften Folgen. Dem an den preußischen Hof entsandten Oberst Steigentesch sprach Friedrich Wilhelm III. die besten Wünsche für die Sache Österreichs aus, eigenes Handeln aber machte er von dem Ergebnis einer weiteren Schlacht abhängig. Sie bereitete Napoleon sorgsam vor. Während sein Stiefsohn Eugen Beauharnais den von Steiermark über Ungarn heranrückenden Erzherzog Johann bei Raab aufzuhalten vermochte, gelang es ihm, den Übergang über die Lobau erfolgreich durchzuführen und Karl in der Schlacht bei *Wagram* am 5./6. Juli zu schlagen. Zwar konnten sich die Österreicher in voller Ordnung zurückziehen, aber Karl hielt nun weiteren Kampf für aussichtslos und bat den Gegner um Waffenstillstand, der am 12. Juli in Znaim unterzeichnet wurde[7]. Zeitweise schien es, als ob Kaiser Franz angesichts der Härte der von den Franzosen bei Friedensverhandlungen in Altenburg gestellten Bedingungen dem Drängen Stadions und Baldaccis folgend sich zur Weiterführung des Krieges entschließen würde. Schließlich setzten sich die von dem früheren Pariser Botschafter Metternich geführten Befürworter einer Verständigung mit Napoleon durch, die auf den Mißerfolg einer englischen Unternehmung gegen Holland, die Untätigkeit Preußens und die Undurchsichtigkeit der russischen Haltung hinweisen konnten. Mit dem Ersatz Stadions durch Metternich fiel die Entscheidung. In Napoleons Hauptquartier *Schönbrunn* wurde der *Friede* am 14. Oktober unterzeichnet.

Er erniedrigte Österreich zu einer Macht zweiten Ranges. Es verlor Westgalizien an das Herzogtum Warschau, einen Teil Ostgaliziens an Rußland, Salzburg und das Innviertel an Bayern, Istrien mit Triest und Fiume, Krain und den Villacher Kreis an Napoleon selbst, der daraus ein französisches Gouvernement Illyrien bildete. Der Staat, dem damit jeder unmittelbare Zugang zum Meer genommen war, wurde natürlich zur Durchführung der Kontinentalsperre verpflichtet, er mußte ferner eine hohe Kriegsentschädigung zahlen und die Herabsetzung seiner Heeresstärke auf 150000 Mann hinnehmen. Wie der Anlauf zu einer Wiedergeburt Deutschlands gescheitert war, die noch unmittelbar vor Friedensschluß der Naumburger Pfarrersohn Friedrich Stapß durch den Versuch der Ermordung Napoleons in Schönbrunn hatte ermöglichen wollen, so fand auch der nach Waffenstillstand und Frieden fortgesetzte Aufstand der Tiroler einen tragischen Abschluß. Sie wurden niedergeworfen, ihr Land zwischen Bayern, Italien und Illyrien aufgeteilt, Andreas Hofer in Mantua hingerichtet (20. 2. 1810). Aus den bitteren Erfahrungen zog man in Wien die Lehre, daß von nationalen Volksbewegungen für die Befreiung Europas und Deutschlands und die Wiederaufrichtung Österreichs nichts zu hoffen sei. Nicht mehr die Ideen der Befreiung und Führung eines neuen Deutschland, die Stadion bewegt hatten, sondern allein das Interesse Österreichs und das Ziel einer vernünftigen Ordnung Europas bestimmten die nüchterne und wendige Politik des Grafen Metternich, des neuen leitenden Ministers in Wien.

Rössler, Österreichs Kampf. Joh. Phil. Stadion (Kap. 12). Ders., Das Jahr 1809 in europ. Sicht, Bll. f. dt. Landesgesch. 95 (1959). Haussherr, HZ 167 (Kap. 15). Krieg 1809, hg. v. k. k. Kriegsarchiv (4 Bde. 1906–1909). J. de Bourgoing, 1809. Der Rückzug vom Inn nach Wien, Nussdorf, Aspern-Eßling, Wagram (1959). – A. Vandal, Napoléon et Alexandre I. L'alliance russe sous le premier Empire (3 Bde. 1891–1895). Vnešnjaja politika Rossii (Kap. 9), 1. Ser., Bd. 4 (1965; Juli 1807 bis März 1809).

[1] W. C. Langsam, Napoleonic Wars and German Nationalism in Austria (1930). A. Robert, L'idée nationale Autrichienne et les guerres de Napoléon. L'apostolat du Baron de Hormayr et le salon de Caroline Pichler (1933). H. Hammer, Österreichs Propaganda zum Feldzug 1809 (1935). J. K. Mayr, Wien im ZA Napoleons. Staatsfinanzen, Lebensverhältnisse, Beamte u. Militär (1940). – Während Langsam in dem Wien vor 1809 dt. Nationalgefühl lebendig sieht, hebt Robert die Bedeutung einer »österr. Staatsidee« hervor, eines patriot. Gefühls für die aus geschichtl. Notwendigkeiten entstandene Donaumonarchie.

[2] O. Criste, Ehg. Carl v. Österreich (3 Bde. 1912). L. Jedlicka, Ehg. Carl. Der Sieger v. Aspern, in: Gestalter d. Geschicke Österreichs (1962). F. Popelka, Ehg. Johann, ebd. V. Theiss, Ehg. Johann (1950). H. Kramer, O. v. Gschliesser u. G. Mutschlechner, Ehg. Johann in Tirol (1959). M. Rauchensteiner, K. Franz u. Ehg. Carl (Kap. 6, Anm. 4).

[3] Wohlfeil (Kap. 15, Anm. 3): Auch in der Propaganda hat man teilweise Spanien als Vorbild genommen.

[4] M. Botzenhart, Metternichs Pariser Botschafterzeit (1967). Danach hat Metternich nicht, wie bisher allgemein angenommen wurde, zum Krieg getrieben, sondern die Bewahrung des Friedens und damit der Existenz Österreichs bis zu einer völligen Änderung der europäischen Konstellation angeraten; anderer Meinung ist er erst während eines Aufenthaltes in Wien Nov./Dez. 1808 geworden. Zur Haltung Talleyrands und seiner Beziehungen zu Rußland und Österreich: E. Dard, Napoléon et Talleyrand (1936, dt. 1938).

[5] Zu den Erhebungen und Aktionen in Mittel- u. Norddtld.: H. Frhr. v. Dörnberg-Hausen, Wilh. v. Dörnberg (1936); A. Ernstberger, Joh. Georg v. Schill. 1736–1822. Der Vater d. Freiheitskämpfers Ferd. v. Schill. Vom Egerländer Häuslerssohn z. Reichsadligen (1959); ders., Ferd. v. Schills Nachlaß, SB Bayer. Ak. 1957; G. Vorwerk-Semler, Ferd. v. Schill u. s. Wirkung auf s. Zeit (Diss. München 1941); F. Richard,

Das Schicksal der 11 Schillschen Offiziere (1959); P. ZIMMERMANN, Der Schwarze Hg. Friedr. Wilh. v. Braunschweig (1936); A. ERNSTBERGER, Die dt. Freikorps 1809 in Böhmen (1942). M. EHNL, Die Ereignisse v. 1809 im Kgr. Sachsen u. in d. Mgfsch. Bayreuth, Militärwiss. Mitteil. 70 (1939). HEITZER (Kap. 14, Anm. 5) betont die Aufstandsbereitschaft der niederen Schichten bes. in Hessen, die aber Dörnberg, der nur einen Militärputsch versuchte, nicht nutzte.

[6] H. HOCHENEGG, Bibliographie z. Gesch. d. Tiroler Freiheitskampfes v. 1809 (1960). K. PAULIN, Das Leben Andr. Hofers (1935, [3]1959). H. KRAMER, Andr. Hofer (1940, [6]1962). Ders., P. Joachim Haspinger (1938). Ders., Rund um die Erhebung Tirols i. J. 1809 (1958). R. GRANICHSTÄDTEN-CZERVA, Andr. Hofers alte Garde (1932). J. Ch. ALLMAYER-BECK, Der Tiroler Volksaufstand im Kriegsgeschehen 1809, in: Donauraum 5 (1960).

[7] RÖSSLER übt in seiner Biographie Stadions scharfe Kritik an Karl, der zunächst voll Siegeszuversicht alle Vorsichtsmaßnahmen unterlassen habe, nach den ersten Niederlagen aber in Kleinmut versunken sei und durch seine Schwäche den Ausgang des Krieges verschuldet habe. Er dürfte hierbei zu schwarz malen, während er Stadions Fähigkeit wohl überschätzt.

Kapitel 17
Der Freiherr vom Stein und die inneren Reformen in Preußen

Bedeutsamer als die Reformen der Stadion-Ära in Österreich war die innere Umbildung, die in Preußen nach dem Zusammenbruch 1806/07 in die Wege geleitet wurde. Wenn sie auch an Erwägungen und Maßnahmen der Zeit vor Jena und Tilsit anknüpfte (Kap. 10), so stellte sie doch einen weit darüber hinaus gehenden Versuch zu einer Neugestaltung des Staates und zu einer Erweckung politischen Lebens dar, durch die Preußen mit dem erwachenden nationalen Geist in Deutschland verbunden werden sollte. Der von den neuen Ideen unberührte Monarch war dabei nicht das treibende Element: Friedrich Wilhelm III. begriff wohl, daß eine Neuordnung zur Behauptung und Kräftigung der schwer erschütterten Existenz seines Staates nötig war, ja er bekannte sich unmittelbar nach Tilsit zu der Überzeugung, daß Preußen durch geistige Kräfte ersetzen müsse, was es an physischen verloren habe. Er besaß aber weder die Einsicht noch die Energie zu revolutionärem Handeln. Immerhin hat er den patriotischen Reformern die Möglichkeit zur Verwirklichung ihrer Ideen gegeben, während er zugleich ihrem Drängen in außenpolitischen Krisen mit bremsender Vorsicht begegnete, die möglicherweise Katastrophen verhinderte. Bis zu ihrem frühen Tod (19. 7. 1810) ist Königin Luise die von festem Glauben an den Wiederaufstieg Preußens erfüllte Helferin der Reformer gewesen. Diese waren meist Nichtpreußen, die mit dem Willen zu einer Neuformung des Staates das Ziel der Befreiung und Einigung Deutschlands verbanden.

Das war vor allem bei dem Freiherrn Karl vom *Stein* der Fall, den der König am 10. 7. 1807 aufforderte, an die Spitze des Ministeriums zu treten. Der am 26. 10. 1757 geborene Sproß eines in Nassau ansässigen reichsritterlichen Geschlechts war 1780 wohl durch den Minister Heinitz für den preußischen Staatsdienst gewonnen worden; in ihm war er im Westen der Monarchie in der Bergwerksverwaltung tätig gewesen und zum Oberpräsidenten der rheinisch-westfälischen Territorien aufgestiegen, als der er 1802/03 auch die Überleitung der durch die Säkularisation gewonnenen Gebiete in den Staatsverband vorgenommen hatte. 1804 als Minister für das Akzise- und Fabrikdepartement in das Berliner Generaldirektorium berufen, suchte er Reformen durchzusetzen, die freilich noch den auch von aufgeklärten Männern des Kabinetts wie Beyme vertretenen Vorstellungen entsprachen. Doch wurde er zugleich einer der Führer der Opposition gegen das System der Kabinettsregierung. Schon als deren Unfähigkeit zur Staatsführung in den Wochen nach Jena und Auerstedt offenbar geworden war, hatte der König ihm die Leitung der Außenpolitik angeboten, die von ihm gestellten Bedingungen aber mit ungnädiger Entlassung beantwortet. In Tilsit bestand indessen Napoleon auf der Entfernung des dann von Friedrich Wilhelm berufenen Hardenberg (Kap. 13), und nicht nur dieser wies auf den in seine nassauische Heimat zurückgekehrten Stein als Nachfolger hin, vielmehr empfahl ihn auch der Franzosenkaiser in eigenartiger Verkennung von Einstellung und Unabhängigkeit des Reichsfreiherrn. Unmittelbar nach seinem Eintreffen in Memel am 30. 9. 1807 wurde er zum Ersten Minister ernannt. Damit wurde die Leitung des in jämmerliche Lage geratenen Staates in der Tat dem besten Staatsmann anvertraut, über den Deutschland damals verfügte. Es gab Grenzen seiner Einsicht und seines Könnens, und in seinem stolzen Selbstbewußtsein und seiner leidenschaftlichen Reizbarkeit lagen Gefahren für einen Erfolg seines Handelns. Aber in der Unbeugsamkeit seines Charakters und der Energie seines Willens, wie auch in dem aus einem echten Christentum stammenden Glauben an den Sieg des Guten, an die Hilfe Gottes für den zu Unrecht Unterdrückten stellte er eine moralisch-politische Kraft dar, die zu großer Leistung befähigt war[1].

Will man ihm und seinem Reformwerk gerecht werden, so darf man nicht vergessen, daß in dem einen Jahr, in dem er Preußen führte, seine Aufmerksamkeit stets der *außenpolitischen Entwicklung* zugewandt sein mußte. Ihn erfüllten zwar weder der Enthusiasmus Fichtes noch die Träume der Romantiker. Aber dem Reichsritter, der Anfang 1804 in einem Protestschreiben an den Herzog von Nassau wegen der Mediatisierung seiner Besitzungen zwar seine Rechte leidenschaftlich verteidigt, zugleich jedoch die Bereitschaft zu ihrer Opferung für einen großen, das Wohl und die Einigung Deutschlands betreffenden Zweck verkündet hatte, war eine nationale Gesinnung eigen, die ihn Napoleon mit Haß entgegentreten ließ[2]. Indessen war seine erste Aufgabe als Minister die Befreiung des Territoriums von französischer Besatzung und Kontrolle, und ihre Lösung schien ihm zunächst nur möglich durch Verständigung mit dem Sieger, dessen Gunst er durch Nachgiebigkeit und Angebote zu gewinnen suchte. Schon diese Außenpolitik, die durch Erfüllung der hohen Zahlungsforderungen der Franzosen deren Abzug zu erreichen hoffte, machte einschneidende Maßnahmen im Innern notwendig, und das Problem der Aufbringung der Gelder hat in der Tat bei manchen Reformen mitgewirkt[3]. Doch Richtung und Inhalt der sofort von Stein in Angriff genommenen Umbildung des Staates sind von finanziellen Erwägungen nicht entscheidend bestimmt worden, vielmehr waren für sie maßgebend die Überzeugung des Ministers, daß eine bessere Zukunft nur durch die Herstellung enger Verbindung zwischen Regierung und Volk zu schaffen war, und die in ihm lebendigen Ideen über den besten Weg zu diesem Ziel. Auf seine *Staatsauffassung* haben die religiös-moralische Tradition des Elternhauses ebenso eingewirkt wie die Bildungselemente der Aufklärung und die Lehren Mösers und Burkes, die ihm z. T. während seiner Göttinger Studienzeit durch die Hannoveraner Brandes und Rehberg vermittelt worden waren[4]. Hieraus und aus der bei einem Besuch in England gewonnenen Kenntnis der dortigen Einrichtungen, ferner aus der eigenen Tätigkeit im altpreußischen Staat und aus der Beschäftigung mit den besonderen Verhältnissen in Westfalen, wo in Erbentagen und ständischen Versammlungen noch eine Art Mitwirkung der Regierten an der Verwaltung sich erhalten hatte, erwuchsen die Neigung zu historischer Betrachtung, der

Glaube an die organische Natur des Staates und vor allem die hohe Schätzung des Wertes einer Selbsttätigkeit der Bürger, einer *Selbstverwaltung*. Wenn ihm dabei Montesquieu und die französischen Physiokraten wichtige Hinweise gaben, so stand er dagegen der französischen Revolution skeptisch, ihrem Radikalismus entschieden ablehnend gegenüber; er wollte keine Revolution, sondern Reformen, die das Bestehende fortbildeten. All dies, Einflüsse der Zeit und der Umwelt, Lehren anderer, Erfahrungen und Antriebe des Augenblicks, verband sich zu einer selbständigen und eigenartigen Anschauung, deren Grundzüge und Folgerungen Stein noch vor seiner Berufung in der sogenannten ›Nassauer Denkschrift‹ vom Frühjahr 1807 niedergelegt hat. In ihr war neben einer gründlichen Umformung der Staatszentrale die Einführung einer durch die Eigentümer, also die besonnenen, besitzenden und gebildeten Schichten getragenen Selbstverwaltung in Provinzen, Kreisen und Städten gefordert und als Ziel die »Belebung des Gemeingeistes und Bürgersinns, die Benutzung der schlafenden und falsch geleiteten Kräfte und der zerstreut liegenden Kenntnisse, der Einklang zwischen dem Geist der Nation, ihren Ansichten und Bedürfnissen, und denen der Staatsbehörden, die Wiederbelebung der Gefühle für Vaterland, Selbständigkeit und Nationalehre«, »ein lebendiger, fest strebender, schaffender Geist anstelle von Formenkram und Dienst-Mechanismus« bezeichnet. Sicher haben auf Steins Reformen auch die Ideen anders denkender Männer eingewirkt, so die von der Praxis des aufgeklärten Absolutismus und dem Vorbild des revolutionären und Napoleonischen Frankreich beeinflußten Vorschläge, die Hardenberg und sein Mitarbeiter Altenstein in einer in Riga im September 1807 verfaßten Denkschrift entwickelt hatten, und die einerseits von den ethischen und sittlichen Freiheitsbegriffen Kants, andererseits von dem Wirtschaftsliberalismus Adam Smiths und seines in Königsberg wirkenden Schülers Christian Jakob Kraus bestimmten Anschauungen ostpreußischer Adliger und Beamter wie Theodor von Schön, Friedrich Leopold von Schrötter, Staegemann und Frey[5]. Aber es waren doch Geist und Tatkraft Steins, die in Preußen einen Neubau in einem trotz mancher altfränkischer Elemente seines Denkens fortschrittlichen Sinne und von erzieherischer Wirkung schufen. Daß ihm die Frist zur vollen Verwirklichung seiner Absichten nicht gelassen wurde und er so nur einen Torso errichten konnte, ist für Preußen und Deutschland ein Unglück gewesen. Immerhin hat sein Werk die Grundlage für den Wiederaufstieg von Staat und Volk in jener Zeit gebildet.

Seine Reformen betrafen einmal die *Staatsverwaltung*. Wie an der Zentrale die Nebenregierung der Kabinettsräte verschwunden war, so wurde auch das Generaldirektorium aufgelöst und ein Kollegium von fünf Fachministern für Inneres, Finanzen, Auswärtiges, Krieg und Justiz begründet, über dem nach Steins freilich dann nicht ausgeführtem Plan ein Staatsrat zur Verhinderung absolutistischer oder bürokratischer Willkür vorgesehen war. In den Provinzen erfolgte neben der Umwandlung der Kammern in gleichfalls fachlich geordnete Regierungen die Bestellung von Oberpräsidenten als Mittlern zur Zentrale. Die Autorität von Regierung und Behörden sollte gerade durch die Mitwirkung der Regierten gesichert werden. Zwar ist die Eingliederung ständischer Deputierter in die Regierungen später wieder in Fortfall gekommen, dafür aber wurde der Grundsatz der Selbstverwaltung erfolgreich in der *Städteordnung* verwirklicht, die am 19. 11. 1808 Gesetz wurde. Wenn Stein selbst dabei Anregungen aus dem mittelalterlichen Städtewesen und der Kommunalverwaltung im deutschen Westen folgte, so lehnte sich der mit der Ausarbeitung betraute Königsberger Polizeidirektor Frey in technischen Einzelheiten an die Munizipalgesetze der Französischen Revolution an; doch unterschied sich die preußische Neuordnung wesentlich von der französischen Städteverfassung. Kein radikaler Umbruch, da auch schon vorher Teile der Bürgerschaft an den Verwaltungsaufgaben Anteil hatten, brachte sie mit der Beseitigung der staatlichen Bevormundung und der Übertragung des Wahlrechts für die zur Bestellung des Magistrats und zur Kontrolle der Verwaltung bestimmten Stadtverordneten an die über Grundbesitz oder ein bestimmtes Einkommen verfügenden Einwohner neues Leben in die Städte, das ihnen selbst zugute kam, die Bürgerschaft zu politischer Mitarbeit führte und damit die von Stein erstrebte Belebung des Gemeinsinns bewirkte[6]. Wie dem Minister nicht mehr die Zeit blieb, den Gedanken der Selbstverwaltung auch auf die Landgemeinden zu übertragen, so fand auch die Krönung des Werkes durch die Einrichtung von Provinzial- und Reichsständen, also durch eine Art *Verfassung* mit ständischer Repräsentation, nicht mehr statt; ein unter Benutzung von Vorschlägen des schlesischen Gutsbesitzers von Rehdiger entstandener Verfassungsentwurf blieb nach seinem Rücktritt liegen. Neben Staatsreform und Städteordnung ist mit Steins Namen noch eine dritte große Tat verbunden, die zeitlich zuerst erfolgte, die *Bauernbefreiung*. Bereits am 9. 10. 1807 erging das ›Edikt den erleichterten Besitz und den freien Gebrauch des Grundeigentums sowie die persönlichen Verhältnisse der Landbewohner betreffend‹. Von den ihm vorgelegten Vorschlägen der nach dem Friedensschluß gebildeten Immediatkommission und des von Schrötter geleiteten ostpreußischen Provinzialdepartements hatte sich Stein für den in der Hauptsache auf Schön zurückgehenden ersten entschieden, dabei aber die vorgesehene Beschränkung auf die preußischen Provinzen verworfen und die Geltung für die ganze Monarchie durchgesetzt. Das Gesetz bestimmte, daß mit dem Martinitag 1810 jede persönliche Dienstbarkeit aufzuhören habe und im Güterverkehr völlige Freiheit herrschen sollte, wobei aber durch Verordnung vom 14. 2. 1808 Grenzen für die Ausdehnung des Gutslandes festgesetzt wurden. Noch stand die Regulierung des Besitzrechts und der dinglichen Verpflichtungen der Bauern aus, von deren Gestaltung es abhing, ob das von Schön erstrebte Ziel des Aufstiegs eines kräftigen Bauernstandes erreicht wurde. Auch da war es verhängnisvoll, daß Stein, der kaum eine klarere wirtschaftliche Einsicht, wohl aber den stärkeren Willen zur Überwindung von Widerständen besaß als seine Nachfolger, vorzeitig gehen mußte.

In der Hauptsache haben außenpolitische Vorgänge seinen *Sturz* verursacht. Seine Bereitschaft zu einer Verständigung mit dem Sieger, die in der Anerkennung der von den Franzosen errechneten hohen Kontributionssummen, in einem durch des Königs Bruder Wilhelm nach Paris überbrachten Bündnisangebot und der Vereinbarung einer Konvention mit Napoleons Bevollmächtigtem Daru über eine Zahlung von 140 Millionen Franken zum Ausdruck kam, war in das Gegenteil umgeschlagen, als er erkannte, daß der Kaiser die dafür erwartete Räumung der von seinen Truppen besetzten Stellungen an Weichsel und Oder nicht durchführen wollte. Schon glaubte er nun, ermutigt durch die Nachrichten aus Spanien und Österreich (Kap. 16), die Stunde zur Erhebung gegen den »verruchten Tyrannen«, »zur Befreiung Deutschlands für Deutsche« gekommen, und als der König sich versagte, betrieb er die Kriegspläne auf eigene Faust weiter. Selbst aber trug er zu ihrer Enthüllung durch ein unvorsichtiges Schreiben an den Fürsten Wittgenstein bei, das den Franzosen in die Hände fiel.

Napoleon zwang darauf zunächst den Prinzen Wilhelm zur Unterzeichnung einer Konvention, die Preußen noch größere finanzielle Leistungen auferlegte und ihm verbot, mehr als 42000 Mann unter Waffen zu halten (8. 9. 1808). In Erfurt forderte er sodann die Entlassung Steins als Voraussetzung für die Räumung der preußischen Lande. Auf sie drängten nun auch offene und geheime Gegner des herrischen Mannes im preußischen Lager. Die nachgesuchte Demission wurde dem Minister am 24. 11. 1808 vom König erteilt. Einen Monat später erging von Madrid ein Achtdekret Napoleons gegen ihn, das ihn zu schleuniger Flucht nach Böhmen nötigte[7].

Die Nachgiebigkeit Friedrich Wilhelms hat zwar dazu beigetragen, daß die französischen Truppen wirklich aus Preußen abzogen und die Residenz endlich wieder nach Berlin verlegt werden konnte. Aber Steins Ausscheiden hat nicht nur eine Voraussetzung für den Anschluß an Österreichs Erhebung 1809 beseitigt, sondern vor allem das große Reformwerk ins Stocken gebracht. Denn die Männer, die als Führer der ersten aus Fachministern gebildeten Regierung das Erbe übernahmen, Freiherr Karl von Altenstein und Graf Alexander Dohna, vermochten bei allem guten Willen den Staat auf der von Stein gewiesenen Bahn nicht weiterzuentwickeln. In erster Linie mußten sie sich um die Behebung der Finanznot bemühen. Sie haben den zukunftsreichen Gedanken einer allgemeinen Einkommensteuer zu verwirklichen gesucht, scheiterten aber damit an dem Widerstand des Adels. Als das Ministerium im Frühjahr 1810 keine andere Möglichkeit zur Erfüllung der Kontributionsverpflichtungen sah als die Abtretung eines Teiles von Schlesien, entschloß sich der König zu seiner Entlassung, die besonders die Königin forderte. Jetzt konnte Hardenberg, der schon länger vom Königspaar als Berater herangezogen worden war, wieder ins Rampenlicht treten. Am 4. 6. 1810 an die Spitze der Regierung berufen, wurde er am 27. 10. als Staatskanzler mit der Machtfülle eines Premierministers ausgestattet. Damit begann eine neue Ära der Reform, die für Preußens Entwicklung kaum weniger bedeutsam gewesen ist als das Werk Steins[8].

Karl August von *Hardenberg*, am 31. 5. 1750 im hannoverschen Essenrode geboren und nach Tätigkeit in den Regierungen Hannovers und Braunschweigs über ansbachische in preußische Dienste gelangt, hatte seit 1791 mit großem Geschick die Eingliederung der fränkischen Markgrafschaften in den Staat durchgeführt, um zugleich bei den Baseler Verhandlungen als Diplomat und, seit 1798 in Berlin, vor allem vor und nach der Katastrophe von 1806 als Minister eine bedeutende Rolle zu spielen (Kap. 5, 11, 13). So gut er auch bisher mit Stein gestanden hatte, so war der genußfreudige Kavalier doch sehr verschieden von dem sittenstrengen Reichsfreiherrn. Ihn erfüllte nicht dessen hohes Ethos. Ehrgeizig und von der eigenen Fähigkeit überzeugt, dabei entschlußfreudig und gewandt, behandelte er die Geschäfte mit unerschütterlichem Optimismus. Dabei war dieser von der »allmächtigen Stunde« beherrschte Politiker bei manchen persönlichen Schwächen ein wirklicher Staatsmann mit klarem Blick für das Mögliche, außenpolitisch anders als Stein ein Künstler, der bei allem Lavieren des feste Ziel der Behauptung und des Wiederaufstiegs Preußens in einem vernünftig geordneten Europa nicht aus dem Auge verlor, aber auch zur Führung und Erneuerung des Staates im Innern durchaus befähigt. Ihn führten freilich andere Auffassungen als Stein. Er wurzelte in dem ancien régime des aufgeklärten Absolutismus, doch hatten auf ihn auch die Ideen der Französischen Revolution und die Gesetzgebung des Napoleonischen Frankreich und der Rheinbundstaaten Eindruck gemacht. Nach seinen in der ›Rigaer Denkschrift‹ niedergelegten Gedanken galt es bei der für notwendig gehaltenen Radikalkur des Staates den wahren Geist der Zeit zu fassen, eine Revolution in gutem Sinne durchzuführen und demokratische Grundsätze in einer monarchischen Regierung zu verwirklichen, wobei nicht eigentlich eine Übertragung politischer Rechte an das Volk, sondern in erster Linie die Anwendung des Freiheits- und Gleichheitsprinzips im bürgerlichen Leben und in der Wirtschaft bei Aufrechterhaltung, ja Verstärkung der Autorität der Regierung beabsichtigt war. An Steins Reformen hat er wohl angeknüpft, sie aber teilweise umgebogen, so daß seine Gesetze zu Ergebnissen führten, die den Zielen seines Vorgängers nicht mehr entsprachen. An die Spitze der Regierung wurde durch ›Verordnung über die veränderte Verfassung aller obersten Staatsbehörden‹ vom 27. 10. 1810 statt des Steinschen Staatsrats die Vorherrschaft des Premierministers gesetzt, der weniger in dem kollegialisch zusammengesetzten Ministerium als in der Bürokratie seine Berater und Helfer hatte. In die gleiche Richtung wiesen der freilich nicht ausgeführte Plan, den Regierungspräsidenten eine Machtbefugnis nach Art der französischen Präfekten zu geben, und die Einrichtung einer Gendarmerie in den Kreisen durch Edikt vom 30. 7. 1812, die einem anstelle des Landrats vorgesehenen, vom König ernannten Kreisdirektor unterstellt sein sollte. Nachhaltige Wirkung hatte der Versuch, im Wirtschaftsleben die Grundsätze *rechtlicher Gleichheit und freier Konkurrenz* zur Anerkennung zu bringen. Am 2. 11. 1810 und 7. 9. 1811 wurden die Vorrechte der Zünfte für beseitigt erklärt, die Gewerbefreiheit proklamiert und eine allgemeine Gewerbesteuer festgesetzt. Nunmehr wurde auch den Juden die Gleichberechtigung in bürgerlicher und wirtschaftlicher Beziehung zuerkannt (11. 3. 1812)[9]. Die Gewerbesteuer war ein Teil der Finanz- und Steuerreform, deren teilweise gewagte Methoden von Fachmännern wie Schön und Niebuhr scharf kritisiert wurden[10]. Wie der Plan einer allgemeinen Einkommensteuer mit Rücksicht auf die »Opinion« nicht weiterverfolgt wurde, so unterblieb auch die am 27. 10. 1810 angekündigte Grundsteuerreform, durch die alle Befreiungen aufgehoben werden sollten, während die gleichzeitig verkündigte Ausdehnung der Verbrauchs- und Luxussteuern auf das ganze Land stattfand. Nach den Grundsätzen der Wirtschaftsfreiheit verfuhr man auch bei der Fortführung der *Agrarreform*, die nach ländlichen Unruhen in Schlesien Gestalt gewann. Durch das Regulierungsedikt vom 14. 9. 1811 wurden die Fragen des Besitzrechts und der Dienstverpflichtungen der Bauern dahin entschieden, daß der Gutsherr durch Teile des bisherigen Bauernlandes entschädigt werden konnte; die von Stein und Schön aufrechterhaltenen Bestimmungen des Bauernschutzes fielen fort. Man erhoffte von der Beseitigung der früheren Bindungen, zu der auch die durch ein Landeskulturedikt angeordnete Teilung der Gemeindeländereien gerechnet werden kann, einen Aufschwung der Landwirtschaft, die fortan unter Benutzung der soeben durch Albrecht Thaer gewonnenen wirtschaftlichen und technischen Erkenntnisse betrieben werden sollte. Dabei kam es freilich aufgrund der Regulierung, von der später durch eine Deklaration vom 29. 5. 1816 die nicht spannfähigen Bauern doch wieder ausgenommen wurden, zu einer Ausdehnung der großen Güter, einer Verkleinerung des Bauernlandes[11]. Hier wie auch sonst hat Hardenberg und seinen reformeifrigen Beamten die *Opposition* junkerlicher Kreise zu schaffen gemacht, die sich mit Erbitterung gegen die angeblichen Tendenzen der liberalen Bürokratie wandten, »aus dem ehrlichen brandenburgischen Preußen einen neumodischen Judenstaat«

zu machen. An diesem Widerstand, der in Ludwig von der Marwitz einen von Vaterlandsliebe erfüllten, aber ganz rückwärtsgewandten Führer und in dem Kreis um Adam Müller und die ›Berliner Abendblätter‹ zeitweise eine publizistisch wirksame Vertretung besaß[12], ist auch die in Aussicht genommene Nationalrepräsentation gescheitert, die freilich im Gegensatz zu den von Stein geplanten Reichsständen nur als eine von oben dirigierte Versammlung zur Beratung der Finanzprobleme gedacht war. Notabeln, die 1811 wegen der Steueredikte zusammengerufen wurden, erwiesen sich angesichts des heftigen Einspruchs der alten Stände, die sich auch durch die zeitweilige Festsetzung von Marwitz und dem alten Grafen Finckenstein nicht einschüchtern ließen, als unbrauchbar, und die durch die Stände gewählte interimistische Landesrepräsentation, die dann in den Kriegsjahren von 1812 bis 1815 tagte, konnte nicht als wirkliche Volksvertretung gelten, die Hardenberg aber auch gar nicht einrichten wollte. Sein Verdienst bleibt es, auf manchen Gebieten dem Fortschritt die Bahn gebrochen und den Staat rationalisiert, damit ihm Kraft zugeführt zu haben, wenn auch dabei die Steinschen Ideen einer organischen Entwicklung zur Verbindung von Staat und Nation stark abgeschwächt worden waren. Des Staatskanzlers unbestrittene Leistung lag in der politisch-diplomatischen Führung Preußens aus demütigender Not zu neuem europäischen Ansehen.

Hierfür war eine Voraussetzung in der *Reform des Heeres* geschaffen worden. Sie bildete einen wichtigen Bestandteil der Neugestaltung des Staates, denn sie beschränkte sich nicht auf organisatorische und technische Verbesserungen, sondern war von ihren Schöpfern ausgerichtet auf die Erziehung der Individuen zur Gemeinschaft: Armee und Nation sollten innig miteinander verschmolzen, die Armee zu einem lebendigen Organ der Nation werden. Diese Forderung hat ein Mann aufgestellt, dessen Geist und Charakter der Militärreform vor allem ihren Stempel aufdrückte, Gerhard *Scharnhorst*[13]. Der im niedersächsischen Bordenau 1755 geborene Sproß einer Bauern- und Soldatenfamilie, war, nach Ausbildung in der Militärschule des Grafen von Schaumburg auf dem Wilhelmstein, im hannoverschen Dienst Zeuge der ersten Zusammenstöße der Truppen der Koalition mit den Revolutionsheeren in Belgien gewesen. Früh hat er, der übrigens im Geist der Aufklärung wurzelte, besonders von ihrem pädagogischen Trieb und ihrem Wahrheits- und Erkenntnisdrang erfaßt war, die Überlegenheit eines Volksheeres über Soldtruppen erkannt und die Überzeugung gewonnen, daß man nur bei gründlicher Umbildung von Heeresverfassung und militärischer Erziehung den Kampf mit der Nationalarmee Frankreichs erfolgreich bestehen konnte. Wenn die Vorschläge, die er nach seinem Übertritt nach Preußen 1801 als Direktor der neugegründeten Kriegsakademie entwickelte, sich noch im Rahmen des Alten hielten, so begann er doch schon vor 1806 mit Plänen einer allgemeinen Volksbewaffnung sich von der bisher herrschenden Denkweise zu lösen. Nach dem Krieg, in dem er bei Auerstedt voll Tatendrang seine Führungsaufgabe verkannt, sich aber als Berater Blüchers bei dessen Zug nach Lübeck und des alten L'Estocq bei Preußisch-Eylau bewährt hatte (Kap. 13), erschien er dem von seinem schlichten und bestimmten Auftreten sympathisch berührten König als der geeignete Mann, um dem Heer wieder Kraft und Selbstvertrauen zu geben. Zunächst mit der Leitung einer Militärreorganisationskommission betraut, deren erste Aufgabe die Ausmerzung der als feig und untauglich erwiesenen Elemente aus der Armee war, wurde er 1808 Generaladjutant des Königs und 1809 in dem neu errichteten Kriegsministerium als Leiter des allgemeinen Kriegsdepartements die leitende Persönlichkeit. Äußerlich eher einem Gelehrten gleichend, war er in der Tat ein Denker, der seine Tätigkeit auf Erfahrung und Überlegung gründete, den indessen persönlicher Ehrgeiz und nationaler Enthusiasmus erfüllten. Stärker noch waren diese Antriebe in dem mit ihm eng verbundenen August Neidhardt von *Gneisenau*, dem 1760 geborenen Abkömmling einer zeitweise in Oberösterreich begüterten, ursprünglich aus Mitteldeutschland stammenden Familie, dessen große Befähigung und Tatkraft sich nach Jahren unbefriedigenden Garnisonslebens bei der erfolgreichen Verteidigung Kolbergs enthüllt hatten[14]. Von leidenschaftlichem Tatwillen angetrieben, war er, der vielleicht beste Schüler, zugleich grimmigste Hasser Napoleons, wohl von allen Reformern am ehesten »zum Griff ins Zeughaus der Revolution« entschlossen; schon seine kühnen, den Volksaufstand fordernden Denkschriften von 1808 zeigen einen radikalen Nationalismus. Ähnliche Vorstellungen waren nach der ihn selbst in Gefangenschaft führenden Niederlage in einem jüngeren hochbegabten Mitglied des Kreises soldatischer Reformer lebendig, Carl von *Clausewitz* (1780–1831), doch hat er später in dem großen Werk ›Vom Kriege‹, in dem er das Fazit aus den Erfahrungen und Erkenntnissen jener Jahre zog, den Primat einer ordnungschaffenden Politik anerkannt und den Krieg als isolierte Erscheinung und als Mittel zu totaler Vernichtung abgelehnt[15]. Wenn von anderen Trägern der Militärreform Grolman und Graf Goetzen gesinnungsgemäß Gneisenau nahestanden, so wirkte in Hermann von Boyen (1771–1848), der dann nach der Erhebung das Wehrgesetz von 1814 gestalten sollte, die Freiheits- und Humanitätsidee Kants nach[16].

Die Einführung der allgemeinen *Wehrpflicht*, von der noch Patrioten und Reformfreunde wie Niebuhr und Vincke eine Gefährdung der Kultur befürchteten, erschien Scharnhorst und seinen Helfern als das wichtigste Mittel, der Nation das Gefühl der Selbständigkeit einzuflößen. Unter ihrem Einfluß hat sich der König zur Ankündigung der Verpflichtung jedes Untertans zum Kriegsdienst verstanden, in deren Ausführung man zu dem Plan der Eingliederung der Wehrfähigen je nach dem Lebensalter in die Linie, die noch zur aktiven Armee zählende Reserve, die in Kriegszeiten einsatzfähige Landwehr und den zur Landesverteidigung aufzubietenden Landsturm gelangte. Doch da zwang Napoleon Preußen die Beschränkung seiner Streitmacht auf 42000 Mann auf, so daß nur vorbereitende Maßnahmen für eine künftige Verwirklichung des Gedankens getroffen werden konnten. Immerhin gelang es Scharnhorst, durch das sogenannte Krümpersystem, d. h. einen ständigen Wechsel zu kurzer Ausbildung eingezogener Rekruten, weitere Kreise des Volkes zum Waffendienst heranzuziehen. Zugleich wurden die Grundlagen des Heerwesens insofern umgestaltet, als nicht mehr Drill und entehrende Strafen, sondern neben Kenntnissen und Bildung das Ehrgefühl Disziplin und Leistung verbürgen sollten. So wurde die von Gneisenau geforderte »Freiheit des Rückens« durch das Verbot von Prügel und Spießrutenlaufen gesichert und, gegen den Widerspruch junkerlicher Kreise um Marwitz und den General von Yorck, grundsätzlich die Offizierslaufbahn jedem tüchtigen Mann geöffnet. Zur Ausbildung der Offiziere, vor allem zur Vorbereitung von Generalstäblern, die, allseitig unterrichtet, die Generale beraten sollten, wurde 1810 eine allgemeine Kriegsschule gegründet. Vorschriften, die aufgrund der seit den Revolutionskriegen entwickelten Taktik die Erziehung der Soldaten zu selbständig handelnden Persönlichkeiten anstrebten, wurden in dem Exerzierreglement von 1812 zusammengefaßt. Nach französischem Vorbild wurde das Heer in gemischte Brigaden eingeteilt und bei Felddienstübungen das Zusammenwirken der verschiedenen Waffengattungen erprobt. Besondere Aufmerksamkeit widmete Scharnhorst der Artillerie, aus der er selbst hervorgegangen war. Das Ganze war bei allen zeitbedingten Lücken ein energischer Anlauf, bei dem technische Vervollkommnung und eine neue Auffassung vom Krieg mit dem Versuch einer engen Verbindung von Volk und Heer Hand in Hand gingen[17].

Das Ziel, das Stein und Scharnhorst vorschwebte, konnte nur erreicht werden, wenn es auch zu *Reformen* in der *Erziehung und Bildung* des ganzen Volkes kam. Das war ja ein besonderes Postulat der geistigen Bewegung, die in dem Berlin Fichtes und Schleiermachers einen bedeutenden Mittelpunkt hatte. Die in ihr sich abzeichnende Wendung von einem weltbürgerlichen Ästhetentum zum Denken und Wirken für Staat und Nation wird nirgends deutlicher als darin, daß die Reformen des preußischen Unterrichtswesens durch einen Mann wie Wilhelm von *Humboldt* (1767–1835) erfolgten[18]. Der in Potsdam geborene Idealist hatte sein Leben schöngeistiger Unterhaltung und wissenschaftlicher Erkenntnis gewidmet. Noch war es kein politischer Antrieb, der den Freund Goethes und Schillers zu Beginn des Jahrhunderts als preußischen Residenten nach Rom führte (Kap. 10, 15). Doch nicht ohne Ehrgeiz, fand er sich Anfang 1809 bereit, dem Ruf zur Leitung der Sektion für Kultus und Unterricht im preußischen Innenministerium zu folgen. Es lassen sich manche Schwächen und Fehler bei ihm feststellen, und es hemmten ihn auf der einen Seite das Mißtrauen gegen sich selbst, auf der anderen gerade die Vielseitigkeit seines Wesens. Trotzdem hat er als »Minister des Geistes« Hervorragendes geleistet. Mit dem Ziel, zugleich dem einzelnen Menschen eine Erziehung gemäß seinen Anlagen zu ermöglichen und ihn mit dem Gefühl der Verantwortung für die Gesamtheit zu erfüllen, hat er eine vom Weimarer Geist geprägte Idee von Bildung und Wissenschaft in den preußischen Staat zu tragen versucht. Wie Stein ist er nicht viel länger als ein Jahr im Amt geblieben, aber nach seinem durch Gegensätze zu Hardenberg herbeigeführten Rücktritt (Juni 1810) haben seine Mitarbeiter Nicolovius und Süvern sein Werk in seinem Sinn fortgesetzt[19]. Die auch von Schleiermacher beeinflußten Reformen erstreckten sich auf alle Stufen des Unterrichts. Gemäß den Lehren des Schweizer Pädagogen Pestalozzi wurde in den Volksschulen der mechanische Drill durch Anleitung zur Selbstentfaltung des Geistes, die Schulung in einzelnen Fächern durch Vermittlung allgemeinen Wissens ersetzt. Wenn Humboldt den Realschulen keine große Beachtung schenkte, so war er dagegen an den Gymnasien sehr interessiert; in sie zog ein Neuhumanismus ein, der aufgrund der Beschäftigung mit dem klassischen Altertum und seinen Sprachen den Jünglingen den Blick in das Walten des Geistes öffnen sollte. Persönliche Leistung Humboldts war sodann die Gründung einer Hochschule neuer Art in Berlin. In Abänderung älterer Pläne Beymes, der schon vor 1806 eine Neuorganisation der Wissenschaft erstrebt hatte und nach dem durch den Frieden erfolgten Verlust Halles mit der Einrichtung einer neuen Lehranstalt betraut worden war, hat Humboldt unter Verwertung von Gedanken Schleiermachers das Institut bei Aufrechterhaltung der korporativen Form auf die Grundsätze der Freiheit sowohl des eng miteinander verbundenen Lehrens und Forschens als auch des Lernens gestellt. Am 16. 8. 1809 wurde die Stiftungsurkunde für die *Friedrich-Wilhelms-Universität* ausgefertigt; im Herbst 1810 konnte sie im ehemaligen Palais des Prinzen Heinrich ihre Tätigkeit beginnen. Die Akademie der Wissenschaften blieb neben ihr als reine Forschungsgesellschaft bestehen, während die alte Universität Frankfurt a. O. nach Breslau verlegt und mit der dort bestehenden katholischen Leopoldina zu einer paritätischen Hochschule vereinigt wurde (Oktober 1811). Humboldt hat es verstanden, seine Berliner Schöpfung nicht nur finanziell sicherzustellen, sondern für sie auch hervorragende Kräfte zu gewinnen, wie Fichte, der zum ersten Rektor gewählt wurde, Schleiermacher, den Philologen Wolf, den Historiker Niebuhr, die Begründer der historischen Rechtsschule Savigny und Eichhorn, die Mediziner Reil und Hufeland, Thaer und den Nationalökonomen Hoffmann. Es waren meist Träger der geistigen Bewegung in Deutschland und Mitarbeiter bei den Reformen, so daß durch sie die junge Universität nicht nur bald den ersten wissenschaftlichen Rang in Deutschland zu erringen vermochte, sondern auch als geistiger Mittelpunkt des anscheinend nunmehr mit dem preußischen Staat sich eng verbindenden Strebens zur Befreiung und Einigung des deutschen Volkes gelten konnte[20].

Was in jenen wenigen Jahren zur Umgestaltung Preußens geschah, war erstaunlich, und der Geist der Freiheit und des Fortschritts, der hier Eingang gefunden hatte, erwies sich als kräftig genug, um die Macht des Staates wiederherzustellen und ihn gewichtigen Anteil an der Befreiung Deutschlands nehmen zu lassen. Aber noch war vieles unfertig, war es keineswegs ausgemacht, daß die Ideen der Reform sich wirklich durchsetzen würden, noch gab es starke Bastionen des alten autokratischen und aristokratischen Preußen, von denen in ruhigerer Zeit Gegenangriffe einsetzen sollten. Der Epoche der Reform ist in der Tat die der Restauration gefolgt[21].

Die Reorganisation d. Preuß. Staates unter Stein u. Hardenberg, Bd. 1: Allg. Verwaltungs- u. Behördenreform, Teil 1, hg. v. G. WINTER (1931), Bd. 2: Das preuß. Heer 1807–1814, Teil 1, hg. v. R. VAUPEL (1938). Frhr. v. STEIN, Briefe u. Amtl. Schriften, bearb. v. E. BOTZENHART, neu hg. v. W. HUBATSCH, Bd. 1–9 (1957–1972). Das Reformministerium Stein. Akten z. Verfassungs- u. Verwaltungsgesch. a. d. J. 1807/08, hg. v. H. SCHEEL, bearb. v. D. SCHMIDT (3 Bde. 1966–1968). – G. CAVAIGNAC, La formation de la Prusse contemporaine 1806–1813 (2 Bde. 1891–1898). G. St. FORD, Stein and the Era of Reform in Prussia (1912). E. MEIER, Die Reform d. Verwaltungsorganisation unter Stein u. Hardenberg (²1912, bearb. v. Fr. THIMME). MEINECKE, ZA d. dt. Erhebung. HUBER, Dt. Verfassungsgesch. Bd. 1. DROZ, Romantisme allemand. SIMON, AHR 59 (Kap. 15). K. v. RAUMER, Zur Beurteilung d. preuß. Reform, GWU 18 (1967). W. WAGNER, Die preuß. Reformer u. d. zeitgenöss. Philosophie (1956).

1 Grundlegend die Biographien v. M. LEHMANN, Frhr. v. Stein (3 Bde. 1902 bis 1904) u. G. RITTER, Stein (2 Bde. 1931, ³1958 in 1 Bd.). LEHMANN feierte Stein als politisches Genie und als freiheitl. gesinnten liberalen Staatsmann, dessen Abhängigkeit von der Franz. Revolution er, in Auseinandersetzung mit E. v. MEIER (DW⁹ 14839), zu beweisen suchte. Die Unhaltbarkeit dieser Auffassung wurde von RITTER erwiesen. Nach ihm war Stein eine mit stärksten moralischen Energien ausgestattete Persönlichkeit, die aufzurütteln verstand, aber zu wenig Realpolitiker, um die Ziele, die er für Preußen-Dtld. gestellt hatte, zu erreichen, kein tiefer polit. Denker, kein Anhänger der Revolutionsideen, sondern Vertreter einer auf religiös-moralischen Grundlagen beruhenden organisch-hist., liberal-konservativen Staatsauffassung, die sich in ihm bei mannigfachen Einflüssen sehr selbständig gebildet hatte. Weitere Würdigungen: F. SCHNABEL (1931). F. HARTUNG, Zs. f. d. ges. Staatswiss. 91 (1931). F. MEINECKE (1931). E. BOTZENHART (1931, Ndr. 1952). C. DE GRUNWALD, Stein. L'ennemi de Napoléon (1936). K. v. RAUMER, Frhr. v. Stein (Reden u. Aufsätze 1961). Wichtige Quellen: Die Autobiographie d. Frhr. v. Stein, hg. v. K. v. RAUMER (1954), auch Westfäl. Forsch. 7. E. M. ARNDT, Meine Wanderungen u. Wandlungen mit dem Reichsfrhr. v. Stein, hg. v. W. STEFFENS (1957). Zu Einzelfragen: H. v. SRBIK, Die bergmännischen Anfänge d. Frhr. v. Stein u. ihr Nachklang 1811/12, HZ 146 (1932). STEFFENS (Kap. 6, Anm. 3). U. NOACK, Christentum u. Volksstaat in d. pol. Ethik d. Frhr. v. Stein, HZ 147 (1932). H. CONRAD, Frhr. v. Stein als Staatsmann im Übergang v. Absolutismus z. Verfassungsstaat, u. W. HUBATSCH, Stein u. d. ostpreuß. Liberalen, in: Osteuropa u. d. dt. Osten, Bd. I 4 (1958). W. DÖRING, Die Entwicklung d. wehrpol. Ideen d. Frhr. v. Stein, WaG 6 (1940). H. HAUSSHERR, Stein u. Hardenberg, HZ 190 (1960). G. SIEGRIST, Stein als Staatsmann u. s. Gegensatz zu Hardenberg u. Metternich (Diss. Basel 1940).

2 Daß das Reichsbewußtsein in Stein eine lebendige pol. Wirklichkeit war,

bestreitet W. MOMMSEN, Stein, Ranke, Bismarck (1954); er sucht auch nachzuweisen, daß Stein vor dem Sommer 1808 kein bewußtes dt. Programm hatte und von völkischem Empfinden bei ihm keine Rede sein könne.

[3] H. HAUSSHERR, Erfüllung u. Befreiung. Der Kampf um d. Durchführung des Tilsiter Friedens (1935).

[4] E. WENIGER, Stein u. Rehberg (1925), auch Niedersächs. Jb. 2. Vgl. Kap. 1, Anm. 10.

[5] G. ROSS, Das Leben d. Frhr. v. Altenstein bis z. J. 1807, FBPG 53 (1941). K. v. RAUMER, Schrötter u. Schön, Altpreuß. Forsch. 18 (1941). Ders., Der kantische Geist in d. Erhebung v. 1813 (1940). H. ROTHFELS, Ost- u. Westpreußen z. Z. d. Reform u. Erhebung (1932), auch in dess. Bismarck, d. Osten u. d. Reich (1960). TREUE (Kap. 10, Anm. 5).

[6] H. ROTHFELS, Stein u. d. Neugründung d. Selbstverwaltung, Zs. f. Rel.- u. Geistesgesch. 1 (1948). A. HARTLIEB v. WALLTHOR, Frhr. v. Stein u. d. Selbstverwaltung, Westfäl. Forsch. 15 (1962). J. u. O. v. GIERKE, Die Steinsche Städteordn. (1957). E. BECKER, Die staatspol. Bedeutung d. preuß. Städteordn. v. 19. 11. 1808, in: Festschr. K. G. Hugelmann (1959). T. WINKLER, Joh. Gottfried Frey u. d. Entstehung d. preuß. Selbstverwaltung (1936, [2]1958). Vgl. zu d. Reformen auch u. Bd. 17, Kap. 3.

[7] R. C. RAACK, The Fall of Stein (1965). W. HUBATSCH, Der Frhr. v. Stein im böhm. Exil 1809–1812, in: Spiegel d. Gesch. (Festgabe f. M. Braubach 1964).

[8] Für Hardenberg: RANKE, Denkwürdigkeiten. HAUSSHERR, Bd. 1. THIELEN (Kap. 5, Anm. 4). H. HAUSSHERR, Hardenbergs Reformdenkschrift Riga 1807, HZ 157 (1937). Ders., Die Stunde Hardenbergs (1943, Ndr. als Bd. 3 der unvollendeten Biogr. 1965). W. M. SIMON, Prince Hardenberg, Rev. Pol. 18 (1956). E. W. ZEEDEN, Hardenberg u. d. Gedanke einer Volksvertretung in Preußen 1807–1812 (1940).

[9] J. FREUND, Die Emanzipation der Juden unter bes. Berücksichtigung d. Gesetzes v. 11. 3. 1812 (2 Bde. 1912). Zur Rolle der jüd. Hoffinanz bei der Emanzipation: H. SCHNEE, Die Hoffinanz u. d. moderne Staat, Bd. 1 (1953).

[10] Zur Finanzpolitik: R. GRABOWER, Preußens Steuern vor u. nach d. Befreiungskriegen (1932). H. THIERFELDER, Rother als Finanzpolitiker unter Hardenberg 1778–1822, FBPG 46 (1934). A. RADLOFF, Hardenbergs Stellung im Rahmen d. preuß. Sozial- u. Wirtschaftsreform (Diss. Berlin 1957). E. KLEIN, Von der Reform zur Restauration. Finanzpolitik u. Reformgesetzgebung des preuß. Staatsministers K. A. v. Hardenberg (1965). Nach KLEIN hätten auf die Reformen finanzielle Überlegungen maßgebend eingewirkt.

[11] Lit. z. Bauernbefreiung s. u. Bd. 17, Kap. 3.

[12] Für Marwitz die ältere Veröffentl. v. F. MEUSEL, Fr. L. v. d. Marwitz (3 Bde. 1908–1913), u. die einseitige Deutung als völkisch-revolutionärer Vorkämpfer einer Staatserneuerung von W. KAYSER, Marwitz (1936). Ferner: H. v. KOENIGSWALD, Pflicht u. Glaube. Bildnis eines preuß. Lebens (1936). F. LÜTGE, F. A. L. v. d. Marwitz. Der gr. Gegner Hardenbergs, Jb. f. Nationalök. u. Statist. 139 (1933). Zur Opposition gegen Hardenberg: Kap. 15, Anm. 12 u. 13. U. WIESE, Zur Opposition des ostelbischen Grundadels gegen die agrar. Reformmaßnahmen 1808–1811 (Diss. Heidelberg 1935). Aus den Jahren preuß. Not u. Erneuerung. Tagebücher u. Briefe der Gebrüder Gerlach u. ihres Kreises 1805–1820, hg. v. H. J. SCHOEPS (1963).

[13] M. LEHMANN, Scharnhorst (2 Bde. 1886/87), noch immer grundlegend. Nur Fragmente einer neuen Biographie bei STADELMANN (Kap. 13, Anm. 3). Ders., Das Duell zwischen Scharnhorst u. Borstell im Dez. 1807, HZ 161 (1940). R. HÖHN, Scharnhorsts Vermächtnis (1952). H. MEIER-WELCKER, Gerh. v. Scharnhorst, in: Große Soldaten d. europ. Gesch. (1961).

[14] Zu den älteren Biographien von G. H. PERTZ u. H. DELBRÜCK, Das Le-

ben d. FM Gf. Neithardt v. Gneisenau (5 Bde. 1879/80) u. H. Delbrück, Das Leben d. FM Gf. Neithardt v. Gneisenau (2 Bde. 1882, ^{3}1908). K. Griewank, Gneisenau. Ein Leben in Briefen (1932). G. Ritter, Gneisenau u. d. dt. Freiheitsidee (1932). Ders., Staatskunst u. Kriegshandwerk, Bd. 1 (1954).

[15] C. v. Clausewitz, Polit. Schriften u. Briefe, hg. v. H. Rothfels (1922). C. v. Clausewitz, Schriften, Aufsätze, Studien, Briefe, hg. v. W. Hahlweg, Bd. 1 (1966). Historisch-kritische Ausgabe des Werks ›Vom Kriege‹, hg. v. W. Hahlweg (1952). E. Kessel, C. v. Clausewitz. Herkunft u. Persönlichkeit, Wissen u. Wehr 18 (1937). Ders., Zur Genesis d. modernen Kriegslehre. Die Entstehungsgesch. v. Clausewitz' Buch ›Vom Kriege‹, Wehrwiss. Rundschau 3 (1953). W. Hahlweg, C. v. Clausewitz. Soldat, Politiker, Denker, Persönlichkeit (1957).

[16] Beyerhaus, Gf. Goetzen (Kap. 13, Anm. 4). F. Meinecke, Das Leben d. Generalfeldmarschalls Hermann v. Boyen (2 Bde. 1896–1899). J. Ullrich, Generalfeldmarschall H. v. Boyen (1936).

[17] Zur Heeresreform: G. Eckert, Von Valmy bis Leipzig. Quellen u. Dokumente z. Preuß. Heeresreform (1955). H. Händel, Der Gedanke d. allg. Wehrpflicht in d. Wehrverfassung d. Kgr. Preußen bis 1819 (1962). W. Hahlweg, Preuß. Reformzeit u. revolutionärer Krieg (1962). E. R. Huber, Volksheer u. Verfassung. Ein Beitr. z. d. Kernfrage d. Scharnhorst-Boyenschen Reform, Zs. f. d. ges. Staatswiss. 97 (1937). W. O. Shanahan, Prussian Military Reforms 1786–1813 (1946). R. Sautermeister, Die taktische Reform d. preuß. Armee nach 1806 (Diss. Tübingen 1935).

[18] W. v. Humboldt, Ges. Schriften (17 Bde. 1903–1936), bes. Bd. 10–12: Polit. Denkschr., hg. v. B. Gebhardt (1903/04), Bd. 16/17: Polit. Briefe, hg. v. W. Richter (1935/36). W. v. Humboldt, Briefe an Christine Reinhard-Reimarus, hg. v. A. Schreiber (1956). Biographien v. R. Haym (1856), B. Gebhardt (2 Bde. 1896–1899), P. Binswanger (1937), J. A. v. Rantzau (1939). W. Stolze, Der junge W. v. Humboldt u. d. preuß. Staatsgedanke, FBPG 47 (1935). E. Schaumkell, W. v. Humboldt u. d. preuß. Staatsgedanke, ebd. S. A. Kaehler, W. v. Humboldt u. d. Staat (1927, Ndr. 1963). E. Kessel, W. v. Humboldt. Idee u. Wirklichkeit (1967). Ders., W. v. Humboldt und Preußen, Jb. Preuß. Kulturbesitz 5 (1968). E. Spranger, W. v. Humboldt und die Reform des Bildungswesens (1910). – Die kritische Betrachtung Humboldts durch Kaehler, der ihm Versenken in der Realität nicht entsprechende Ideen, Flucht vor energischem Handeln und politisches Versagen neben menschlichen Fehlern vorwirft, wird von Kessel entschieden abgelehnt. Nach dem Vorgang Meineckes stellt er ihn in die Entstehungsgesch. des Historismus hinein, würdigt die Theorie seines Handelns, die Fähigkeit, alle menschlichen Kräfte in sich zu entwickeln und damit die tiefsten Probleme zu erhellen, seine positive Leistung.

[19] F. Fischer, Ludw. Nicolovius. Rokoko, Reform, Restauration (1939). A. Klein, Pestalozzianer im Preuß. Kultusministerium während d. Reformzeit, in: Wahrheit u. Wert in Bildung u. Erziehung, Bd. 1 (1955).

[20] O. Vossler, Humboldts Idee d. Universität, HZ 178 (1954). E. Kessel, Die Universität, in dess. W. v. Humboldt, Idee u. Wirklichkeit. M. Lenz, Gesch. d. Kgl. Friedr.-Wilh.-Univ. zu Berlin, Bd. 1 (1910). Idee u. Wirklichkeit einer Universität, Dokumente z. Gesch. d. Friedr.-Wilh.-Univ. zu Berlin, hg. v. W. Weischedel (1960). L. Petry, Die Gründung der drei Friedr.-Wilh.-Univ. Berlin, Breslau und Bonn, in: Festschrift H. Aubin, Bd. 2 (1965).

[21] W. M. Simon, The Failure of the Prussian Reform Movement 1807–1819 (1955). H. Rosenberg, Bureaucracy, Aristocracy and Autocracy. The Prussian Experience 1660 to 1815 (1958); dazu G. Oestreich, VSWG 52 (1965). R. Koselleck, Preußen zwischen Reform u. Revolution (1967).

Kapitel 18
Deutschland und der Zusammenstoß zwischen Frankreich und Rußland (1810–1812)

Während in Preußen die staatliche und geistige Regeneration im Gang war, fanden in Europa wichtige Veränderungen der politischen Lage statt. Napoleon mochte es als außerordentliche Festigung seiner Stellung ansehen, als er nach Scheidung von seiner ersten Gemahlin Josephine im Frühjahr 1810 die Erzherzogin Marie Luise heiraten konnte und ihm am 20. 3. 1811 der ersehnte Thronerbe geboren wurde, dem er den Titel eines Königs von Rom gab. Indessen die Verbindung des Emporkömmlings mit der ältesten legitimen Dynastie hatte wenig zu bedeuten für den sich ständig verschärfenden Wirtschaftskampf mit England und für die zu keiner wirklichen Entscheidung führenden Operationen in Spanien. Zudem trug sie zur *Auflösung des französisch-russischen Bündnisses* bei, die freilich hauptsächlich durch Gegensätze in Polen und im Orient und durch wachsende Unzufriedenheit in Rußland über die Folgen der Kontinentalsperre herbeigeführt wurde. Wenn Napoleon bei der rücksichtslosen Ausdehnung seiner Herrschaft in Italien und in Deutschland, der auch der Staat des mit dem Zaren nahe verwandten Großherzogs von Oldenburg zum Opfer fiel, keine Rücksicht auf Alexander nahm, so ließ dieser mit einer Art Aufkündigung des Kontinentalsystems am 31. 12. 1810 den Bruch deutlich werden. Schon begannen beide Seiten diplomatische und militärische Vorbereitungen für einen Krieg zu treffen, wobei Napoleon noch hoffte, Alexander durch das Aufgebot einer gewaltigen Macht zum Einlenken zu bestimmen. Der Zar wußte Schweden auf seine Seite zu ziehen, wo der durch eine innere Revolution zum Thronfolger erhobene französische Marschall Bernadotte, einst Waffengefährte, aber auch Rivale Bonapartes, die größeren Gewinnmöglichkeiten für sich und für Schweden bei Anschluß an Rußland sah. Dagegen konnte der Kaiser sich auf die Unterstützung der von ihm abhängigen Staaten in Italien und Deutschland verlassen. Und er wußte sich auch die Gefolgschaft *Österreichs* und *Preußens* zu sichern.

Hatte das russisch-französische Bündnis die beiden zu selbständigem Handeln kaum mehr fähigen deutschen Staaten zu erdrücken gedroht, so mußten sie doch auch bei einem Zusammenstoß der Herrscher des Westens und Ostens um ihre Existenz fürchten, ganz gleich, wem sie sich anschlossen. Daß in dieser Lage in Wien und in Berlin eine diplomatische Führung von klarer Einsicht und großer Wendigkeit vorhanden war, hat ihre Rettung ermöglicht. Es gab manche Ähnlichkeiten zwischen Hardenberg und Metternich, die damals, gestützt auf das Vertrauen ihrer ihnen geistig unterlegenen Monarchen, Preußen und Österreich leiteten. Beide wurzelten in dem aufgeklärten 18. Jahrhundert, beide waren Kavaliere nicht ohne charakterliche Schwächen, beide waren vor allem typische Vertreter der klassischen Diplomatie, die bei oft skrupelloser, auch Winkelzüge und Intrigen einsetzender Taktik doch sich von den großen Gesichtspunkten des Interesses des eigenen Staates und einer vernünftigen Ordnung Europas leiten ließen. Der preußische Staatskanzler mochte insofern moderner und bedeutender erscheinen, als er, von der Französischen Revolution und dem Wirken Napoleons stark beeindruckt, die Führung der Außenpolitik mit inneren Reformen verband (Kap. 17) und bereit war, sich auf die Kräfte des Volkes zu stützen. Für den österreichischen Minister, der zwar auch in dem Napoleonischen System manches als nachahmenswert empfand, in den Grundsätzen der Revolution aber die Ursache aller Unordnung sah und Neuerungen im Innern nur mit großer Vorsicht und unter Aufrechterhaltung des politischen und sozialen Gefüges des ancien régime zulassen wollte, bedeuteten Volk und Nation wenig; sein Wirken beschränkte sich auf die kaltblütig Staaten und Mächte berechnende große Politik. In ihr sollte er sich allerdings als der größere Meister erweisen.

Wie Hardenberg nicht aus Preußen, so stammte der erheblich jüngere Graf Clemens *Metternich* nicht aus Österreich; er war 1773 als Sproß eines rheinischen Geschlechts in Koblenz geboren. Aber schon sein Vater hatte hohe Posten in der österreichischen Diplomatie innegehabt, in der dem Sohn dann seine Ehe mit einer Enkelin von Kaunitz die Wege ebnete[1]. Er hatte Kaiser Franz mit Geschick in Dresden, Berlin und seit 1806 in Paris vertreten, wo er mannigfache persönliche Beziehungen angeknüpft hatte. Nachdem er nach der Niederlage zur Nachfolge Stadions berufen worden war (Oktober 1809), hat er, selbstsicher und eitel, dabei nüchtern und klug, die schwere Aufgabe, Österreichs Stimme in Europa wieder zur Geltung zu bringen, in virtuoser Weise zu lösen gewußt. Wenig berührt von nationalen Gefühlen diente er dem Staat, in dem viele Völker vereinigt waren, dachte er zugleich universal;

österreichisches Staatsinteresse verband sich bei ihm mit dem Willen zur Ordnung Europas nach den Grundsätzen des Gleichgewichts, die durch die Revolution und Napoleon umgestoßen worden waren. Deren Wiederherstellung erwartete er von der Weisheit einer aristokratischen Staatsleitung, die realistisch die Lage beobachtete, beurteilte und ausnützte, wobei Voraussetzung die Ausschaltung von Bewegungen und Unruhe im eigenen Staat war. Dementsprechend fand Stadions Reformpolitik keine Fortsetzung, ja ihre Anhänger und Förderer einschließlich der Kaiserin und der Erzherzoge Karl und Johann wurden überwacht und die von Patrioten und Tiroler Emigranten ausgehenden Vorbereitungen für eine neue Erhebung wurden unterbunden. Der negativen Einwirkung durch die Polizei sollte eine positive durch eine Publizistik entsprechen, für deren Lenkung Gentz dem Minister zur Seite trat; seit 1810 erschien der ›Österreichische Beobachter‹, dessen Leitung dem mit katholischen Kreisen um den frommen Redemptoristen Hofbauer und Friedrich Schlegel verbundenen Pilat anvertraut wurde[2]. Einziges bedeutendes innenpolitisches Ereignis jener Jahre war die einem Staatsbankrott gleichkommende Geldabwertung (20. 2. 1811), die dem Staat finanzielle Erleichterung brachte, der Volkswirtschaft aber schadete[3]. Inzwischen galt Metternichs ganze Aufmerksamkeit der internationalen Entwicklung, vor allem den Bewegungen der beiden Flügelmächte Europas, die er auseinanderzuhalten und gegeneinander auszuspielen trachtete. Dem Zaren nicht weniger mißtrauend als dem französischen Kaiser, hielt er diesen für den Stärkeren, mit dem Österreich sich daher gut stellen müßte. So hat er die schon in den Tagen des Friedensschlusses von Napoleon ausgehende Anregung seiner Vermählung mit der Tochter seines Herrn aufgegriffen und gegen alle Bedenken dessen Zustimmung zu dem Ehekontrakt durchgesetzt. Zwar hat er damit eine Rückgabe illyrischer Gebiete nicht erreicht, und er sah sich auch in der Hoffnung enttäuscht, durch Marie Luise Einfluß auf den Korsen zu gewinnen[4]. Immerhin hatte er zunächst eine Deckung für Österreich, und es gelang ihm bei der Zuspitzung der französisch-russischen Beziehungen, dem *Anschluß an Napoleon* eine Form und einen Inhalt zu geben, die Österreichs Gleichberechtigung und Selbständigkeit zum Ausdruck brachten. Nach dem Allianzvertrag vom 14. 3. 1812 waren für das gegen Rußland zu stellende Hilfskorps von 30000 Mann Operationen unter eigener Führung vorgesehen; nunmehr wurden der Rückfall Illyriens und darüber hinaus eine Gebietsvergrößerung, unter Umständen durch das preußische Schlesien, in Aussicht gestellt. Dabei hat Metternich die Brücken nach der anderen Seite nicht abgebrochen. Wie er durch den ehemaligen Wiener Botschafter Hannovers, Graf Ernst Hardenberg, einen Vetter des preußischen Ministers, Verbindung mit England hielt, so ließ er in St. Petersburg durch seinen Vertrauten Lebzeltern beruhigende Versicherungen über das Bündnis mit Frankreich und etwaige Aktionen der österreichischen Truppen geben[5].

Wenn *Preußen* nicht ebenso erfolgreich zu lavieren verstand, so war ein Hauptgrund dafür die weit elendere Lage, in der es sich befand. Die Nachrichten über den bevorstehenden Bruch zwischen Frankreich und Rußland veranlaßten die Patrioten unter der Führung von Scharnhorst und Gneisenau zu stürmischen Vorschlägen auf Anschluß an die Ostmacht und Vorbereitung eines Volksaufstands gegen die Franzosen. Aber der König tat Gneisenaus leidenschaftliche Voraussagen ironisch als »Poesie« ab, und auch *Hardenberg* war nicht gewillt, durch Verzweiflungstaten die Existenz des Staates aufs Spiel zu setzen[6]. Gegenüber der Meinung, man solle einen ehrenvollen Untergang einer Politik schwächlicher Nachgiebigkeit mit unsicherem Ausgang vorziehen, wies er darauf hin, daß in dem Wechsel der Begebenheiten Hilfsmittel liegen könnten, die man nicht einmal ahne. Wie Metternich hielt er die Verständigung mit Napoleon für unvermeidbar, doch hat er, als statt der Antwort auf Bündnisangebote von Paris drohende Forderungen auf Einstellung der Rüstungen und völlige Unterstellung Preußens unter Frankreich kamen, der Entsendung Scharnhorsts nach St. Petersburg zugestimmt, wo der General am 17. 10. 1811 eine Militärkonvention unterzeichnete. In Berlin wollte man dies zudem unbestimmt gehaltene Dokument nur ratifizieren, wenn auch Österreich den Bruch mit Frankreich vollzog, und darüber gaben die zweideutigen Äußerungen Metternichs gegenüber dem nun nach Wien geeilten Scharnhorst keine Sicherheit[7]. Während man noch durch den Oberst von Knesebeck den Zaren zu einer Vertagung des Kriegsentschlusses zu bewegen suchte, um Zeit zu gewinnen, nötigte Napoleon den preußischen Gesandten in Paris am 24. 2. 1812 zur Unterzeichnung von Verträgen, durch die den Franzosen die Verfügung über ein Hilfskorps von 20000 Mann, freier Durchmarsch und das Recht zu Requisitionen zugestanden wurden. Wenn diese einer Kapitulation gleichkommende

Allianz auch Hardenbergs Absichten zuwiderlief, fand er sich doch mit der Ratifikation ab, die der durch militärische Bewegungen der Franzosen erschreckte König am 3. März vollzog. Voll Verzweiflung über diese Unterwerfung haben Gneisenau, Boyen, Clausewitz und andere Patrioten den preußischen Dienst verlassen.

Im Frühjahr *1812* waren Napoleons militärische Vorbereitungen abgeschlossen; über eine halbe Million stand zum Angriff auf Rußland bereit. Im Mai hielt der Kaiser in Dresden einen glanzvollen Fürstentag ab, zu dem auch sein österreichischer Schwiegervater und der preußische König erschienen. Noch gingen Vorschläge an den Zaren, der jedoch, von der Unvermeidbarkeit des Kampfes überzeugt, nicht antwortete. So setzte sich die gewaltige Masse in Bewegung, die Hauptarmee unter Napoleon in Richtung Wilna-Smolensk, flankiert im Norden durch ein auch die Preußen umfassendes Korps unter Marschall Macdonald, im Süden durch die mehr zur Beobachtung als zum aktiven Handeln angewiesenen Österreicher unter Fürst Schwarzenberg. An diesem Krieg waren Deutsche stark beteiligt, sie stellten ein Drittel der nach Rußland marschierenden Großen Armee. Auf der anderen Seite wirkten in Rußland deutsche Emigranten als politische Berater des Zaren, den sie in seinem Willen zum Aushalten zu bestärken suchten, und als publizistische Vorkämpfer gegen die Deutschland und Europa bedrückende Fremdherrschaft. Unter der Leitung des von Alexander zu sich berufenen Freiherrn vom *Stein* bildete sich in St. Petersburg ein deutsches Komitee, dem Boyen und Clausewitz als militärische Sachverständige angehörten, in dem neben Stein der vor den Franzosen geflüchtete Arndt wirkte[8]. Hochgespannte Erwartungen, die man an die Gründung einer Russisch-Deutschen Legion aus Freiwilligen knüpfte, haben sich freilich nicht erfüllt. Stand man mit England durch den nach dort entwichenen Gneisenau und den die Wiederherstellung des welfischen Staates in Nordwestdeutschland erstrebenden hannoverschen Minister Graf Münster in Verbindung, so gab es auch Fäden nach Deutschland, wo von Prag aus der ehemalige Berliner Polizeipräsident Justus Gruner Kräfte des Widerstands im Rücken der Großen Armee zu wecken suchte. Ihn ließ freilich Metternich verhaften (August 1812), und vorerst konnte an den Erfolg einer Erhebung kaum gedacht werden. Für sie hat erst der unerwartete Verlauf des Krieges von 1812 die Voraussetzung geschaffen. Vergebens hatte Napoleon, vor dessen Streitkräften sich die Russen in das Innere des Landes zurückzogen, auf einen den Zaren entmutigenden entscheidenden Sieg gehofft. Wohl wurde russischer Widerstand bei Smolensk gebrochen (15. bis 17. August) und in blutiger Schlacht bei Borodino (7. September) der Einzug in Moskau (14. September) erkämpft. Aber geschlagen war der Gegner nicht, und die Lage des von Anfang an unter Verpflegungsschwierigkeiten und Krankheiten leidenden Heeres mitten im weiten Rußland wurde von Tag zu Tag kritischer. Mit dem von den Russen angelegten *Brand Moskaus* begann die Katastrophe. Zu lange verharrte man in der zerstörten Stadt, zu spät wurde der Rückmarsch angetreten. Ein strenger Winter setzte ein, Kälte, Hunger und die verfolgenden Kosaken räumten furchtbar unter der Armee auf, von der schließlich nur Trümmer sich der Umklammerung durch den Feind beim Übergang über die Beresina zu entziehen vermochten (25. bis 28. September) und den Njemen erreichten. Auch von den Kontingenten der Rheinbundstaaten war der größte Teil in den Schneefeldern Rußlands zugrunde gegangen.

So war Napoleons gigantisches Unternehmen gescheitert. Noch glaubte er, der nach dem Übergang über die Beresina das Heer verlassen hatte und nach Paris geeilt war, seine Machtstellung in Mitteleuropa behaupten zu können. Doch da gab Preußen den Anstoß zum deutschen Befreiungskampf.

Aus Metternichs nachgelassenen Papieren, hg. v. Fürst R. Metternich-Winneburg (8 Bde. 1880–1884). H. v. Srbik, Metternich. Der Staatsmann u. d. Mensch (2 Bde. 1925, Bd. 3 1954). G. de Bertier de Sauvigny, Metternich et son temps (1962). C. de Grunwald, La vie de Metternich (1938, [2]1947). – Vnješnjaja politika Rossii (Kap. 9), 1. Ser., Bd. 6 (1962; 1811/12). E. Tarlé, La Campagne de Russie (1941, dt. 1944).

[1] Die Beurteilung Metternichs, die lange Zeit durch die leidenschaftlichen Anklagen v. Treitschkes gegen den reaktionären Gegner der nationalen und liberalen Bewegungen bestimmt war, hat sich seit der Biographie v. Srbiks (1925) gewandelt. Hatte schon vorher A. O. Meyer, Fürst Metternich (1924), seine Politik aus den Gegebenheiten der österr. Monarchie erklärt und gerechtfertigt, so suchte v. Srbik den universalist. Zug seines Ringens gegen die Revolution mit dem Ziel einer vernünftigen Ordnung Europas zu erweisen; Metternich erscheint so nicht nur als glänzender Diplomat, sondern als bedeutender Staatsmann. Trotz heftigen Widerspruchs vor allem in Veröffentlichungen von V. Bibl hat sich diese Auffassung allmählich durchgesetzt: eingehende Behandlung des seit 1925 erschienenen Schrifttums in Bd. 3 von Srbiks Werk (1954). Zu Herkunft und Aufstieg Metternichs: H. Mathy, Franz Georg Metternich. Der Vater d. Staatskanzlers (1962); Botzenhart (Kap. 16, Anm. 4). Für Metternichs Wirken 1809 bis 1815: E. Lauber, Metternichs Kampf

um d. europäische Mitte. Struktur s. Politik 1809–1815 (1939), der ihm eine nicht nur europ., sondern gesamtdt. Leistung zuerkennen will. J. B. STEARNS, The Role of Metternich in Undermining Napoleon (1948). H. A. KISSINGER, A World Restored. Castlereagh, Metternich and the Restoration of Peace (1957), dt. u. d. T.: Großmacht u. Diplomatie. Von der Staatskunst Castlereaghs u. Metternichs (1962). E. E. KRAEHE, Metternichs German Policy, Bd. 1: The Contest with Napoleon 1799–1814 (1963), der in Metternich nicht einen unbedingten Gegner dt. Einheit sieht, wenn er sich auch vor allem durch österr. Staatsräson und europ. Überlegungen habe leiten lassen. Sehr ungünstige Beurteilung Metternichs in RÖSSLERS Stadionbiographie (Kap. 12), in der ihm fundamentale Unkenntnis der dt. und selbst der österr. Lebensbedingungen vorgeworfen wird, und in der ostdt. Geschichtsschreibung: K. OBERMANN, in: Der Befreiungskrieg 1813 (1967). – Wichtiges Material bei: Un collaborateur de Metternich. Mémoires et papiers de LEBZELTERN, hg. v. E. de LÉVIS-MIREPOIX PRINCE DE ROBECH (1949).

[2] R. TILL, Hofbauer u. s. Kreis (1951). DROZ, Romantisme allemand.

[3] J. KRAFT, Die Finanzreform d. Gf. Wallis u. d. Staatsbankerott v. 1811 (1927). MAYR (Kap. 16, Anm. 1).

[4] C. DE GRUNWALD, Le mariage de Napoléon et de Marie Louise, Rev. Deux Mondes 107 (1937). J. de BOURGOING, Marie Luise v. Österr., K.in d. Franzosen, Hg.in v. Parma (1949).

[5] C. S. B. BUCKLAND, Metternich and the British Government 1809–1813 (1932). Ders., Friedr. v. Gentz' Relations with the British Government during the Marquis Wellesley's Foreign Secretaryship of State 1809–1812 (1933).

[6] U. SEYFFARTH, Zur Außenpol. d. Staatskanzlers Frhr. v. Hardenberg 1810 bis 1812 (1939). THIELEN (Kap. 5, Anm. 4; Kap. 17, Anm. 8).

[7] W. ROHR, Scharnhorsts Sendung nach Wien u. Metternichs Politik, FBPG 43 (1930). Danach hat Metternich, bereits zum Bündnis mit Napoleon entschlossen, Preußen Zusammengehen mit Rußland empfohlen, wohl um den Wert der eigenen Allianz in Paris zu steigern. Erwägungen, daß Preußens Existenz doch nicht zu halten sei und bei einer Aufteilung Schlesien gewonnen werden könnte, haben dabei eine Rolle gespielt.

[8] K. v. RAUMER, Das Jahr 1812 in d. dt. Volksgesch., in: Stufen u. Wandlungen der dt. Einheit (Festschr. f. K. A. v. Müller 1943). H. KAMNITZER, Stein u. d. »dt. Comité« in Rußland 1812/13, Zs. f. Gesch.wiss. 1 (1953). U. KLOOK, Das Komitee f. dt. Angelegenheiten in Rußland 1812/13 (1954). A. V. FADEEV, Zur Gesch. der Bildung d. Russ.-Dt. Legion in Rußland in d. Jahren 1812/13, in: Der Befreiungskrieg 1813 (1967). H. VENZKY, Die Russisch-Dt. Legion in d. Jahren 1811–1815 (1966).

Kapitel 19
Preußens Erhebung und Deutschlands Befreiung (1813/14)

Den Anstoß zu der Erhebung Preußens gegen Napoleon gab der das preußische Hilfskorps befehligende Hans David von Yorck (1759–1830), ein entschiedener Widersacher der Reformer, aber als Preuße nicht weniger auf den Sturz der Franzosenherrschaft bedacht als sie. Auf dem Rückzug aus dem Baltikum von den französischen Heeresabteilungen abgeschnitten, schloß er, ohne vom König dazu ermächtigt zu sein, am 30. 12. 1812 in der Poscheruner Mühle bei *Tauroggen* mit dem von Clausewitz beratenen russischen General von Diebitsch eine Konvention über die vorläufige Neutralisierung seiner Truppen. Es war ein kühner Schritt, der den Russen militärisch an der Ostsee freie Bahn gab, vor allem aber zum Bruch Preußens mit Frankreich führte[1]. Voraussetzung für Yorcks Tat war die Zusage des Zaren gewesen, daß Rußland den Krieg zur Wiederherstellung Preußens und Befreiung Europas fortsetzen werde. Alexander hatte diesen Beschluß auch unter Einwirkung des Freiherrn vom Stein gefaßt, der dabei von dem aus dem Rheinland stammenden russischen Minister Nesselrode unterstützt wurde. Begleitet von Arndt erschien nun Stein als Beauftragter des Zaren in *Ostpreußen* (22. 1. 1813), wo er zwar mit dem zum Generalgouverneur erhobenen Yorck und den zivilen Behörden oft aneinanderstieß, dann jedoch gemeinsam mit ihnen und einem in Königsberg zusammentretenden, von dem Generallandwirtschaftsdirektor Graf Alexander Dohna geschickt geleiteten Landtag (5. bis 8. Februar) die Teilnahme der Provinz an dem Kampf gegen Napoleon organisierte. Nach den Vorschlägen von Clausewitz wurde die Errichtung einer Landwehr von 20000 Mann in die Wege geleitet[2].

Während auf die Kunde von der Katastrophe Napoleons in Rußland eine patriotische Begeisterung, angefacht vor allem durch Arndts feurige Flugschriften und Lieder, auch die übrigen Provinzen der preußischen Monarchie erfaßte, war König Friedrich Wilhelm über die Tat Yorcks und die Vorgänge in Königsberg eher erzürnt. Ihm fehlte noch der Glaube an den Erfolg einer Empörung. Den Entschluß zur Aufnahme nicht eines Freiheits-, sondern eines Befreiungskrieges zur Wiederherstellung von Unabhängigkeit und Macht Preußens hat er schließlich nur zögernd gefaßt, getrieben von den Ereignissen und auch von der deutlich werdenden Stimmung des Volkes[3]. Auch Hardenberg hatte zunächst wieder zu lavieren gesucht; er verhandelte nach beiden Seiten, während er zugleich eine Verständigung mit Österreich über gemeinsames Handeln anstrebte. Nun ließ zwar Metternich seinerseits durch Schwarzenberg eine Waffenstillstandskonvention mit den Russen abschließen (30. 1. 1813), die Stunde für eine Abwendung von Napoleon hielt er indessen noch nicht für gekommen, und so ging er auf die ihm durch Knesebeck übermittelten preußischen Anträge nicht ein. Inzwischen aber bewog Hardenberg angesichts beruhigender russischer Versicherungen über die künftige Gestaltung Preußens und des Ausbleibens französischer Zugeständnisse den König zu einem ersten wichtigen Schritt, der Übersiedlung aus dem im französischen Machtbereich liegenden Berlin nach *Breslau* (22. Januar). Hier machte sich die Einwirkung der Patrioten geltend, die auf die wachsende Erregung im Volk hinweisen konnten. Eine Rüstungskommission unter Leitung Scharnhorsts wurde gebildet, an dessen Seite die Mitarbeiter von einst, Gneisenau, Boyen, Clausewitz, traten. Einem Aufruf zur Bildung freiwilliger Jägerabteilungen (3. Februar) folgten am 9. Februar die Aufhebung aller Befreiungen von der Wehrpflicht und am 12. Februar die Verkündigung der Mobilmachung. Noch ergaben sich bei den Verhandlungen Knesebecks im russischen Hauptquartier über ein Bündnis Schwierigkeiten, zu deren Behebung im Auftrag des Zaren Stein in Breslau erschien (24. Februar). Ihm begegneten zwar die höfischen Kreise mit Mißtrauen, eine Einigung in den Fragen des künftigen Schicksals von Polen und der territorialen Wiederherstellung Preußens kam aber nun zustande. Danach sollte der größte Teil der ehemals preußischen Teile Polens dem Zaren zur Verfügung gestellt werden, Preußen dafür durch norddeutsche Lande mit Ausnahme Hannovers entschädigt werden und ein zusammenhängendes Gebiet im Umfang von 1806 mit Verbindung zwischen Ostpreußen und Schlesien erhalten. Auf dieser Basis wurde das *Bündnis*, das ein Zusammenwirken von 150000 Russen und 80000 Preußen zur Befriedung Europas vorsah, am 27. Februar in Breslau und am 28. Februar im Hauptquartier des russischen Oberbefehlshabers Kutusow in *Kalisch* unterzeichnet. Nach dem Einzug des Zaren in Breslau (15. März) erfolgte eine Art Kriegserklärung Preußens an Frankreich.

So wirkten denn nunmehr patriotische Bewegung und preußische Regierung zusammen. Am 10. März, dem Geburtstag der verstorbenen Königin Luise, hatte Friedrich Wilhelm den Orden des Eisernen Kreuzes gestiftet. Am 17. März erließ er einen von dem Staatsrat von Hippel verfaßten Aufruf ›An mein Volk‹, der in geschickter Form eine Brücke zwischen Fürst und Volk zu schlagen versuchte. Während die Linientruppen planmäßig verstärkt wurden und die von manchen ihrer Lehrer wie dem Breslauer Philosophen Steffens angefeuerte akademische Jugend in die freiwilligen Jägerformationen strömte, wurde von den Kreisausschüssen die Landwehr aus den Wehrfähigen vom 17. bis 40. Lebensjahr gebildet. Sie hat zwar kaum den entscheidenden Anteil an dem Ausgang des Krieges gehabt, den man ihr zugeschrieben hat, bedeutete aber eine wertvolle Hilfe für die aktiven Truppen und hat zur Ausbreitung des Wehrgedankens im Volk beigetragen. Die militärischen Reformer haben in den für die Jäger vorgesehenen Sonderaufgaben und in dem Plan, bei Niederlagen den Landsturm aufzubieten, die schon in den Denkschriften Gneisenaus von 1808 und 1811 entwickelten revolutionären Ideen verwirklichen wollen, doch wirkte dem die Abneigung des Königs und auch eines Teiles des Bürgertums gegen eine derartige Entfesselung der Volkskräfte entgegen[4]. Dabei waren doch weite Kreise von echter *nationaler Begeisterung* erfaßt, die in dem Willen zum Einsatz des Lebens und in der Hergabe von Geld und Gut zum Ausdruck kam. Die durch Arndt und politische Dichter wie den jungen Theodor Körner, Max von Schenkendorf und Friedrich Rückert angefeuerte Bewegung, die nach der Befreiung Berlins in dem von Niebuhr, Schleiermacher und Arnim betreuten ›Preußischen Korrespondenten‹ auch ein journalistisches Organ fand, blieb nicht auf Preußen beschränkt[5]. Für die aus dem übrigen Deutschland herbeiströmenden Freiwilligen wurden in Breslau Freikorps ins Leben gerufen, von denen die Schar des Majors von Lützow (1782–1834) am berühmtesten werden sollte.

Wenn sich nun auch Widerstand gegen Napoleon an der Nordsee, in Hannover und Hessen und auch im Süden regte, so konnten seiner Herrschaft in Deutschland zunächst doch nur die Kräfte Rußlands und Preußens gefährlich werden. Der am 25. März von Kutusow erlassene Aufruf an die deutschen Fürsten hatte nicht den erwarteten Erfolg; der Herzog von Mecklenburg war der einzige, der sich den sein Land erreichenden Verbündeten anschloß[6]. Während die meisten Rheinbundfürsten den neuen militärischen Anforderungen Napoleons nachkamen, hielt Metternich die Lage noch nicht für eine Entscheidung reif. Zweifel über das Ausmaß von Napoleons Bedrängnis mischten sich bei ihm mit der Besorgnis vor einem zu starken Anwachsen der russischen Macht. Noch im Frühjahr 1813 hat er seine Ablehnung gegen nationale Bewegungen mit der scharfen Unterdrückung eines von Patrioten gegründeten Alpenbundes gezeigt, wobei Erzherzog Johann gedemütigt und der führend beteiligte Baron Hormayr festgesetzt wurde[7]. Immerhin löste er die Allianz mit Napoleon, indem er für Österreich die Rolle eines bewaffneten Vermittlers beanspruchte

(11. April). Doch blieb es fraglich, auf welche Seite er, der den Fürsten Schwarzenberg nach Paris zu Verhandlungen gesandt hatte, seinen Staat schließlich lenken würde. Preußen fand außer in Rußland in Schweden und England Bundesgenossen. Während der schwedische Kronprinz Bernadotte, der sich gegenüber England gegen Zusage des Erwerbs des mit Dänemark verbundenen Norwegen zur Teilnahme am Kontinentalkrieg mit 30000 Mann verpflichtet hatte, am 22. April mit Preußen ein Bündnis einging[8], gab es mit England langwierige Auseinandersetzungen, die erst am 14./15. Juni zum *Abschluß von Verträgen* führten. Darin erkannten die Engländer eine Wiederherstellung Preußens wenigstens im Umfang von 1806 an, jedoch bei gleichzeitiger Auferstehung eines um Hildesheim und andere noch zu bestimmende Gebiete vergrößerten Hannover; für die Kriegführung wurde Preußen ein Drittel der den beiden Verbündeten zugesagten Subsidien von 2 Millionen Pfund zuerkannt[9].

Als diese Verträge zustande kamen, war der erste Abschnitt des großen Ringens um Deutschlands Befreiung bereits beendet. Der *Frühjahrsfeldzug* von 1813 hatte nicht den von den deutschen Patrioten erhofften Verlauf genommen. Russen und Preußen standen zunächst nur die von Eugen Beauharnais befehligten Reste der Großen Armee gegenüber, die über Weichsel und Oder bis zur Elbe zurückgewichen waren. Der Vorschlag Scharnhorsts, sie unschädlich zu machen, bevor Napoleon mit neuen Kräften erschien, war nicht befolgt worden. Wohl konnte der aus Baden stammende russische Oberst Tettenborn seine Kosaken nach Nordwestdeutschland schwarmen lassen und sogar in Hamburg einziehen, und während preußische Truppen Abteilungen Beauharnais' bei Möckern über die Elbe warfen (5. April) und damit Berlin sicherstellten, besetzten die preußischen Hauptkräfte unter Blücher, dem Scharnhorst als Generalquartiermeister zur Seite stand, Sachsen, dessen König nach Böhmen auswich. Doch als die gesamte russisch-preußische Streitmacht, deren Oberbefehl nach Kutusows Tod dem russischen General Fürst Wittgenstein übertragen worden war, sich in der Gegend von Leipzig sammelte, war Napoleons neues Heer an der Saale angelangt. Aus einem Angriff der Verbündeten entwickelte sich am 2. Mai die Schlacht bei Großgörschen oder Lützen, in der Napoleon trotz tapferer Gegenwehr der Preußen und Russen Sieger blieb. Die Folge war die Räumung Sachsens, dessen König sich beeilte, den

Versuch einer von Österreich gedeckten neutralen Haltung aufzugeben und sich dem Protektor des Rheinbundes in die Armee zu werfen. Gegen die nun von den Alliierten auf dem rechten Spreeufer bezogene Abwehrstellung setzte der Kaiser frontal und von Norden umfassend an. Die Schlacht bei Bautzen am 20./21. Mai endete zwar nicht mit der von ihm geplanten Vernichtung der Gegner, aber wieder fiel ihm, wenn auch unter schweren Verlusten, der Sieg zu. Die Geschlagenen wichen nach Schlesien zurück, ja zeitweise wurde an weiteren Rückzug nach Polen gedacht. Doch da ließ sich Napoleon auf Waffenstillstandsverhandlungen ein, die am 4. Juni zum Abschluß des Vertrags von *Pläswitz* führten; bis zum 20. Juli sollten die Waffen ruhen, wobei die vereinbarte Demarkationslinie Sachsen und kleine Teile Schlesiens den Franzosen beließ, die immerhin das von ihnen bereits erreichte Breslau wieder räumten[10].

Im Lager der deutschen Patrioten und der durch die ehrenvollen Niederlagen nicht entmutigten preußischen Armee hat über den Stillstand, in dem man den Vorläufer eines faulen Friedens sah, bittere Enttäuschung geherrscht. Sie wurde verstärkt durch böse Nachrichten aus dem Nordwesten, wo Marschall Davout sich wieder Hamburgs bemächtigt hatte und eine Volkserhebung im Hannoverschen zusammengebrochen war und schwer geahndet wurde[11]. Dann traf die deutsche Sache ein noch härterer Schlag; unbekümmert um eine bei Großgörschen empfangene Wunde hatte sich *Scharnhorst* auf den Weg nach Österreich gemacht, um auf Kaiser Franz und Metternich einzuwirken, doch unterwegs verschlimmerte sich sein Befinden, und am 28. Juni ist der Waffenschmied des Befreiungskampfes in Prag gestorben. Es erwies sich indessen, daß die Erhebung noch nicht aussichtslos geworden, ja daß der Waffenstillstand ein schwerer Fehler Napoleons war. Wenn er ihm die Auffüllung seines Heeres ermöglichte, so gab er auch seinen Gegnern Zeit zur Sammlung ihrer Kräfte. Vor allem stellten sich seine politischen Berechnungen als falsch heraus. Er hatte die ihm lästige Vermittlung Österreichs durch Anknüpfung mit dem Zaren ausschalten wollen; seine Angebote an Alexander wurden aber abgelehnt und veranlaßten *Österreich*, in die Front gegen ihn einzuschwenken. Mit großem Geschick verstand es Metternich in diesen Wochen sich und seinen Staat in den Mittelpunkt der europäischen Auseinandersetzungen und schließlich an die Spitze der Koalition zu führen. Zu den Verbündeten sandte er seinen Vorgänger Stadion, dem hier erneut eine wichtige Rolle zufiel. Seinen nationalen Wünschen genügte zwar das Programm Metternichs, das von Napoleon nur die Auflösung Warschaus, die Rückgabe Illyriens und den Verzicht auf die rechtsrheinischen Annexionen forderte, nicht. Es blieb auch hinter dem von Russen, Preußen und Schweden am 16. Mai in Wurschen vereinbarten Ziel der Beseitigung der französischen Vorherrschaft auch in Holland, Italien und Spanien zurück. Trotzdem setzte der mit seinem Kaiser an die böhmische Grenze geeilte Metternich in persönlichen Aussprachen mit dem Zaren und den russischen und preußischen Staatsmännern seinen Standpunkt durch. Nach einer am 27. Mai in *Reichenbach* unterzeichneten Konvention sollten als Mindestforderungen die Freigabe Warschaus und Illyriens, eine Vergrößerung Preußens und die Wiederherstellung der Hansestädte gelten, doch verpflichtete sich Österreich, bei ihrer Ablehnung mit 150000 Mann an die Seite der Verbündeten zu treten. Schon am Tag vorher hatten die gleichzeitig von Metternich eingeleiteten Verhandlungen mit Napoleon in einer dramatischen Unterredung zwischen beiden im Palais Marcolini in Dresden eine kritische Phase erreicht. Der Österreicher ließ sich durch Drohungen nicht einschüchtern, und der Korse fand sich schließlich zur Anerkennung der Mediation seines Schwiegervaters und zur Verabredung eines allgemeinen Friedenskongresses in Prag bereit. Obwohl dies eigentlich den Reichenbacher Abmachungen widersprach, ließen sich die Verbündeten von Metternich zur Verlängerung des Waffenstillstandes bis 10. August und zur Beschickung des Kongresses bewegen. Zu ihrer Erleichterung ergab sich in Prag, daß Napoleon auch zu beschränkten Zugeständnissen nicht bereit war. Seine Versuche, weiter Zeit zu gewinnen, schnitt Metternich am 8. August durch die Überreichung eines kurzfristigen Ultimatums ab. Da zur festgesetzten Stunde keine Antwort vorlag, brachen die Alliierten den Kongreß ab, und am 11. August erfolgte die *Kriegserklärung Österreichs* an Napoleon, der sich damit der größten je gegen ihn gebildeten Koalition gegenübersah[12].

Auf allen Seiten hatte man während des Stillstandes fieberhaft gerüstet. Napoleon standen bei Wiederbeginn der Kämpfe auf deutschem Boden etwa 440000 Mann zur Verfügung. Sein Plan ging dahin, mit seiner Hauptmacht in Sachsen die Operationen der Gegner von Böhmen und Schlesien aus abzuwarten und sie unter Ausnutzung der inneren Linie getrennt zu schlagen, während eine dem Marschall Oudinot unterstellte »Armée de Berlin« die preußische Hauptstadt angreifen und die Verbindung mit dem von Nordwesten anmarschierenden Davout aufnehmen sollte. Der *Feldzugsplan* der Verbündeten, der nach Beratungen in Trachenberg und Reichenbach zustande gekommen war, sah die Aufstellung von drei Armeen in weitem Halbkreis um den Feind vor, von denen jede einem Angriff des Kaisers ausweichen, bei dessen Vorgehen an anderer Stelle aber vormarschieren und ihn in Flanke oder Rücken bedrohen sollte. Die Hauptarmee (127000 Österreicher, 82000 Russen, 45000 Preußen) sammelte sich in Böhmen. Dem zu ihrem Führer erkorenen Österreicher Fürst Karl Schwarzenberg, einem klugen Offizier und Diplomaten, der freilich nach seiner eigenen Meinung sich an strategischer Begabung mit Napoleon nicht messen konnte, wurde grundsätzlich die Oberleitung der gesamten Streitkräfte zugesprochen, doch sahen er und sein Stabschef Radetzky sich durch die in seinem Hauptquartier weilenden drei Monarchen, vor allem den auf den Rat der französischen Emigranten Moreau und Jomini hörenden Zaren, beaufsichtigt. An die Spitze der Schlesischen Armee (66500 Russen, 38000 Preußen) war auf Wunsch Alexanders der siebzigjährige Gebhard Leberecht von Blücher (1742–1819) berufen worden, dessen Energie und Offensivgeist sich wie schon 1806 so auch im Frühjahrsfeldzug bewährt hatten; neben ihm wirkte als Berater und Planer Gneisenau, dessen strategische Begabung sich nun erweisen sollte. Bunt zusammengesetzt war die von Bernadotte befehligte Nordarmee (150000 Mann, darunter die preußischen Korps Bülow und Tauentzien). Reibungen zwischen Führern und Truppen der Koalition haben das Zusammenwirken oft stark beeinträchtigt, sie waren besonders heftig zwischen dem Kronprinzen von Schweden und seinen preußischen Untergebenen, blieben aber auch im Verhältnis Blüchers mit den russischen Korpskommandeuren und dem ihm unterstellten Yorck nicht aus. Gerade die Führung der Schlesischen Armee hat jedoch eine Leistung vollbracht, die sie nach dem Urteil von Clausewitz zur Spitze von Stahl in dem schwerfälligen eisernen Keil machte, womit man den Koloß spaltete[13].

Mit einem Vorstoß gegen die am Bober stehenden französischen Streitkräfte eröffnete Blücher den *Feldzug*. Als der Kaiser auf der Gegenseite erschien, entzog er sich einer Schlacht, und Napoleon sah sich durch die Kunde, daß Schwarzenberg von

Böhmen in Sachsen eingedrungen war, veranlaßt, nach Dresden zurückzumarschieren und die Verfolgung der Schlesischen Armee Macdonald zu übertragen. Über diesen errang der umkehrende Blücher am 26. August an der Katzbach einen glänzenden Sieg[14]. Zwar konnte Napoleon gleichzeitig die Hauptarmee in zweitägiger Schlacht bei Dresden schlagen (26./27. August) und zum Rückzug nach Böhmen zwingen; fehlerhafte Anordnungen bei der Verfolgung ließen ihn aber auch hier einen empfindlichen Rückschlag erleiden, indem das über das Erzgebirge vorgeschobene Korps Vandamme durch russische Abteilungen und die Preußen des Generals von Kleist bei Kulm und Nollendorf eingekreist und gefangengenommen wurde (30. August). Inzwischen hatte es auch französische Mißerfolge im Norden gegeben. Oudinot war bereits am 23. August bei Großbeeren von preußischen Truppen zurückgeworfen worden, und einige Tage später vernichtete märkische Landwehr bei Hagelberg eine von Magdeburg nach Osten marschierende französische Abteilung[15], während Vorstöße Davouts gegen Mecklenburg abgewehrt wurden – hier fiel am 26. August der Dichter Theodor Körner bei Gadebusch. Trotz dieser Schlappen hielt Napoleon an seinen Plänen fest. Während er sich gegen Blücher wandte, der sofort auswich, sandte er den Marschall Ney nach Wittenberg, um den Angriff gegen Berlin zu erneuern. Doch Neys Vormarsch endete dank der Maßnahmen des mit dem vorsichtigen Bernadotte in ständigen Konflikt geratenen Bülow am 6. September mit einer schweren Niederlage bei Dennewitz, die den Kaiser veranlaßte, einen inzwischen eingeleiteten Vorstoß über das Erzgebirge abzubrechen[16].

Er war noch nicht geschlagen, aber seine Lage hatte sich verschlechtert. Auch politisch standen der durch die Erfolge bewirkten *Festigung der Koalition* Auflösungserscheinungen im Empire gegenüber. Der Waffenbund der drei Kontinentalmächte wurde durch am 9. September in Teplitz unterzeichnete zweiseitige Verträge enger gestaltet; mit je 150000 Mann wollten sie die Wiederherstellung Österreichs und Preußens in der ungefähren Größe von 1805, die Auflösung des Rheinbundes und die Unabhängigkeit der in Nordwestdeutschland wiederaufzurichtenden und der süddeutschen Staaten erzwingen. Von diesen führte Metternich *Bayern*, in dem eine von dem Kronprinzen Ludwig geförderte nationale Bewegung auf Anschluß an die Verbündeten drängte, in einer diplomatischen

Meisterleistung auf die eigene Seite. Während preußische Versuche, es aus dem Rheinbund herauszubrechen, scheiterten, kam es zu einem österreichisch-bayerischen Vertrag, der am 8. Oktober von dem die bayerische Armee an der österreichischen Grenze führenden General Wrede in Ried unterzeichnet wurde. Bayern trat aus dem Rheinbund aus und wollte sich mit 36000 Mann am Kampf gegen Napoleon beteiligen; es erhielt die Zusicherung seiner Souveränität und seines Besitzstandes, wobei für den Verzicht auf Tirol gleichwertige Entschädigungen vorgesehen wurden. Diese Vereinbarung traf Napoleons Sache schwer, mußte aber zugleich Österreichs Position gegenüber Preußen stärken und auf die künftige territoriale und politische Gestaltung Deutschlands einwirken[17].

Inzwischen bereitete sich in Sachsen die Entscheidung vor. Den Meinungsverschiedenheiten zwischen den Verbündeten über die weitere Kriegführung machte die Führung der Schlesischen Armee ein Ende, indem sie ihre Truppen in Richtung auf die Nordarmee rechts abmarschieren ließ. Nachdem das Korps Yorck in blutigem Kampf bei Wartenburg den Übergang über die Elbe erzwungen hatte (3. Oktober), trat auch die Nordarmee bei Dessau den Vormarsch über den Strom an. Eiligst wandte sich Napoleon nach Norden, doch er traf Blücher, der nach Westen über die Saale ausgewichen war, nicht mehr an. Nach längerem Zögern in Düben trieb den Kaiser die Nachricht vom Anmarsch Schwarzenbergs auf Leipzig nach dort. Um *Leipzig* begann am 16. Oktober die große *Völkerschlacht*, die über das Schicksal Europas und Deutschlands entscheiden sollte[18]. Während im Süden bei Wachau Napoleon und die Hauptarmee unentschieden miteinander fochten, wurde im Norden der Stadt das Korps Marmont von Blücher angegriffen und aus dem Dorf Möckern geworfen. In den folgenden Tagen war mit dem Eingreifen frischer russischer und österreichischer Truppen im Süden, der Nordarmee im Norden zu rechnen. Den am 17. Oktober deren Annäherung abwartenden Verbündeten bot Napoleon vergeblich Waffenstillstand an, während er zugleich Verteidigungsstellungen um Leipzig bezog und die Abmarschstraße nach Westen sichern ließ. Gegenüber dem allseitigen Angriff der Gegner am 18. Oktober vermochten sich seine Truppen zwar im allgemeinen zu behaupten, aber die Lage wurde für sie, zumal die im Nordosten gegen Bernadotte eingesetzten sächsischen und württembergischen Kontingente auf die andere Seite übergingen, in dem sich verengenden Trichter von Leipzig so kritisch, daß Napoleon in der Nacht den Rückzug befahl, der durch zähe Verteidigung der Außenränder der Stadt gedeckt werden sollte. Mit der Eroberung Leipzigs durch die Verbündeten am 19. Oktober fanden die Kämpfe ihren Abschluß, die sie 52000, die Franzosen 70000 Mann gekostet hatten. Weniger der besseren Führung als der durch die früheren Operationen herbeigeführten Gunst der Verhältnisse und der zahlenmäßigen Überlegenheit war der Sieg zu danken. Der über Erfurt und Eisenach zurückmarschierende Kaiser wehrte den ihm bei Hanau entgegentretenden bayerischen General Wrede ab (30./31. Oktober) und sicherte sich so den Übergang über den Rhein. Der Rheinbund löste sich auf; während der König von Sachsen in Leipzig gefangengenommen worden war, beeilten sich Württemberg, Baden, Hessen-Darmstadt und Nassau, dem bayerischen Beispiel zu folgen und durch Verträge mit Österreich ihre Existenz zu sichern. Die Napoleonischen Staatsschöpfungen Westfalen, Berg und Frankfurt lösten sich auf, ihre Gebiete nahmen teils die ehemals aus ihnen vertriebenen Fürsten in Anspruch, teils wurden sie ebenso wie Sachsen einem unter Leitung des Freiherrn vom Stein eingerichteten Zentralverwaltungsrat unterstellt[19]. Ende 1813 war bis auf einige Festungen, darunter das von Davout verteidigte Hamburg, das rechtsrheinische *Deutschland befreit.* Im Norden fand der Krieg nach kurzem Feldzug Bernadottes gegen die Dänen in Holstein mit dem Kieler Frieden vom 14. 1. 1814 sein Ende, durch den Dänemark für das an Schweden fallende Norwegen mit der Verfügung über Schwedisch-Pommern entschädigt wurde[20].

War Stein, dessen Behörde von Metternich als Mittelpunkt revolutionärer Ideen beargwöhnt wurde, enttäuscht, daß nicht alle Rheinbundlande nach Eroberungsrecht behandelt und damit die Einigung Deutschlands erleichtert wurde, so schien es zeitweise gar, als wenn man auf die Befreiung der deutschen Gebiete links des Rheines verzichten wollte. Dem zum »Premierminister der Koalition« gewordenen Metternich lag nichts an einem Sturz Napoleons und der völligen Niederwerfung Frankreichs, dessen machtvolle Stellung er als Gegengewicht gegen Rußland erhalten wollte. Von Frankfurt, wo die verbündeten Monarchen ihr Hauptquartier aufschlugen, bot er dem Gegner einen Frieden auf der Grundlage der »natürlichen Grenzen« Frankreichs an. Nicht die Empörung der deutschen »Jakobiner«, von denen Arndt in einer Flugschrift die These

»Der Rhein, Deutschlands Strom, aber nicht Deutschlands Grenze« verfochten hatte, sondern die Ablehnung Napoleons ließ es zur Fortführung des Krieges kommen. Den *Feldzug von 1814* legte man nicht nach dem Plan Gneisenaus an, der raschen konzentrischen Vormarsch auf Paris vorsah, sondern man setzte die Hauptarmee durch die Schweiz auf das Plateau von Langres an, während Blücher über den Mittelrhein und Teile der Nordarmee unter Bülow über Holland vorrücken sollten. Entgegen dem Wunsch des Zaren, der einer Verletzung der Schweizer Neutralität widerstrebte[21], begann Schwarzenberg Ende 1813 den Linksabmarsch durch Schweizer Gebiet, der ihn innerhalb eines Monats auf das Plateau führte. Inzwischen hatte Blücher in der Neujahrsnacht bei Kaub den Rhein überschritten und das linksrheinische deutsche Land befreit; über Saar, Mosel und Maas vordringend, schob er sich an Marne und Aube vor den rechten Flügel der Hauptarmee[22]. Hier trat ihm Napoleon entgegen, der seine Gegner zugleich militärisch zu schwächen und politisch zu verwirren trachtete. Sein Vorschlag zu Friedensverhandlungen führte im Hauptquartier der Verbündeten in Langres zu heftigen Auseinandersetzungen. Während der seit dem Durchmarsch durch die Schweiz mit Metternich zerfallene Zar für entschlossene Kriegführung mit dem Ziel von Napoleons Sturz eintrat, befürwortete der Österreicher eine vorläufige Einstellung der Operationen zwecks Herbeiführung einer Verständigung, und er fand bei dem im Lager eingetroffenen englischen Außenminister Castlereagh Unterstützung. Aufgrund der geschickten Einwirkung dieses Schülers Pitts einigte man sich dahin, einen Kongreß nach Châtillon zu berufen, auf dem man Frankreich nicht mehr die »natürlichen«, sondern nur die vorrevolutionären Grenzen zugestehen wollte. Inzwischen hatte eigenmächtiges Vorgehen Blüchers zu Kämpfen geführt. Von Napoleon am 29. 1. 1814 bei Brienne angefallen, war er auf die Hauptarmee zurückgewichen, mit deren Unterstützung er am 1. Februar bei La Rothière einen glänzenden Sieg über den Kaiser errang. Schon schien nun der von Napoleon nach Châtillon entsandte Caulaincourt zur Annahme der alliierten Bedingungen bereit, als eine überraschende Wendung eintrat. Daß die Armeen der Verbündeten sich wieder getrennt hatten, nutzte Napoleon aus. Er warf sich auf die einzeln im Marnetal vormarschierenden Korps Blüchers und schlug sie in Gefechten bei Champaubert, Montmirail und Vauchamps (10.–14. Februar). Dann wandte er sich gegen die langsam über Troyes vorrückende Hauptarmee und brachte der russischen Vorhut bei Mormant und dem württembergischen Korps bei Montereau empfindliche Schlappen bei. Während er nun in Châtillon ultimativ die »natürlichen« Grenzen forderte, erwog man im Hauptquartier Schwarzenbergs bereits den Rückzug nach Langres. Doch da brachte wie 1813 die Schlesische Armee den entscheidenden Anstoß zu des Kaisers Niederlage. Mit seinen zerzausten Abteilungen, die er bei Châlons gesammelt hatte, zog Blücher auf den Rat des Oberst von Grolman über die Marne nach Norden, um nach Vereinigung mit den nach Besetzung Hollands über Belgien anmarschierenden Teilen der Nordarmee von dort auf Paris zu stoßen. Napoleon eilte ihm nach, worauf Schwarzenberg, dem Drängen des preußischen Königs folgend, den ihm gegenüber zurückgelassenen Oudinot bei Bar-sur-Aube mit Erfolg angriff (27. Februar) und Troyes wieder besetzte. Dem Kaiser gelang es nicht, Blüchers Vereinigung mit den von Norden kommenden Korps zu verhindern, ja nach einem blutigen Teilerfolg über russische Truppen bei Craonne erlitt er am 9./10. März bei Laon eine schwere Niederlage, die nur infolge ungenügender Ausnützung durch den Feind nicht zur Vernichtung seiner Streitkräfte führte[23]. Schon vorher hatten die Schwankungen innerhalb der Koalition ihr Ende gefunden; der *Vertrag von Chaumont* vom 9. März, durch den sich Österreich, Rußland, Preußen und England zu kraftvoller Fortsetzung des Krieges mit dem Ziel der Zurückführung Frankreichs in die Grenzen von 1792 verbanden, war in erster Linie Castlereaghs Werk. Der Kongreß in Châtillon löste sich auf, und rasch entschied sich nun Napoleons Schicksal. Er hatte sich wieder der Hauptarmee entgegengestellt, wurde aber am 20./21. März bei Arcis-sur-Aube geschlagen, und als er sich darauf in kühnem Vorstoß in den Rücken der Feinde warf, strebten deren Armeen, ohne sich um ihn zu kümmern, *Paris* zu. Die mit der Deckung der Stadt betrauten Marschälle Marmont und Mortier wurden am 25. März bei Fère Champenoise geworfen und am 30. März an der Ost- und Nordostfront von Paris angegriffen. Nach der Erstürmung des Montmartre durch die Verbündeten vereinbarten sie die Kapitulation der Stadt, in die am 31. März der Zar und der König von Preußen einzogen. Napoleon, der hinter der Hauptarmee hergejagt war, kam zu spät. Von seinen Marschällen gedrängt, entschloß er sich in Fontainebleau am 6. 4. 1814 zur Abdankung. Während dem

Gestürzten die Herrschaft über die kleine Insel Elba im Mittelmeer zugestanden wurde, kehrte nach Frankreich aufgrund einer inzwischen erreichten Verständigung zwischen den Verbündeten, von denen der Zar zunächst an eine Einsetzung Bernadottes gedacht hatte, der Bruder des einst hingerichteten Königs als Ludwig XVIII. zurück.

Der Wunsch der Staatsmänner der Koalition, das wiedererrichtete Bourbonenkönigtum nicht mit zu schweren Hypotheken zu belasten, hatte bei den am 9. Mai beginnenden Friedensverhandlungen weitgehende Mäßigung gegenüber dem Besiegten zur Folge. Entgegen den Forderungen der seit Beginn des Befreiungskrieges sehr angewachsenen nationalen Bewegung in Deutschland, die seit Januar 1814 in dem von Görres in Koblenz herausgegebenen ›Rheinischen Merkur‹ ein hervorragendes Sprachrohr besaß, wurden in dem am 30. Mai in *Paris* unterzeichneten *Frieden* nicht nur das Elsaß und Landau Frankreich belassen[24], sondern auch über den vorrevolutionären Besitzstand hinaus die Lande an der Saar mit Saarlouis und Saarbrücken. Betreffs der Neuordnung war nur angedeutet, daß Belgien und Holland zu einem Königreich unter dem Oranier vereinigt und Deutschland zu einer Föderation unabhängiger Staaten werden sollte. Die Entscheidung der zahlreichen offenen Fragen wurde einem allgemeinen Kongreß in Wien zugewiesen.

R. Friederich, Die Befreiungskriege 1813–1815 (4 Bde. [4/5]1913). H. Ulmann, Gesch. d. Befreiungskriege 1813 u. 1814 (2 Bde. 1914/15). Die Befreiungskriege, hg. v. Dt. Gesellsch. f. Wehrpol. u. Wehrwiss. (1938). Der Befreiungskrieg 1813, in: Dt. Akad. Wiss. Berlin, Schr. d. Dt. Sektion d. Kommission d. Historiker d. DDR u. d. UDSSR, Bd. 4 (1967). W. Oncken, Oesterreich u. Preußen im Befreiungskriege (2 Bde. 1876 bis 1879). Th. Schieder, Das Jahr 1813 u. d. heutige Europa, in: Spiegel d. Gesch. (Festgabe f. M. Braubach 1964). Lit. über Metternich Kap. 18, Anm. 1.

[1] Biographie Yorcks v. J. G. Droysen (1851/52 u. ö.). Nachweis seines selbständigen Handelns: W. Elze, Der Streit um Tauroggen (1926).

[2] W. Grosse, Die Entstehung des Landwehrgedankens in Ostpreußen 1812/13, in: Leistung u. Schicksal, Abh. u. Ber. ü. d. Dt. im Osten, hg. v. E. G. Schulz (1967).

[3] Während G. Ritter, Staatskunst und Kriegshandwerk, Bd. 1 (1954), unter Berufung auf U. Meurer, Die Rolle nationaler Leidenschaft der Massen in d. Erhebung v. 1813 gegen Napoleon (Diss. Freiburg 1953), einen pol. und milit. wirksamen »Volkshaß« gegen die Herrschaft Napoleons bestreitet, suchen ostdt. Historiker die vorwärtstreibende Rolle der Massen nachzuweisen, die den Kg. u. die Regierung in Preußen gegen ihren Willen zur Erhebung gezwungen hätten: P. Stulz, Fremdherrschaft u. Befreiungskampf, Die preuß. Kabinettspol. u. d. Rolle d. Volksmassen i. d. J. 1811–1813 (1960); Heitzer (Kap. 14, Anm. 5); H. Scheel, Zur Problematik

d. dt. Befreiungskriege, Zs. f. Gesch.-wiss. 11 (1963). Mit Droz, Romantisme, u. Bespr. v. Stulz, RH 226 (1960), wird man sagen können, daß die spontane Aktion aus dem Volk vorhanden war, aber keinen entscheidenden Einfluß auf den Gang der Dinge ausübte, zudem konsequenter und gewichtiger als Angehörige der unteren Schichten konservative, ja reaktionäre Kreise vom Schlage von Marwitz Träger des Widerstands gegen die franz. Herrschaft waren. Gerade deshalb lehnt Droz die Bezeichnung Freiheits- statt Befreiungskrieg ab, da diese aktiven Gegner Napoleons von einer Beeinträchtigung ihrer sozialen Stellung nichts wissen wollten.

[4] Höhn (Kap. 17, Anm. 13) sucht nachzuweisen, daß Scharnhorst in den freiwilligen Jägerdetachements eine von revolutionärem Geist erfüllte Truppe schaffen wollte und d. Landsturm unter Umständen die Aufgabe eines Volksaufstands unter Ausschaltung der Staatsleitung zugedacht hatte. Hahlweg (Kap. 17, Anm. 17).

[5] P. Czygan, Zur Gesch. d. Tagesliteratur während d. Freiheitskriege (3 Bde. 1911). R. F. Arnold, Fremdherrschaft u. Befreiung 1795–1815. Dt. Lit., Pol. Dichtung, Bd. 2 (1932).

[6] F. Wiedemann, Zur Gesch. des Aufrufs v. Kalisch, FBPG 45 (1933). Den Aufruf hat wohl auf Veranlassung Steins der preuß. Staatsrat v. Rehdiger entworfen.

[7] Zur Beteiligung engl. Agenten am Alpenbund: Buckland (Kap. 18, Anm. 5). Zur Unterdrückung der durch Verrat entdeckten Verschwörung: J. K. Mayr, Danelons Kurierreise, MÖIG 52 (1938); ders., Hormayrs Verhaftung 1813, Zs. f. bayer. Landesgesch. 13 (1942).

[8] F. D. Scott, Bernadotte and the Fall of Napoleon (1935). T. T. Höjer, Sverige och det Tyska Rekonstruktionsproblemet vintern 1812/13, Hist. Tidskr. 53 (1934).

[9] G. Goldmann, Die preuß.-brit. Beziehungen 1812–1815 (Diss. Frankfurt 1934). C. Webster, British Diplomacy 1813–1815 (1921). Ders., The Foreign Policy of Castlereagh 1812–1815. Britain and the Reconstruction of Europe (1931). Zu den Besprechungen und Vorentscheidungen über Wiederherstellung und Vergrößerung Hannovers und die territ. Gestaltung in Nordwestdtld.: K. Krausnick, Ernst Gf. v. Münster i. d. europ. Politik 1806–1815 (Diss. Berlin 1936); K. F. Brandes, Gf. Münster u. d. Wiedererstehung Hannovers 1809 bis 1815 (Diss. Berlin 1938); Braubach-Schulte, Die pol. Neugestaltung Westfalens 1795–1815, in: Der Raum Westfalen, Bd. II 2 (1934).

[10] F. Straube (Ostdtld.), Frühjahrsfeldzug 1813. Die Rolle d. russ. Truppen b. d. Befreiung Dtlds. v. Napoleonischen Joch (1963), sucht nachzuweisen, daß die offensiven Pläne Scharnhorsts nicht von Kutusow, sondern vom preuß. Kabinett hintertrieben wurden, das auch für die Niederlage der von den Russen unterstützten Volksaufstände in Nordwestdtld. verantwortlich gemacht wird.

[11] Zu den Volkserhebungen: H. Herfurth, Die franz. Fremdherrsch. u. d. Volksaufstände v. Frühjahr 1813 in Nordhannover (1936); J. Laumann, Der Freiheitskrieg 1813/14 um Magdeburg, Sachsen u. Anh. 15 (1939); Heitzer (Kap. 14, Anm. 5). Die Bewegung im Hannoverschen, die nach einem Erfolg Dörnbergs vor Lüneburg (2. 4.) von franz. Übermacht erdrückt wurde, hat franz. Kräfte gebunden, die an der Mittelelbe fehlten.

[12] A. Greulich, Österreichs Beitritt zur Koalition i. J. 1813 (1931); danach wäre Metternichs Ziel bis 10. 8. die Durchführung des Gleichgewichtsprogramms im Waffenbündnis mit Napoleon gewesen, und auch danach hätte er neue Verhandlungen auf der Grundlage des franz. Angebots vom 11. 8. angestrebt, doch wohl eine irrige Deutung seiner freilich nicht leicht zu durchschauenden Politik.

[13] Über die Feldherrn: K. Fürst Schwarzenberg, FM Fürst Schwarzenberg. Der Sieger v. Leipzig (1964); W. v.

UNGER, Blücher (2 Bde. 1906–1908); H. HERGENHAHN, Die polit. Anschauungen d. Fürsten Blücher (Diss. Rostock 1942); E. KESSEL, Blücher, in: Militärwiss. Rundschau (1942). Der »Marschall Vorwärts« war nicht nur ein tapferer Haudegen und mitreißender Soldatenführer, sondern besaß auch operatives Verständnis und wußte, wenn er auch meist den Plänen seiner Berater folgte, kühne Entscheidungen zu treffen, die sich als richtig erwiesen.

14 MÜLLER-LOEBNITZ, Die Schlacht a. d. Katzbach (1938).

15 G. ROLOFF, Das Handgemenge b. Hagelberg, FBPG 54 (1942). Als Führer einer Landwehrbrigade zeichnete sich hier Hardenbergs Feind v. d. Marwitz aus.

16 Zum umstrittenen Verhalten Bernadottes: K. LEHMANN, Die Rettung Berlins i. J. 1813. Das Feldherrntum Bernadottes, Bülows, Oudinots u. Neys im Großbeeren- u. Dennewitzfeldzug (1934). Sicher haben auf die Zurückhaltung des fähigen schwed. Kronprinzen neben der ihm eigenen Vorsicht polit. Gründe eingewirkt; er wollte sich keiner Niederlage aussetzen, um sich sowohl die Möglichkeit, in Frankreich an die Stelle Napoleons zu treten, nicht zu verbauen als auch seine Stellung in Schweden nicht zu gefährden.

17 H. W. SCHWARZ, Die Vorgesch. d. Vertrages v. Ried (1933). Kg. Max Joseph widerstrebte zunächst dem Abfall von Napoleon, er und Montgelas wollten auf Neutralität hinaus. Über Wrede: O. Fürst v. WREDE, FM Fürst v. Wrede, ZGORh 94, NF 55 (1942); K. H. v. ZWEHL, FM Karl Phil. F. v. Wrede 1767–1838, in: Festgabe Kronprinz Rupprecht v. Bayern (1953). K. UEBE, Der Stimmungsumschwung i. d. bayr. Armee gegenüber d. Franzosen 1806 bis 1812 (1931).

18 G. LOH, Die Völkerschlacht b. Leipzig. Eine bibliograph. Übersicht (1963). A. SCHULTE, Die Schlacht b. Leipzig (1913). F. GÜNTHER, Die Schlüsselstellung Markkleeberg i. d. Völkerschlacht b. Leipzig (1938).

19 Th. SCHIEDER u. W. HUBATSCH, Das Jahr 1813 u. d. Frhr. v. Stein (1964). O. E. SCHMIDT, Reichsfrhr. v. Stein in Sachsen u. s. sächs. Mitarbeiter, NA f. Sächs. Gesch. 54 (1934). P. v. KIELMANNSEGG, Stein u. d. Zentralverwaltung 1813/14 (1964). A. KENTMANN, Das Hgt. Mecklenburg-Strelitz i. d. Befreiungskriegen u. seine Verhandl. mit d. Zentralverwaltungsrat, Meckl.Strel. Gesch.bll. 7 (1931). H. KOCHENDÖRFFER, Das Militärgouvernement zw. Weser u. Rhein, Westfäl. Zs. 89 (1923). F. SCHMITT, Die provisor. Verwaltung d. Gebietes zw. Rhein, Mosel u. franz. Grenze durch Österr. u. Bayern i. d. J. 1814–1816 (1962).

20 G. NÖRREGÄRD, Freden i Kiel 1814 (1954). T. T. HÖJER, Carl Johans kapitulationsanbud till Davout. Ett bidrag till kännedomen om Sveriges förbindelser med Hamburg och Bremen i nov. 1813 (1934). Ders., Bernadotte u. d. Hansestädte, Hans. Gesch.bll. 73 (1955).

21 Zu dem Durchmarsch durch die Schweiz, der zum inneren Bruch zwischen dem von Schweizern wie Laharpe und Jomini beeinflußten Zaren und Metternich führte: A. WINKLER, Metternich u. d. Schweiz, Zs. f. Schweiz. Gesch. 7 (1927); W. MARTIN, La Suisse et l'Europe 1813/14 (1931); F. A. MOSER, Die Haltung Englands gegenüber d. Verletzung d. schweiz. Neutralität durch d. Alliierten i. Dez. 1813, Zs. f. Schweiz. Gesch. 14 (1934).

22 K. ZIMMERMANN, Die Kriegsereignisse zw. Rhein, Saar u. Mosel i. J. 1814, Rhein. Vjbll. 4 (1934).

23 Daß der Sieg von preuß. Seite nicht ausgenutzt wurde, lag wohl an einer Erkrankung Blüchers, der Gneisenau die Leitung übertragen hatte. Diesen haben anscheinend verständl. milit. Erwägungen, vielleicht auch persönl. Bedenken über seine Stellung, zur Vorsicht bestimmt.

24 K. GRIEWANK, Das Elsaß u. s. Nachbarländer i. d. Friedensschlüssen v. 1814 u. 1815, Els.Lothr. Jb. 20 (1942).

Kapitel 20
Der Wiener Kongreß (1814/15) und die Neugestaltung Deutschlands

Nach Abschluß des Pariser Friedens trafen sich die siegreichen Monarchen und ihre Berater zunächst in London. Erst im Herbst 1814 fanden sich die Delegationen fast aller Mächte und Staaten Europas in *Wien* ein, das damit vom Oktober 1814 bis Juni 1815 Mittelpunkt der wieder durch die alte aristokratische Gesellschaft bestimmten politischen Welt wurde. Die Gastgeber, von denen Kaiser Franz hinter der glänzenden Erscheinung seines in den Fürstenstand erhobenen Ministers Metternich zurücktrat, suchten den Kongreßteilnehmern den Aufenthalt so angenehm wie möglich zu machen, und so reihte sich eine Kette geselliger Vergnügungen aneinander, die indessen dem Ernst der politischen Arbeit keinen Eintrag taten. In den Ballsälen und Salons wie in den Konferenzzimmern erwies sich Zar Alexander als Gegenpol Metternichs. Auf Verlauf und Ergebnisse der Verhandlungen hat auch Englands Vertreter Castlereagh eingewirkt, und überraschenderweise wußte daneben das besiegte Frankreich dank der Geschicklichkeit Talleyrands seine Meinung zur Geltung zu bringen[1]. Wenn dagegen Preußens Einfluß nicht seinen militärischen Leistungen entsprach, so lag das nicht an der mangelnden Eignung seiner Delegation, in der freilich der durch Schwerhörigkeit gehemmte, aber in seiner Arbeitskraft ungebrochene Hardenberg und der geistvolle, dabei in Erkenntnis der Zeit und ihrer Tendenzen durchaus realistische Humboldt mit dem Eigenwillen ihres Königs rechnen mußten. Zwischen den Großmächten gab es *Gegensätze*, die sich seit Kriegsende noch verstärkt hatten. Wenn Metternich ein Gleichgewichtssystem mit einem gegen die Flügelmächte gesicherten Mitteleuropa unter österreichischer Führung anstrebte, so erfüllte den Zaren der Wunsch, als Lohn für die von Rußland ausgegangene Befreiung Europas den größten Teil von Polen zu gewinnen, in dem der liberalen Ideen nicht unzugängliche Selbstherrscher als König das Muster eines konstitutionellen Staates errichten wollte. Wie Metternich wünschte Castlereagh ein nach konservativen Gesichtspunkten geordnetes Europa, ihn lenkte zugleich das britische Interesse gegen eine zu große Machtausdehnung Rußlands. Talleyrand dachte auch an Europa, wenn er von der Beachtung der Legitimität als Ordnungsfaktor sprach, aber sie war ihm vor allem Mittel zur Erringung der Gleichberechtigung für Frankreich, dessen Macht er auch durch Eindämmung gesamtdeutscher Einigungstendenzen zu sichern suchte. Dagegen wollten Hardenberg und Humboldt die feste Abrundung Preußens mit einer engeren Zusammenfassung Deutschlands verbinden, wobei sie Gegner des ersten Zieles in dem Hannoveraner Münster, des zweiten in den durch ihre Fürsten, Minister und Generale in Wien vertretenen süddeutschen Staaten unter Führung Bayerns fanden. So gab es mannigfachen Egoismus, gemeinsam war indessen fast allen der Wille zur Verständigung zwecks Herstellung friedlicher Ordnung, wobei die Auffassung vorherrschte, daß dies nur durch Rückkehr zu der Konvenienzpolitik und der Gesellschaftsordnung des 18. Jh. erreicht werden könne. Zwar sollte nicht alles restauriert werden, was inzwischen verändert worden war, aber jede Fortwirkung revolutionären Geistes wollte man unterbinden und den freiheitlichen und nationalen Bestrebungen der Völker einen Zaum anlegen durch ein Konzert der nach Staatsräson und nach gesamteuropäischen Erwägungen handelnden monarchischen Mächte.

Eine Zeitlang sah es trotzdem so aus, als wenn es zur Sprengung des Kongresses kommen würde. Von Anfang an standen sich wegen *Polen* Alexander und Metternich gegenüber. Der Österreicher, der gegen die Gefahr eines russischen Übergewichts bei Castlereagh Unterstützung fand, suchte auch die Preußen auf seine Seite zu ziehen, denen ja an einer guten Grenze gegen Osten gelegen war, die freilich in erster Linie den friderizianischen Gedanken des Gewinns von *Sachsen* zur endgültigen Machtsicherung des Staates und als Grundlage für eine starke Stellung in Deutschland verfolgten. Der durch seine Gefangennahme zunächst ausgeschaltete Wettiner (Kap. 19) hatte Anwälte seiner Wiedereinsetzung zunächst nur in Talleyrand und den deutschen Mittelstaaten, während Metternich, so wenig ihm eine preußische Annexion Sachsens willkommen war, doch zu Entgegenkommen gegenüber Preußen bereit war, falls es sich der Front gegen Rußland anschloß[2]. Hardenberg wollte darauf eingehen, aber der von Dankesgefühlen gegen den Zaren erfüllte König verbot ihm nach einer Unterredung mit Alexander am 3. 11. 1814 eine gegen Rußland gerichtete Politik. Die Folge war eine Schwenkung Metternichs, der jetzt sich die Forderung der Erhaltung Sachsens zu eigen machte und durch die Heranführung Frankreichs an Österreich und England eine neue Mächtekombination schuf. Der Jahreswechsel 1814/15 brachte so einen Triumph Talleyrands, der Frankreich wieder in den Kreis der Großmächte aufgenommen sah, und zugleich eine scharfe Zuspitzung des Konflikts zwischen den bisherigen Alliierten. Auf Drohungen der über die Verweigerung Sachsens empörten Preußen kam es am 3. 1. 1815 auf englisches Drängen zur Unterzeichnung eines Geheimabkommens zwischen England, Österreich und Frankreich, dem Holland, Hannover und Bayern beitraten. Im Grunde wünschte man in keinem Lager einen Krieg. In der in den Vordergrund des Streites gerückten sächsischen Frage sprachen sich auf der einen Seite Castlereagh, auf der anderen der Zar für einen Kompromiß durch Teilung des Königreichs aus, und da inzwischen Alexander seine polnischen Ansprüche zurückgesteckt hatte, war die *Krise* eigentlich schon am 7. Januar *überwunden*, als die Ministerkonferenz zum erstenmal unter Beiziehung Frankreichs als Ausschuß der fünf Großmächte zusammentrat.

Es hat noch manche anderen Streitigkeiten über die *territoriale Neuordnung* gegeben, die aber aufgrund der Einigung der Großen in Kommissionsberatungen beigelegt wurden, wobei ein Statistischer Ausschuß die Unterlagen für die oft mechanische Zuweisung von Land und Volk lieferte. Im Osten fand sich der Zar mit einer neuen, vierten Teilung Polens ab, die ihm immerhin den später als Kongreßpolen bezeichneten Hauptteil mit der Hauptstadt Warschau als eigenes Königreich zuwies. Österreich erhielt Galizien zurück, auch die 1809 an Rußland abgetretenen Teile, während aus der Stadt Krakau und ihrer Umgebung ein neutraler Kleinstaat unter dem Schutz der drei Teilungsmächte gebildet wurde. Natürlich fiel Illyrien an die Donaumonarchie zurück, und mit dem unmittelbaren Besitz von Lombardei und Venezien und der Rückkehr des Erzherzogs Franz nach Modena und des Erzherzogs Ferdinand, des bisherigen Großherzogs von Würzburg, nach Toskana sowie der Zuweisung Parmas an Napoleons österreichische Gemahlin erhielt sie eine noch beherrschendere Stellung in Ober- und Mittelitalien, als sie vor der Revolution besessen hatte. Dagegen wurden weder die Niederlande noch die früheren Besitzungen am Oberrhein zurückgenommen. Metternich wäre zwar bereit gewesen, auf Salzburg zu verzichten und dafür aus dem Breisgau und der Pfalz ein neues Vorderösterreich mit Rückhalt an der Festung Mainz zu errichten, aber diesem Plan stellten sich um der Arrondierung des Staates willen Kaiser Franz und seine militärischen Berater entgegen, und der Minister selbst hat ihn nicht mit Nachdruck vertreten. So blieb es bei dem in einem Vertrag mit Bayern bereits vereinbarten Rück- bzw. Anfall von Tirol, Vorarlberg, Salzburg und dem Inn- und Hausruckviertel. Während Österreich sich so von der *deutschen Westgrenze* zurückzog, hat Preußen hier, nicht eben freudig, Stellung bezogen. Man war im preußischen Lager damit einverstanden, daß dem Staat von den einstigen polnischen Erwerbungen nur Westpreußen mit Danzig und Thorn sowie das Gebiet um Posen und damit eine Landbrücke zwischen Schlesien und den preußischen Provinzen zugesprochen wurde; sehr bitter aber empfand man es, daß man sich mit dem Gewinn des nördlichen Sachsens mit Wittenberg, Torgau und Görlitz begnügen und die Rückgabe von Dresden und Leipzig an König Friedrich August hinnehmen mußte. Die Entschädigung zur Erreichung des vertraglich festgelegten vormaligen Umfangs bestand in der Erweiterung der alten Besitzungen im Westen um die Herzogtümer Jülich und Berg, Kurtrier und Kurköln, das Herzogtum Westfalen, Paderborn und die südlichen und westlichen Teile von Münster, so daß hier ein zweiter preußischer Landblock in Rheinland-Westfalen entstand. Damit waren die von Hardenberg entwickelten Pläne, den Wettiner nach Münster-Paderborn oder auf das linke Rheinufer zu verpflanzen, erledigt und zugleich Absichten des aus Holland und Belgien gebildeten Königreichs der Vereinigten Niederlande auf Ausdehnung bis nach Köln abgewehrt[3]. Immerhin wurde ihm das früher preußische Oberquartier von Geldern zugeschlagen, während zugleich die unmittelbare Nachbarschaft dieser Schöpfung Englands an das zum Königreich erhobene Hannover dadurch hergestellt wurde, daß diesem deutschen Staat des englischen Königs gemäß einer Abmachung mit Preußen vom 29. 5. 1815 außer Hildesheim und Goslar Ostfriesland, Teile von Lingen und das nördliche Münsterland zufielen. Für die Abdrängung von der Nordsee und den Verzicht auf den territorialen Zusammenhang der Monarchie erhielt Preußen den restlichen Teil Pommerns mit Stralsund, Greifswald und Rügen; es war das Ergebnis eines Tausches zwischen Preußen, Hannover und Dänemark, bei dem der Dänenkönig die ihm im Kieler Frieden überlassenen schwedischen Lande an der deutschen Ostseeküste gegen Anfall des hannoverschen Lauenburgs aufgab. Der Begrenzung der rheinisch-westfälischen Provinzen Preußens gegen Norden entsprach im Süden die Nichteinbeziehung des dem Oranier als besonderes Fürstentum zufallenden Luxemburg und vor allem von Mainz, das wegen seiner strategischen Lage ein besonders umstrittenes Verhandlungsobjekt war, in den preußischen Machtbereich. Wie zeitweise Österreich, so hatte auch Bayern den Besitz von Mainz angestrebt, der aber schließlich dem Großherzog von Hessen-Darmstadt überlassen wurde, wobei die Verteidigung der Festung eine gesamtdeutsche Aufgabe werden sollte. Bayern hat überhaupt seine auf Beherrschung Süddeutschlands gerichteten Absichten nicht voll verwirklichen können. Für Tirol und Salzburg tauschte es zwar ganz Franken ein, wo es nicht nur gegen preußische Ansprüche Ansbach-Bayreuth behauptete, sondern auch das Großherzogtum Würzburg und die alten mainzischen Lande um Aschaffenburg sich einverleibte; aber von der Pfalz gelangten nur die linksrheinischen Teile an den Wittelsbacher zurück, der so seinen Staat wie der Hohenzoller in zwei nicht miteinander verbundene Blöcke gespalten sah. Ob sich die Hoffnung erfüllen würde, bei dem bevorstehenden Aussterben des legitimen Stammes der Zähringer in Baden doch noch die rechtsrheinische Pfalz zu erhalten, war von vornherein zweifelhaft. Für Baden, das ebenso wie Württemberg seinen territorialen Bestand aus der Rheinbundzeit unverändert behielt, bedeuteten immerhin die Rechtsvorbehalte, die für den Fall des Thronwechsels Bayern für die Pfalz und Österreich für den Breisgau machten, eine nicht geringe Sorge. Auch die übrigen von angestammten deutschen Dynastien beherrschten Fürstentümer mit Ausnahme der kleinen, jetzt der Mediatisierung verfallenden Isenburg und von der Leyen vermochten sich zu halten und teilweise zu vergrößern, und außer Hannover erstanden Braunschweig, Oldenburg, das merkwürdigerweise den Titel eines Kurfürstentums beibehaltende Hessen-Kassel und die Städte Hamburg, Lübeck, Bremen und Frankfurt als souveräne Staaten wieder. Da trotz der Proteste der Mediatisierten die Säkularisationen und Enteignungen der Napoleonischen Zeit im übrigen nicht rückgängig gemacht wurden, bedeutete die Neuordnung doch einen wesentlichen Fortschritt gegenüber der territorialen Zersplitterung der vorrevolutionären Zeit[4].

Einen Fortschritt stellte schließlich auch die *politische Neuordnung* des gesamten deutschen Raumes dar. An eine Restauration des alten Reiches war nicht zu denken. Daß aber die übriggebliebenen 38 deutschen Staaten[5] in einer neuen Gemeinsamkeit verbunden werden, daß sich über ihnen eine nationale Autorität erheben und so eine deutsche Einigung geschaffen werden müßte, das war die Meinung der in den Erlebnissen von Fremdherrschaft und Befreiungskrieg ihrer Zusammengehörigkeit bewußt gewordenen Kreise des deutschen Volkes, das forderten stürmisch die patriotischen Publizisten der Erhebung wie Arndt und Görres und auch Staatsmänner wie Stein und Humboldt[6]. Aber wie sollte dieses Ziel erreicht werden? Die Schwierigkeiten, die sich aufgrund der historischen Entwicklung und der politischen und gesellschaftlichen Zustände, Kräfte und Gegensätze für eine wirkliche Einigung ergaben, werden aus den wechselnden Verfassungsplänen des Freiherrn vom Stein deutlich. Er ist ausgegangen von dem Gedanken eines Neben- und Miteinanders Österreichs, Preußens und des in einem Bund unter einem Kaiser zusammenzufassenden übrigen Deutschland; er ließ sich, nachdem er zeitweise den Plan einer Teilung in zwei Bundesstaaten erwogen hatte, von Humboldt für ein Viererdirektorium gewinnen, und Anfang 1815 hat er mit Entschiedenheit die Wiedererrichtung des habsburgischen Kaisertums verfochten, durch die jedoch Preußens Souveränität und Macht nicht beeinträchtigt werden sollten[7]. Ihn hat dabei stets das Gefühl geleitet, dem er Ende 1812 Graf Münster gegenüber Ausdruck gegeben hatte, daß er nur ein Vaterland kenne, Deutschland. Aber wie man in den Mittelstaaten einer straffen Einigung widerstrebte, so standen auch manche Preußen einer Begrenzung der staatlichen Selbständigkeit mißtrauisch gegenüber, und für Metternich ging es nicht um die Erfüllung deutscher Sehnsucht, sondern um die Sicherung der Großmacht Österreich und der Ordnung Europas, während Castlereagh unter deutscher Einigung nur das Zusammengehen Österreichs und Preußens gegen die Flügelmächte verstand. Im Grunde hatten schon die vor dem Wiener Kongreß geschlossenen Bündnisverträge darüber entschieden, daß nur ein Bund »unabhängiger« deutscher Staaten in Frage kam. Immerhin sahen die von Hardenberg 1814 entwickelten Pläne eine wirkliche Bundesverfassung mit Direktorium und Kreiseinteilung vor, und Metternich war anfangs nicht abgeneigt, darauf einzugehen. Doch dann führte ihn der Bruch mit Preußen in der polnisch-sächsischen Frage auf die Seite der von Bayern und Hannover geleiteten Opposition. Wohl haben Mediatisierte und Kleinstaaten im eigenen Interesse, aber auch in manchen ihrer Wiener Vertreter, wie dem Mecklenburger

Plessen und Hans Christoph von Gagern, von nationalem Gefühl bestimmt, die Errichtung eines Reiches unter einem erblichen Kaiser gefordert[8], während in einigen Patriotenkreisen die Idee eines engeren Bundes mit Preußen an der Spitze aufkam[9]. Die preußischen Staatsmänner konnten daran nicht denken; von ihnen hat Humboldt für einen Bund wenigstens einige wichtige Elemente der Gemeinsamkeit, wie eine kraftvolle Militärgewalt, ein Bundesgericht und die gleichmäßige Einführung und Garantie landständischer Verfassungen in allen Staaten, zu retten versucht. Nachdem in Wien die territorialen Fragen die Beratungen über die Gestaltung Gesamtdeutschlands zeitweise in den Hintergrund gedrängt hatten, gaben die überraschende Rückkehr Napoleons und die Notwendigkeit neuen Kampfes gegen Frankreich (Kap. 21) den Anlaß zu rascher Einigung und überstürztem Abschluß. Einer Verständigung zwischen Österreich und Preußen (13. Mai) folgte am 16. 5. 1815 die Paraphierung einer Akte, durch die jene 38 souveränen Fürsten und freien Städte sich zu einem unauflöslichen *Bund* mit dem Zweck »der Erhaltung der äußeren und inneren Sicherheit Deutschlands und der Unabhängigkeit und Unverletzlichkeit der einzelnen deutschen Staaten« verbanden. Das Minimalprogramm Humboldts hatte dabei noch erhebliche Abstriche erfahren, besonders war der bayerische Einspruch gegen ein Bundesgericht erfolgreich gewesen. Nicht ein festgefügter Bundesstaat war geschaffen, sondern eine lockere völkerrechtliche Vereinigung, deren einziges Organ, der in Frankfurt vorgesehene Bundestag, einen ständigen Gesandtenkongreß unter österreichischem Vorsitz bilden sollte. Dem Bund gehörten Österreich und Preußen nur mit ihren vormaligen Reichslanden an, andererseits zählten zu seinen Mitgliedern drei außerdeutsche Monarchen, der Engländer für Hannover, der Oranier für Luxemburg und der Däne für Holstein. Wenn die Führung der Geschäfte einem engeren Rat des Bundestages zugedacht war, in dem die elf größeren Staaten je eine, die anderen zusammen sechs Stimmen hatten, so sollten Entscheidungen über die organischen Bundeseinrichtungen sowie über Krieg und Frieden von dem 70 Stimmen umfassenden Plenum mit Zweidrittelmehrheit, über Verfassungsänderungen nur bei Einstimmigkeit getroffen werden. Der Bund besaß nach außen Gesandten- und Vertragsrecht, seine Glieder durften gegen die Sicherheit des Bundes oder einzelner Staaten gerichtete Bündnisse nicht schließen und im Kriegsfall keine

Sonderverhandlungen führen. Der Ausbau einer Bundeskriegsverfassung blieb späterer Vereinbarung vorbehalten, während für die innere Einrichtung der beteiligten Staaten die Feststellung gemacht wurde, daß landständische Verfassungen eingeführt würden[10]. Die am 10. Juni von den Bevollmächtigten unterzeichnete *Bundesakte* war in die tags zuvor abgeschlossene *Wiener Schlußakte* über das Gesamtergebnis des Kongresses mit aufgenommen worden, woraus sich zwar keine formelle Garantie, wohl aber Möglichkeiten zur Einmischung bei Verfassungsänderungen für die übrigen europäischen Mächte ergaben[11].

Der Deutsche Bund mußte die eine nationale Einigung Deutschlands ersehnenden Kreise tief enttäuschen; von einer jämmerlichen, unförmlichen, mißgeborenen, ungestalteten Verfassung hat Görres voll Grimm in seinem ›Rheinischen Merkur‹ gesprochen. Angesichts der damals wohl unüberwindbaren Gegensätze innerhalb Deutschlands muß man indessen anerkennen, daß überhaupt eine Klammer um die deutschen Staaten geschlagen wurde, die sie doch enger aneinander band, als es das alte Reich in den letzten Jahrhunderten getan hatte.

J. L. Klüber, Akten d. Wiener Kongresses 1814 u. 1815 (9 Bde. 1815–1819, 1835). C. K. Webster, The Congress of Vienna 1814/15, [4]1945). K. Griewank, Der Wiener Kongr. u. d. europ. Restauration 1814/15 (1942, [3]1963). Ders., Die europ. Neuordnung 1814/15, HZ 168 (1943). H. Nicolson, The Congress of Vienna. A Study in Allied Unity 1812–1822 (1946, auch dt.). J. H. Pirenne, La Sainte Alliance. Organisation européenne de la paix mondiale (2 Bde. 1946–1950). H. A. Kissinger, The Congr. of Vienna. A Reappraisal, in: World Politics 8 (1955/56). H. Wagner, Der Wiener Kongr. u. s. europ. Bedeutung, Österr. in Gesch. u. Lit. 9 (1965). A. Fournier, Die Geheimpolizei auf d. Wiener Kongr. (1913). N. Rosenkrantz, Journal du Congr. de Vienne 1814/15, hg. v. G. Nörregärd (1953). J. de Bourgoing, Vom Wiener Kongr. Zeit- u. Sittenbilder (1943). J. K. Mayr, Aufbau u. Arbeitsweise d. Wiener Kongr., Archival. Zs. 45 (1939). H. A. Straus, The Attitude of the Congr. of Vienna toward Nationalism in Germany, Italy and Poland (1949). – v. Srbik, Lauber, Kissinger, Kraehe u. Rössler (Kap. 18, Anm. 1). A. G. Haas, Metternich. Reorganisation and Nationality 1813–1818 (1963). Frhr. v. Stein, Briefe u. Amtl. Schriften, Bd. 5 (1964). Lehmann u. Ritter (Kap. 17, Anm. 1). Thielen (Kap. 5, Anm. 4). K. E. Born, Hardenbergs Pläne u. Versuche zur Neuordnung Europas u. Dtlds. 1813–1815, GWU (1957). Humboldt, Haym, Gebhardt, v. Rantzau, Kaehler u. Kessel (Kap. 17, Anm. 18). K. Griewank, Preußen u. d. Neuordnung Dtlds. 1813 bis 1815, FBPG 52 (1940). Ders., Preuß. Neuordnungspläne für Mitteleuropa aus d. J. 1814, DALVF 6 (1942). Webster (Kap. 19, Anm. 9). H. Haussherr, Rußland u. Europa i. d. Epoche d. Wiener Kongr., Jbb. f. Gesch. Osteur. 8 (1960). – W. A. Schmidt, Gesch. d. dt. Verfassungsfrage während d. Befreiungskriege u. d. Wiener Kongr. 1812–1815 (1890). Feine, Werden d. dt. Staates. Huber, Dt. Verf.-gesch., Bd. 1.

[1] G. Ferrero, Reconstruction. Talleyrand à Vienne 1814/15 (1940).

[2] W. Kohlschmidt, Die sächs. Frage auf d. Wiener Kongr. u. d. sächs. Diplomatie dieser Zeit (1930). K. v. Olshausen, Die Stellung d. Großmächte z. sächs. Frage a. d. Wiener Kongr. (Diss. München 1933).

[3] W. Hubatsch, Dt. Grenzprobleme 1813–1815, WaG 16 (1956). Braubach-Schulte (Kap. 6, Anm. 3). E. M. Klingenburg, Die Entstehung d. dt.-niederl. Grenze im Zusammenh. m. d. Neuordnung d. niederl.-niederrhein. Raums 1813–1815 (1940). H. Mauersberg, Rekonstruktionsprojekte dt. Staaten auf d. Wiener Kongreß u. d. ihr dienlichen bevölkerungsstatistischen u. sonst. Unterlagen nach d. Gesandtschaftsber. d. kgl. britischen u. hannöverschen Bevollmächtigten d. Gf. Münster, in: Wirtschaft, Gesch. u. Wirtsch.gesch. (Festschr. f. Fr. Lütge 1966). Zum engl. Einfluß auf die Ordnung im Nordwesten: K. Rheindorf, Engl. Rheinpolitik 1813 bis 1815, Els.-Lothr. Jb 7 (1928); G. Lange, Die Rolle Englands b. Wiederherstellung u. Vergrößerung Hannovers 1813–1815, Niedersächs. Jb. 28 (1956).

[4] Zu Einzelfragen: A. Sahrmann, Pfalz oder Salzburg? Gesch. d. territorialen Ausgleichs zwischen Bayern und Österreich 1813–1819 (1921); H. Sarholz, Das Hgt. Nassau 1813–1815, Nass. Ann. 57 (1937).

[5] Dazu kam nachträgl. noch als 39. das als einziges der mediatis. Fürstenhäuser wiederhergestellte Hessen-Homburg. Zu Haltung und Schicksal der Mediatisierten: J. F. Hoff, Die Mediatisiertenfrage i. d. J. 1813–1815 (Diss. Freiburg 1913); H. Gollwitzer, Die Standesherren. Die pol. u. gesellsch. Stellung d. Mediatisierten 1815–1918 (1957, ²1964).

[6] K. Wolff, Die dt. Publizistik i. d. Z. d. Freiheitskämpfe u. d. Wiener Kongr. 1813–1815 (Diss. Leipzig 1934). J. Uhlmann, Jos. Görres u. d. dt. Einheits- u. Verfassungsfrage bis z. J. 1816 (1912). H. Wöhrmann, Görres' Rhein. Merkur (Diss. Hamburg 1933). H. Jappe, Die Vorstellungen v. Volk u. Nation. Staat u. Reich im Rhein. Merkur, FBPG 46 (1934). Droz, Romantisme allemand.

[7] H. Uhlig, Steins Reichspol. 1812 bis 1815 (Diss. Leipzig 1936). Mommsen (Kap. 17, Anm. 2). Steins Reichsauffassung war nicht unitarisch, im Reich sah er einen lose zusammengefügten Körper zur Sicherung Dtlds. gegen Bedrohung von außen und zur Erhaltung des Gleichgewichts Europas. Gegenüber Meinecke hat Ritter universale, weltbürgerl. Faktoren in Steins Plänen bestritten; immerhin war in ihm der Nationalgedanke nicht allein herrschend, er sah Dtld. durchweg im Rahmen Europas und seines Staatensystems.

[8] H. Tiedemann, Der dt. Kaiserged. vor u. nach d. Wiener Kongr. (1932). M. Goerdeler, Die Reichsidee in d. Bundesplänen 1813–1815 u. ihr geist. Hintergrund (Diss. Leipzig 1943). F. Apian-Bennewitz, Leopold v. Plessen u. d. Verfassungspol. der dt. Kleinstaaten a. d. Wiener Kongr. 1814/15 (Diss. Rostock 1930). H. Rössler, Zwischen Revolution u. Reaktion. Ein Lebensbild d. Reichsfrhr. Hans Christoph v. Gagern 1766–1852 (1958). Zu den Verfassungsberatungen: W. Real, Die dt. Verfassungsfr. am Ausgang der Napol. Herrschaft bis z. Beginn d. Wiener Kongr. (Diss. Münster 1935); ders., Von Bemühungen um die Errichtung eines Bundesgerichts z. Z. d. Wiener Kongr., ZGORh 88, NF 49 (1935).

[9] A. Scharff, Der Gedanke d. preuß. Vorherrschaft i. d. Anfängen d. dt. Einheitsbewegung (1938). Die Idee tritt bei Arndt, Jahn, Schleiermacher, Niebuhr, Gneisenau, Gruner auf, auch von einem Weimarer Kreis um die Minister v. Gersdorff und Ottokar Thon wurde sie verfochten. Bei Niebuhrs Eintreten für den Anfall Sachsens an Preußen hat die Absicht eingewirkt, Preußen auf den Weg der Einigung Dtlds. zu führen.

[10] Art. 13. Andere Artikel enthielten Bestimmungen über die Rechte der Mediatisierten, die Gleichberechtigung der

drei christl. Konfessionen und die Verbesserung der Stellung der Juden.

[11] J. K. Mayr, Die Schlußakte d. Wiener Kongr., Hist. Bll. 7 (1937). – Gegenüber der in der liberalen und nationalen Geschichtsschreibung des 19. Jh. vorherrschen Verurteilung des Werkes des Wiener Kongresses und seiner Schöpfer ist man zu größerem Verständnis für die techn. und auch pol. Leistung der Staatsmänner und Diplomaten gelangt.

Kapitel 21
Das Nachspiel der hundert Tage und seine Folgen (1815)

Wie eine Bombe war in die Verhandlungen des Wiener Kongresses die Nachricht geplatzt, daß der Verbannte von Elba am 1. 3. 1815 auf französischem Boden gelandet war. So leicht ihm der Sturz der Bourbonenherrschaft und die Wiederaufrichtung seines Regiments in Frankreich fielen, in der Hoffnung auf einen Auseinanderfall der Koalition der in Wien tagenden Mächte sah er sich getäuscht, am 13. März sprach man die Acht gegen ihn aus, und am 25. März wurde das Bündnis der vier Großmächte mit dem Ziel seiner Niederwerfung erneuert. Während ein in Wien gebildeter Kriegsrat konzentrischen Vormarsch gegen Frankreich für Ende Juni vorbereitete, wollte Napoleon durch raschen Vorstoß über die niederländische Grenze und Vernichtung der dort stehenden verbündeten Streitkräfte seine zahlenmäßige Unterlegenheit ausgleichen und die Gegner entmutigen. Ihm stellte sich in Belgien ein aus englischen, holländischen und kleineren deutschen Kontingenten zusammengesetztes Heer unter dem in Spanien bewährten Engländer Wellington entgegen, zu dessen Unterstützung eine preußische Armee unter Blücher vom Rhein heranmarschierte. Während Wellington sich durch den Marschall Ney bei Quatrebras beschäftigt sah[1], warf sich der Kaiser am 16. Juni bei Ligny auf die Preußen und schlug sie. In der Annahme, daß sie vor den zu ihrer Verfolgung angesetzten französischen Truppen an den Rhein zurückweichen würden, griff er dann am 18. Juni den auf den Höhen von *Waterloo* stehenden Wellington an. Doch dieser vermochte seine Stellungen zu halten, bis am Abend in der rechten Flanke Napoleons die Preußen erschienen, die Gneisenau von Ligny aus nicht zurück-, sondern dem Schlachtfeld zugeführt hatte. So endete die auch nach dem Hof La Belle Alliance genannte Schlacht mit einer Niederlage Napoleons, die aufgrund der von Gneisenau geleiteten Verfolgung die Auflösung seines Heeres zur Folge hatte. Das Schicksal des Korsen war damit besiegelt. Zu neuerlicher Abdankung gezwungen, lieferte er sich den Engländern aus, die ihn als Gefangenen auf die Insel St. Helena verbrachten, wo er am 5. 5. 1821 starb. Preußische Truppen waren nach Abschluß eines Waffenstillstands in Paris eingezogen. Wurde auf Drängen Englands sofort die Anerkennung des geflüchteten Bourbonen als König ausgesprochen, so erwartete man in Deutschland nun eine wesentliche Verschärfung der im Vorjahr Frankreich auferlegten Friedensbedingungen[2].

Die hundert Tage des letzten Auftretens Napoleons haben den nationalen Kreisen Deutschlands neuen Auftrieb gegeben. In der Schärfe, mit der die preußische Armeeleitung zu Beginn des Feldzugs gegen aufsässige sächsische Kontingente in Lüttich vorgegangen war, und in der Schroffheit, mit der nach der Besetzung von Paris das Blüchersche Hauptquartier die Bevölkerung behandelte, hat der Wille, die Gelegenheit zu nutzen, bedenklichen Ausdruck gefunden[3]. Während der am Mittelrhein entstandene »Hoffmannsche Bund« das Programm einer preußischen Hegemonie in Deutschland verkündete, erhoben Arndt, Görres und andere Patrioten die Forderung auf Zurücknahme aller einst dem Reich durch Frankreich entrissenen Lande. Indessen die nationale Bewegung besaß nicht die Kraft, um die in Wien vorgenommene Neuordnung Deutschlands umzustoßen oder den Ausgang der neuen Friedensverhandlungen mit Frankreich zu beeinflussen. Zwar haben sich wie Gneisenau so auch Hardenberg und Humboldt dafür eingesetzt, daß das Elsaß wieder zu Deutschland komme; aber wenn ihnen auch österreichische Patriotenkreise um Erzherzog Johann und Stadion sekundierten, so war Metternich nicht geneigt, diese Forderung gegen den entschiedenen Widerspruch Rußlands und Englands zu vertreten[4]. Immerhin hat der am 20. 11. 1815 unterzeichnete *zweite Pariser Friede* Frankreich nicht nur finanzielle Opfer und die Rückgabe der durch Napoleon in Deutschland und Italien geraubten Kunstwerke, sondern auch bedeutende Grenzabtretungen auferlegt. Sie umfaßten außer dem der bayerischen Pfalz zufallenden Landau vor allem die deutschen Lande an der Saar, die als Siegespreis Preußen zugesprochen wurden. Durch vorläufige Okkupation Nordostfrankreichs und den Viermächtebund glaubten die Verbündeten die Ruhe Europas vor neuen Störungen aus dem Westen gesichert[5]. Daß für diese Ruhe die bereits am 26. September von den Monarchen Rußlands, Österreichs und Preußens geschlossene »*Heilige Allianz*« eine Garantie kaum darstellte, davon waren auch die meisten Berater dieser Fürsten überzeugt. Zar Alexander, der unter dem Einfluß romantisch-mystischer Geister wie der Frau von Krüdener und den Philosophen Jung-Stilling und Franz von Baader dieses Manifest christlicher Solidarität angeregt und durchgesetzt hatte, wollte damit eine neue, auf religiöser Grundlage beruhende Politik begründen, doch hat Metternich dem Dokument eine Form zu geben gewußt, durch die es eigentlich nur zu der Feststellung des Willens auf Erhaltung und Wahrung bewährter Regierungsgrundsätze wurde[6].

Mit der Heiligen Allianz und dem zweiten Pariser Frieden fand für Europa und für Deutschland eine zwanzigjährige Epoche schwerer Erschütterungen ihr Ende. Eine Ordnung war aufgerichtet worden, mit der weite Kreise Deutschlands nicht zufrieden waren. Die Entscheidung des Kongresses und der Friedensschlüsse waren unter Mißachtung der in den verflossenen Jahrzehnten aufgekommenen politischen Strömungen durch die Grundsätze des 18. Jh. und durch die Interessen der Staaten bestimmt und dementsprechend den Bestrebungen auf nationalen Zusammenschluß und Mitwirkung des Volkes an der Regierung nur unzureichend Rechnung getragen worden. Und doch gab es einige *positive Seiten der Neugestaltung*. Die Föderation des Deutschen Bundes war nicht so schlecht, wie es die Vorkämpfer deutscher Einigung glaubten. Aufgrund der territorialen Neuordnungen standen zudem die deutschen Grenzen im Westen und Osten in besserer Hut als einst. Wenn Österreich sich auf den Südosten konzentriert hatte, so war Preußen zur abwehrfähigen Vormacht im Nordosten und zum Wächter des Rheinstroms im Westen geworden, der, von Görres als »Teutschlands hochschlagende Pulsader« bezeichnet, zu einer Art Nationalsymbol wurde. Gerade diesem Staat eröffnete die zunächst von vielen als unnatürlich empfundene Verbindung des alten Preußentums mit dem beweglichen aufblühenden Bürgertum Rheinland-Westfalens Möglichkeiten, die für Deutschlands Entwicklung bedeutsam werden konnten. Wenn auch Sperren gegen das Vordringen des neuen nationalen und liberalen Geistes errichtet worden waren, sie konnten doch auf die Dauer eine Bewegung nicht aufhalten, in der die Erinnerung an die Nöte der Fremdherrschaft und an die Erfolge der Erhebung fortwirken mußte.

21. Das Nachspiel der hundert Tage und seine Folgen (1815)

Lit. Kap. 19 u. 20.

[1] Bei Quatrebras fiel Hg. Friedr. Wilh. v. Braunschweig, der nach der Beteiligung am Krieg von 1809 mit seiner »Schwarzen Schar« Zuflucht in England gefunden hatte (Kap. 16, Anm. 5). W. G. de Bas, Quatrebras en Waterloo. Vorspel en geschiedenis der krijgsbedrijven von 15 tot en met 18 Juni 1815 (1939).

[2] G. de Bertier de Sauvigny, Metternich et Napoléon pendant les Cent-Jours, RHDipl 24 (1966). Metternich hat vor Waterloo die Einsetzung des Hg. v. Orléans oder eine Regentschaft Marie Luises für den Kg. v. Rom erwogen, sich dann aber der engl. Forderung der Wiedereinsetzung Ludwigs XVIII. angeschlossen.

[3] Nach Ritter, Staatskunst u. Kriegshandwerk, Bd. 1, läßt das Verhalten Blüchers und Gneisenaus einen ersten Versuch erkennen, die »zivile« Regierung dem Willen des angeblich die Nation vertretenden Heeres zu unterwerfen.

[4] R. Brendel, Die Pläne einer Wiedergewinnung Elsaß-Lothringens 1814/15 (1913). Griewank (Kap. 19, Anm. 24).

[5] P. Hauser, Der Einfluß der »100 Tage« a. d. pol. Willensbildung u. d. Beschlüsse d. europ. Mächte (Diss. Bern 1952).

[6] Schaeder (Kap. 12, Anm. 1). W. Schwarz, Die Hlg. Allianz (1935). M. Bourquin, Histoire de la Sainte Alliance (1954). W. Näf, Zur Gesch. d. Hlg. Allianz (1929). F. Büchler, Die geist. Wurzeln d. Hlg. Allianz (1929). G. de Bertier de Sauvigny, Sainte Alliance et Alliance dans les conceptions de Metternich, RH 223 (1960). W. Markert, Metternich u. Alexander I. Die Rivalität d. Mächte i. d. europ. Allianz, in: Schicksalswege dt. Vergangenheit (Festschr. f. S. A. Kaehler 1950).

Übersicht der Taschenbuchausgabe des Gebhardt

Die erste Auflage des ›Handbuchs der deutschen Geschichte‹, herausgegeben von dem Berliner Realschullehrer Bruno Gebhardt (1858–1905), erschien 1891/92 in zwei Bänden. Von der zweiten bis zur siebenten Auflage wurde das Handbuch unter seinen Herausgebern Ferdinand Hirsch, Aloys Meister und Robert Holtzmann unter immer stärkerer Heranziehung von Universitätslehrern jeweils nach dem erreichten Forschungsstand überarbeitet und ergänzt und fand im wachsenden Maße bei Lehrenden und Lernenden an den Universitäten Verwendung. Nach dem Zweiten Weltkrieg nahm Herbert Grundmann mit neuen Autoren eine völlige Neugestaltung des ›Gebhardt‹ in Angriff, und auf diese 1954 bis 1960 in vier Bänden erschienene achte Auflage geht die nun vorliegende, wiederum überarbeitete und ergänzte, 1970 bis 1976 erschienene neunte Auflage zurück.

Um das bewährte Studien- und Nachschlagewerk vor allem den Studenten leichter zugänglich zu machen, haben sich der Originalverlag und der Deutsche Taschenbuch Verlag im Einvernehmen mit den Autoren zu dieser Taschenbuchausgabe entschlossen. Das Handbuch erscheint ungekürzt und, von kleinen Korrekturen abgesehen, unverändert in folgender Bandaufteilung:

1. Ernst Wahle: Ur- und Frühgeschichte im mitteleuropäischen Raum
2. Heinz Löwe: Deutschland im fränkischen Reich
3. Josef Fleckenstein und Marie Luise Bulst-Thiele: Begründung und Aufstieg des deutschen Reiches
4. Karl Jordan: Investiturstreit und frühe Stauferzeit (1056 bis 1197)
5. Herbert Grundmann: Wahlkönigtum, Territorialpolitik und Ostbewegung im 13. und 14. Jahrhundert (1198–1378)
6. Friedrich Baethgen: Schisma und Konzilszeit, Reichsreform und Habsburgs Aufstieg
7. Karl Bosl: Staat, Gesellschaft, Wirtschaft im deutschen Mittelalter
8. Walther Peter Fuchs: Das Zeitalter der Reformation
9. Ernst Walter Zeeden: Das Zeitalter der Glaubenskämpfe (1555–1648)
10. Max Braubach: Vom Westfälischen Frieden bis zur Französischen Revolution
11. Gerhard Oestreich: Verfassungsgeschichte vom Ende des Mittelalters bis zum Ende des alten Reiches
12. Wilhelm Treue: Wirtschaft, Gesellschaft und Technik in Deutschland vom 16. bis zum 18. Jahrhundert
13. Friedrich Uhlhorn und Walter Schlesinger: Die deutschen Territorien
14. Max Braubach: Von der Französischen Revolution bis zum Wiener Kongreß
15. Theodor Schieder: Vom Deutschen Bund zum Deutschen Reich
16. Karl Erich Born: Von der Reichsgründung bis zum Ersten Weltkrieg
17. Wilhelm Treue: Gesellschaft, Wirtschaft und Technik Deutschlands im 19. Jahrhundert
18. Karl Dietrich Erdmann: Der Erste Weltkrieg
19. Karl Dietrich Erdmann: Die Weimarer Republik
20. Karl Dietrich Erdmann: Deutschland unter der Herrschaft des Nationalsozialismus 1933–1939
21. Karl Dietrich Erdmann: Der Zweite Weltkrieg
22. Karl Dietrich Erdmann: Das Ende des Reiches und die Entstehung der Republik Österreich, der Bundesrepublik Deutschland und der Deutschen Demokratischen Republik.

Namen und Sachregister

(Bei den weltlichen und geistlichen Fürsten sind neben den Regierungszeiten im allgemeinen auch die Lebensdaten angegeben; sonst bezeichnen die Zahlen in Klammern die Lebensdaten.)

Handbuch der deutschen Geschichte

9. Ernst Walter Zeeden: Das Zeitalter der Glaubenskämpfe (1555–1648)

10. Max Braubach: Vom Westfälischen Frieden bis zur Französischen Revolution

11. Gerhard Oestreich: Verfassungsgeschichte vom Ende des Mittelalters bis zum Ende des alten Reiches

12. Wilhelm Treue: Wirtschaft, Gesellschaft und Technik in Deutschland vom 16. bis zum 18. Jahrhundert

13. Friedrich Uhlhorn und Walter Schlesinger: Die deutschen Territorien

14. Max Braubach: Von der Französischen Revolution bis zum Wiener Kongreß

15. Theodor Schieder: Vom Deutschen Bund zum Deutschen Reich

16. Karl Erich Born: Von der Reichsgründung bis zum Ersten Weltkrieg

17. Wilhelm Treue: Gesellschaft, Wirtschaft und Technik Deutschlands im 19. Jahrhundert

18. Karl Dietrich Erdmann: Der Erste Weltkrieg

19. Karl Dietrich Erdmann: Die Weimarer Republik

20. Karl Dietrich Erdmann: Deutschland unter der Herrschaft des Nationalsozialismus 1933–1939

21. Karl Dietrich Erdmann: Der Zweite Weltkrieg

22. Karl Dietrich Erdmann: Das Ende des Reiches und die Entstehung der Republik Österreich, der Bundesrepublik Deutschland und der Deutschen Demokratischen Republik.

dtv-Weltgeschichte des 20. Jahrhunderts

Hrsg. von Martin Broszat und Helmut Heiber

Hans Herzfeld:
Der Erste Weltkrieg
dtv 4001

Gerhard Schulz:
Revolutionen und Friedensschlüsse 1917–1920
dtv 4002

Helmut Heiber:
Die Republik von Weimar
dtv 4003

Ernst Nolte:
Die faschistischen Bewegungen
dtv 4004

Hermann Graml:
Europa zwischen den Kriegen
dtv 4005

Erich Angermann:
Die Vereinigten Staaten von Amerika seit 1917
dtv 4007

Karl-Heinz Ruffmann:
Sowjetrußland 1917–1977
dtv 4008

Martin Broszat:
Der Staat Hitlers
dtv 4009

Lothar Gruchmann:
Der Zweite Weltkrieg
dtv 4010

Thilo Vogelsang:
Das geteilte Deutschland
dtv 4011

Wilfried Loth:
Die Teilung der Welt
Geschichte des Kalten Krieges 1941–1955
dtv 4012

Franz Ansprenger:
Auflösung der Kolonialreiche
dtv 4013

dtv